横浜隼人中学校

〈収録内容〉

※第1回国語の大問四は、問題に使用された作品の著作権者が二次使用の許可を出していないため、問題を掲載しておりません。

便利な DL コンテンツは右の QR コードから

解答用紙

⇒

※データのダウンロードは 2025 年 3 月末日まで。
※データへのアクセスには、右記のパスワードの入力が必要となります。 ⇒　913511

〈合格最低点〉

※学校からの合格最低点の発表はありません。

本書の特長

実戦力がつく入試過去問題集

- ▶ 問題 …………… 実際の入試問題を見やすく再編集。
- ▶ 解答用紙 …… 実戦対応仕様で収録。
- ▶ 解答解説 …… 詳しくわかりやすい解説には、難易度の目安がわかる「基本・重要・やや難」の分類マーク（下記参照）。各科末尾には合格へと導く「ワンポイントアドバイス」を配置。採点に便利な配点つき。

入試に役立つ分類マーク

基本 確実な得点源！
受験生の 90%以上が正解できるような基礎的、かつ平易な問題。
何度もくり返して学習し、ケアレスミスも防げるようにしておこう。

重要 受験生なら何としても正解したい！
入試では典型的な問題で、長年にわたり、多くの学校でよく出題される問題。
各単元の内容理解を深めるのにも役立てよう。

やや難 これが解ければ合格に近づく！
受験生にとっては、かなり手ごたえのある問題。
合格者の正解率が低い場合もあるので、あきらめずにじっくりと取り組んでみよう。

合格への対策、実力錬成のための内容が充実

- ▶ 各科目の出題傾向の分析、合否を分けた問題の確認で、入試対策を強化！
- ▶ その他、学校紹介、過去問の効果的な使い方など、学習意欲を高める要素が満載！

解答用紙ダウンロード 解答用紙はプリントアウトしてご利用いただけます。弊社ＨＰの商品詳細ページよりダウンロードしてください。トビラのＱＲコードからアクセス可。

UD FONT 見やすく読みまちがえにくいユニバーサルデザインフォントを採用しています。

横浜隼人 中学校

大学受験に向けて、徹底指導
充実した進路指導システムで
進学実績が大幅アップ

URL	https://www.hayato.ed.jp/

■ 生徒数　290名
〒246-0026
神奈川県横浜市瀬谷区阿久和南 1-3-1
☎ 045-364-5103
相鉄線希望ヶ丘駅　バス８分または徒歩20分
東海道本線戸塚駅からのバスも開通
登校時、中学専用スクールバス
（弥生台駅・緑園都市駅・南万騎が原駅ルート）あり

プロフィール　中・高を通して定評ある人間教育

1977（昭和52）年に隼人高等学校、1979年に隼人中学校が開設。1985年に中学、1987年に高校が共学となり、1993年に現校名に改称した。

校訓「必要で信頼される人となる」に基づき、人間性豊かで、日本の社会だけでなく、広く世界のために貢献できる人間の育成に努めている。

環境　設備の整った校舎が自慢

閑静な高台に位置した快適な環境で、ゆとりのある校地には、広大な総合グラウンドや野球場などがある。全生徒がタブレットを持ち、充実したICT環境で時代を先取りした教育を実施している。また、相鉄線希望ヶ丘駅からの直通バスに続き、JR戸塚駅からも直通バスが走ることになった。

カリキュラム　難関校合格を目指した徹底指導

中学では、朝読書や各種小テスト、また定期試験前のアシスト補習などを実施し、生徒の基礎学力を徹底的に定着させる取り組みをしている。また、国際社会に貢献できる人間の育成のため、英語教育には特に力を入れており、１年次には「校内語学研修」、２年次にはブリティッシュヒルズでの「国内語学研修」、３年次にはバンクーバーでの「カナダ語学研修」と積極的に英語を活用することを重視している。全教科にアクティブラーニング型授業を導入し、知識の定着と同時に応用力や活用力を磨いている。

スポーツフェスティバル

高校には、普通科と国際語科がある。**普通科**は国公立大学への現役合格をめざす**特別選抜コース**、早慶上理といった難関私大への一般合格をめざす**特進コース**、その他の四大を中心に短大・専門・就職まで幅広い進路実現をめざす**進学コース**に分かれており、どのコースも２年次より文理分け、３年次より細かな選択科目を絞り込んでいく。

国際語科は、授業の中にGlobal Understandingを取り入れ世界に視野を広げ、英語の活用能力を鍛えている。１年次の終わりに実施される海外語学研修には全員が参加するほか、毎年数名が、選抜試験を経て、２年次から３年次の１年間、カナダの提携校に留学したり、３ヶ月間の短期留学に30人以上の生徒が参加したりしている。留学中の取得単位が認められているので、帰国後は同学年・クラスに戻ることができる。

令和５年度から中・高ともに、国公立大や難関私大に通う卒業生から個別指導が受けられる「放課後チューター制度」を設置しており、誰でも気軽に先輩に勉強を教わることができる。また英検受験のための特別補習も実施されている。

学校生活　自主性、創造性を育てるクラブ活動

学校行事は、隼輝祭、スポーツフェスティバル、新入生宿泊研修、国内語学研修、カナダ語学研修、校内英語スピーチコンテスト、合唱祭など多彩である。クラブ活動も盛んで、中学女子卓球部は過去に全国大会で団体優勝。高校女子卓球部は全日本選手権ジュニアの部で日本チャンピオンを輩出している。中学の野球部は、横浜市大会８季連続優勝中で全国大会にも３年連続で出場している。硬式野球部をはじめ、吹奏楽部、美術部、和太鼓部なども全国的に有名である。また、よさこいソーラン部やドローン同好会といったユニークな団体も含め、全部で運動系25団体、文化系26団体の部活動がある。

オンライン英会話

進路　個を尊重した進路指導

ほぼ全員が大学進学を希望している。コース制や各学年での模擬試験の実施、面談等を通して、将来の希望に即した指導を行っている。合格実績も飛躍的に伸び、現役合格率は約85％である。2024年度入試では、国公立大45名（うち現役で東大１名、東工大２名）、早慶上理38名、GMARCH 139名など数多く合格している。

2024年度入試要項

試験日　2/1午前（第１回・公立中高一貫）
2/2午前（第２回）
2/2午後（自己アピール）
2/6午前（第３回）

試験科目　国・算（第１～３回）
適性Ⅰ・Ⅱ（公立中高一貫）
基礎計算＋作文＋面接（自己アピール）

2024年度	募集定員	受験者数	合格者数	競争率
第１回	40	101	63	1.6
第２回	20	54	34	1.6
第３回	10	36	17	2.1
公立中高	30	116	109	1.1
アピール	20	33	23	1.4

過去問の効果的な使い方

① **はじめに**　ここでは，受験生のみなさんが，ご家庭で過去問を利用される場合の，一般的な活用法を説明していきます。もし，塾に通われていたり，家庭教師の指導のもとで学習されていたりする場合は，その先生方の指示にしたがって，過去問を活用してください。その理由は，通常，塾のカリキュラムや家庭教師の指導計画の中に過去問学習が含まれており，どの時期から，どのように過去問を活用するのか，という具体的な方法がそれぞれの場合で異なるからです。

② **目的**　言うまでもなく，志望校の入学試験に合格することが，過去問学習の第一の目的です。そのためには，それぞれの志望校の入試問題について，どのようなレベルのどのような分野の問題が何問，出題されているのかを確認し，近年の出題傾向を探り，合格点を得るための試行錯誤をして，各校の入学試験について自分なりの感触を得ることが必要になります。過去問学習は，このための重要な過程であり，合格に向けて，新たに実力を養成していく機会なのです。

③ **開始時期**　過去問との取り組みは，通常，全分野の学習が一通り終了した時期，すなわち6年生の7月から8月にかけて始まります。しかし，各分野の基本が身についていない場合や，反対に短期間で過去問学習をこなせるだけの実力がある場合は，9月以降が過去問学習の開始時期になります。

④ **活用法**　各年度の入試問題を全問マスターしよう，と思う必要はありません。完璧を目標にすると挫折しやすいものです。できるかぎり多くの問題を解けるにこしたことはありませんが，それよりも重要なのは，現実に各志望校に合格するために，どの問題が解けなければいけないか，どの問題は解けなくてもよいか，という眼力を養うことです。

算数

どの問題を解き，どの問題は解けなくてもよいのかを見極めるには相当の実力が必要になりますし，この段階にいきなり到達するのは容易ではないので，この前段階の一般的な過去問学習法，活用法を2つの場合に分けて説明します。

☆偏差値がほぼ55以上ある場合

掲載順の通り，新しい年度から順に年度ごとに3年度分以上，解いていきます。

ポイント1…問題集に直接書き込んで解くのではなく，各問題の計算法や解き方を，明快にわかるように意識してノートに書き記す。

ポイント2…答えの正誤を点検し，解けなかった問題に印をつける。特に，解説の **基本** **重要** がついている問題で解けなかった問題をよく復習する。

ポイント3…1回目にできなかった問題を解き直す。同様に，2回目，3回目，…と解けなければいけない問題を解き直す。

ポイント4…難問を解く必要はなく，基本をおろそかにしないこと。

☆偏差値が50前後かそれ以下の場合

ポイント1～4以外に，志望校の出題内容で「計算問題・一行問題」の比重が大きい場合，これらの問題をまず優先してマスターするとか，例えば，大問2までをマスターしてしまうとよいでしょう。

理科

理科は1から順番に解くことにほとんど意味はありません。理科は，性格の違う4つの分野が合わさった科目です。また，同じ分野でも単なる知識問題なのか，あるいは実験や観察の考察問題なのかによってもかかる時間がずいぶんちがいます。記述，計算，描図など，出題形式もさまざまです。ですから，解く順番の上手，下手で，10点以上の差がつくこともあります。

過去問を解き始める時も，はじめに1回分の試験問題の全体を見通して，解く順番を決めましょう。得意分野から解くのもよいでしょう。短時間で解けそうな問題を見つけて手をつけるのも効果的です。くれぐれも，難問に時間を取られすぎないように，わからない問題はスキップして，早めに全体を解き終えることを意識しましょう。

社会

社会は1から順番に解いていってかまいません。ただし，時間のかかりそうな，「地形図の読み取り」，「統計の読み取り」，「計算が必要な問題」，「字数の多い論述問題」などは後回しにするのが賢明です。また，3分野(地理・歴史・政治)の中で極端に得意，不得意がある受験生は，得意分野から手をつけるべきです。

過去問を解くときは，試験時間を有効に活用できるよう，時間は常に意識しなければなりません。ただし，時間に追われて雑にならないようにする注意が必要です。“誤っているもの”を選ぶ設問なのに“正しいもの”を選んでしまった，“すべて選びなさい”という設問なのに一つしか選ばなかったなどが致命的なミスになってしまいます。問題文の“正しいもの”，“誤っているもの”，“一つ選び”，“すべて選び”などに下線を引いて，一つ一つ確認しながら問題を解くとよいでしょう。

過去問を解き終わったら，自己採点し，受験生自身でふり返りをしましょう。できなかった問題については，なぜできなかったのかについての分析が必要です。例えば，「知識が必要な問題」ができなかったのか，「問題文や資料から判断する問題」ができなかったのかで，これから取り組むべきことも大きく異なってくるはずです。また，正解できた問題も，「勘で解いた」，「確信が持てない」といったときはふり返りが必要です。問題集の解説を読んでも納得がいかないときは，塾の先生などに質問をして，理解するようにしましょう。

国語

過去問に取り組む一番の目的は，志望校の傾向をつかみ，本番でどのように入試問題と向かい合うべきか考えることです。素材文の傾向，設問の傾向，問題数の傾向など，十分に研究していきましょう。

取り組む際は，まず解答用紙を確認しましょう。漢字や語句問題の量，記述問題の種類や量などが，解答用紙を見て，わかります。次に，ページをめくり，問題用紙全体を確認しましょう。どのような問題配列になっているのか，問題の難度はどの程度か，などを確認して，どの問題から取り組むべきかを判断するとよいでしょう。

一般的に「漢字」→「語句問題」→「読解問題」という形で取り組むと，効率よく時間を使うことができます。

また，解答用紙は，必ず，実際の大きさのものを使用しましょう。字数指定のない記述問題などは，解答欄の大きさから，書く量を考えていきましょう。

算数　出題傾向の分析と合格への対策

●出題傾向と内容

問題数は，大問が4～5題，小問が25～40題前後になり，年によって変化がある。

出題内容は[3]～[5]がそれぞれ1つの分野の問題について各小問を解くという形式であり，[1]，[2]は「四則計算」，「単位の換算」，あるいは「数の性質」，「数列」，「速さ」，「割合と比」，「面積」などの小問群という構成である。

全体的に応用力・思考力を問う問題は少なく，基礎をしっかり身につけているかどうかをみる問題が中心であるが，「図形」や「場合の数」，「規則性」の問題など条件を整理して考えさせる問題も出題されている。

合格点をクリアするには，基本となる公式をしっかり理解し，正しく計算し，問いをよく読みミスのないように心がけることが大切である。

学習のポイント

難問にこだわらず，基本問題とその練習問題を徹底してマスターすることが大切。

●2025年度の予想と対策

内容・問題数ともにさほど大きな変化はなく，広い範囲から基本的な問題が出題されるだろう。基本的な問題を中心にした問題集や過去問を使って，問題を速く，正確に解く練習をするとよい。[1]が「四則計算」など10～15問，[2]が各分野の小問群5～10問になっているので，どの分野の問題が出題されても解けるようにしておきたい。

「記述式」で答える問題がふくまれており，的確に答えるように心がける必要がある。「数の性質」「割合」「速さ」「平面図形」

「立体図形」「表とグラフ」の出題率が高いが，いずれも基本が定着していれば解ける。

▼年度別出題内容分類表

※　よく出ている順に☆，◎，○の３段階で示してあります。

出題内容			2020年	2021年	2022年	2023年	2024年
数と計算		四則計算	◎	◎	◎	◎	◎
		概数・単位の換算	○	☆	◎	☆	◎
		数の性質	○	○	◎	○	
		演算記号					
図形		平面図形	☆	☆	☆	☆	☆
		立体図形	☆	☆		○	
		面積	○	☆	☆	○	○
		体積と容積	○			○	
		縮図と拡大図					
		図形や点の移動					
速さ		三公式と比	○	☆	☆	☆	☆
	文章題	旅人算				○	
		流水算					
		通過算・時計算					
割合		割合と比	☆	☆	☆	☆	☆
	文章題	相当算・還元算					
		倍数算					
		分配算					
		仕事算・ニュートン算					
文字と式							
2量の関係(比例・反比例)							
統計・表とグラフ			☆	☆	☆	☆	☆
場合の数・確からしさ			○				
数列・規則性						◎	○
論理・推理・集合			○		○		☆
その他の文章題		和差・平均算		◎	○		
		つるかめ・過不足・差集め算	○				
		消去・年令算					
		植木・方陣算				☆	

横浜隼人中学校

算数 ――グラフで見る最近５ヶ年の傾向――

最近５ヶ年に出題されたすべての問題を内容別に分類・集計し，全体に対して何パーセントくらいの割合になっているかを示しました。

▨……50 校の平均　　■……横浜隼人中学校

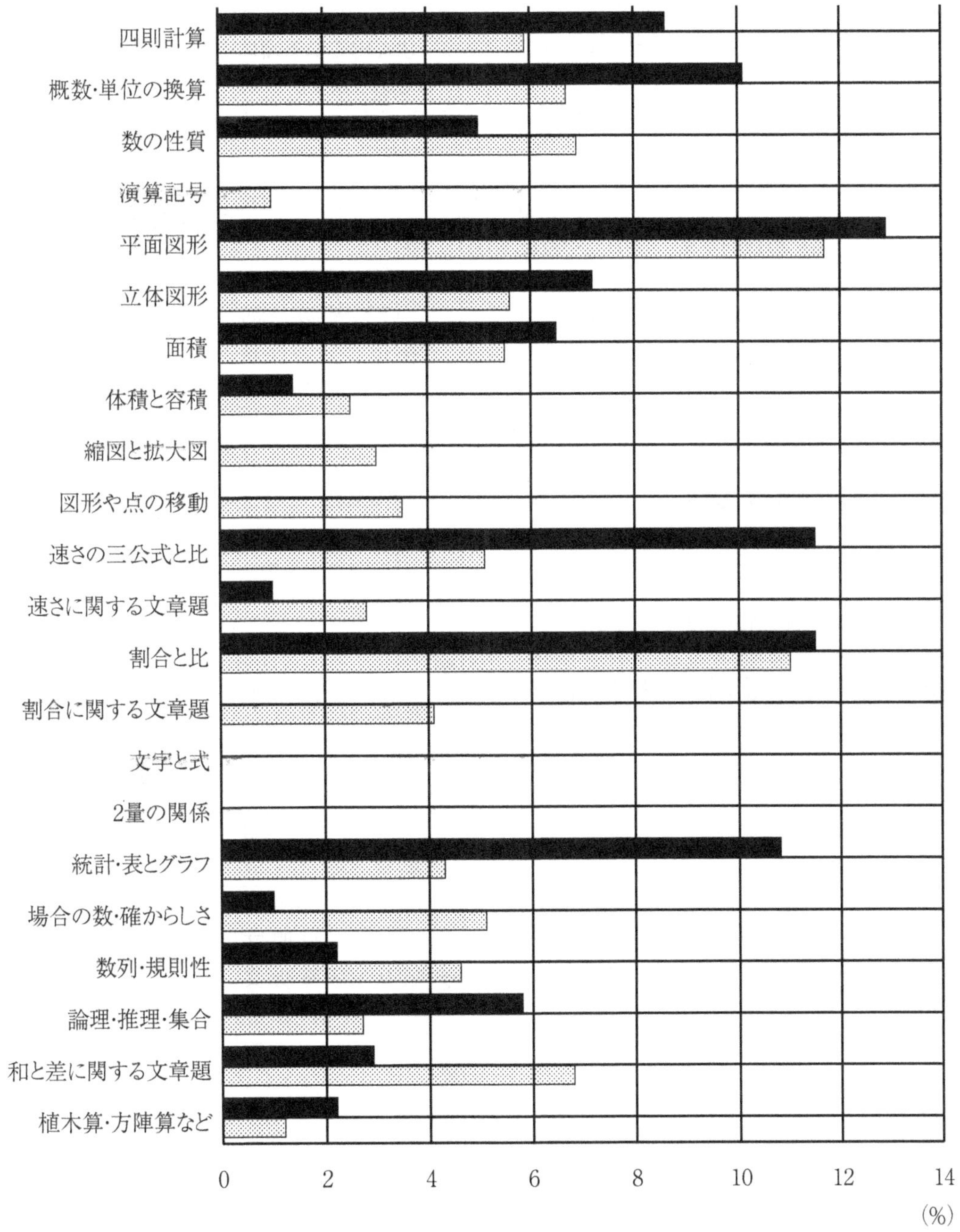

国語　出題傾向の分析と合格への対策

●出題傾向と内容

今年度は，詩，論理的文章，文学的文章の読解問題3題，漢字の独立問題の大問4題構成であった。ここ数年出題のなかった詩の読解の出題，これまで出題されていた要約問題や資料の読み取り問題が出題されなかったという点で，昨年までの傾向から大きな変化があった。

詩は情景について説明する記述が中心で，詩のテーマに関連して，自分の考えを述べる問題も出題されている。論理的文章，文学的文章はいずれも記号選択式・空欄補充・ぬき出しなどさまざまな角度からの出題で，本文の的確な読み取りが求められている。知識問題も読解問題に組み込まれる形で出題された。

総合的な国語力が試される内容になっている。

学習のポイント

・さまざまなジャンルの文章に慣れておこう！

・知識分野は着実に積み上げておこう！

●2025年度の予想と対策

来年度も，今年度の傾向を受けて，詩，論理的文章，文学的文章に，漢字の独立問題の大問4題構成が予想されるが，これまで出題されていた要約問題や資料の読み取りなどが復活する可能性もある。

詩は，情景の丁寧な読み取りができるよう，さまざまな詩を読んで，詩の特徴をつかんでおきたい。論理的文章は，文脈を正確に読み取り，内容を的確に把握できるようにしておく。文学的文章は，心情や情景を丁寧に読み取って物語の展開をつかめるようにする。過去の出題傾向もふまえて，記述対策も行っておこう。

知識分野は漢字をはじめ，ことわざ・慣用句・四字熟語，反対語やことばの意味など取りこぼしのないようにしておきたい。

▼年度別出題内容分類表

※　よく出ている順に☆，◎，○の３段階で示してあります。

		出題内容	2020年	2021年	2022年	2023年	2024年
内容の分類	読解	主題・表題の読み取り					
		要旨・大意の読み取り	☆	☆	☆	☆	◎
		心情・情景の読み取り	◎	◎	◎	◎	☆
		論理展開・段落構成の読み取り	○	○			○
		文章の細部の読み取り	☆	☆	◎	◎	◎
		指示語の問題	◎	○	◎	○	◎
		接続語の問題	○	○	○	○	○
		空欄補充の問題	◎	◎	◎	◎	◎
	知識	ことばの意味	○	◎	○	○	
		同類語・反対語					◎
		ことわざ・慣用句・四字熟語	○	◎	◎		○
		漢字の読み書き	☆	☆	☆	☆	☆
		筆順・画数・部首					
		文と文節					
		ことばの用法・品詞					
		かなづかい					
		表現技法		○			
		文学作品と作者					
		敬語					
	表現	短文作成					
		記述力・表現力	☆	☆	☆	☆	◎
文の種類		論説文・説明文	○	○	○		○
		記録文・報告文					
		物語・小説・伝記	○	○	○	○	○
		随筆・紀行文・日記				○	
		詩(その解説も含む)					○
		短歌・俳句(その解説も含む)					
		その他					

横浜隼人中学校

国語 ――グラフで見る最近5ヶ年の傾向――

最近5ヶ年に出題されたすべての問題を内容別に分類・集計し，全体に対して何パーセントくらいの割合になっているかを示しました。

……50校の平均　……横浜隼人中学校

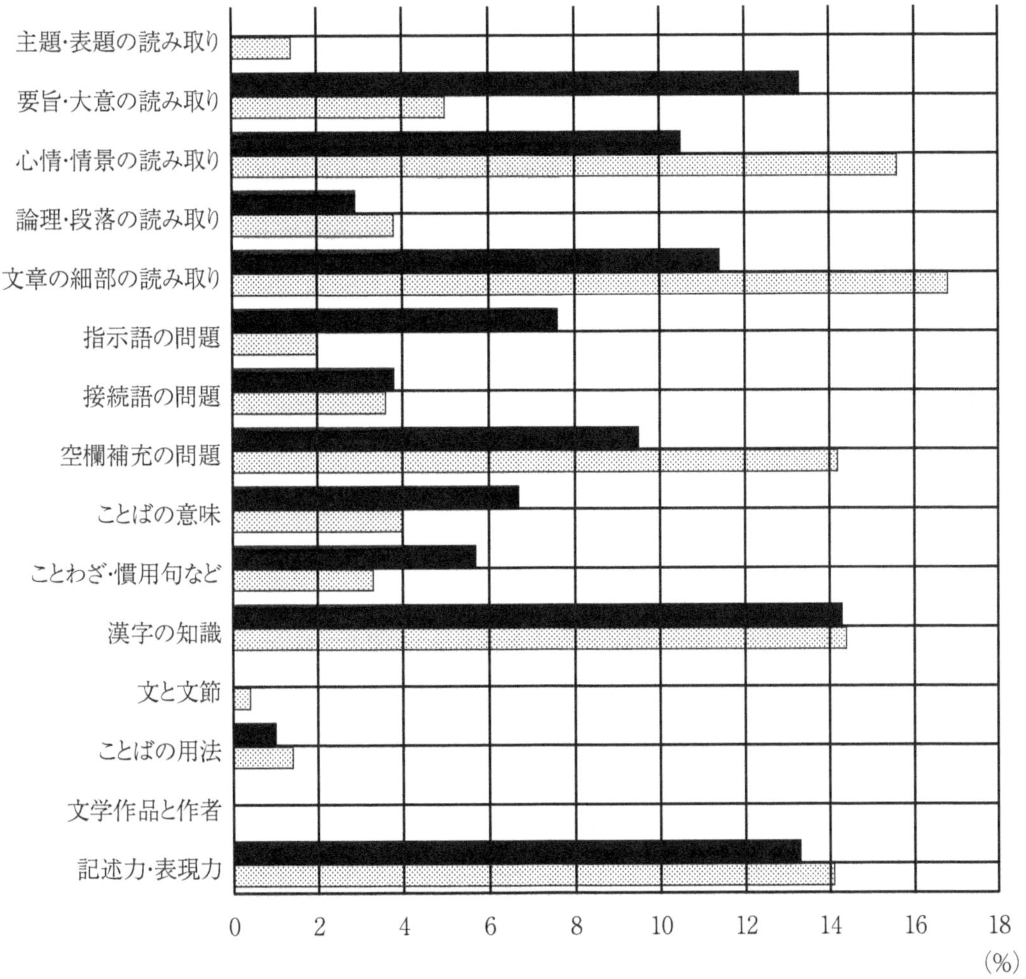

	論説文 説明文	物語・小説 伝記	随筆・紀行 文・日記	詩 （その解説）	短歌・俳句 （その解説）
横浜隼人中学校	36.4%	45.5%	9.0%	9.1%	0%
50校の平均	47.0%	45.0%	8.0%	0%	0%

2024年度　合否の鍵はこの問題だ!!

算　数　2 (1)

「規則性」の問題であり，問題の数列のうち，最初の$\frac{1}{2}$ともう1つの$\frac{1}{2}$が同じなのか異なるのかがポイントになる問題である。

【考え方】

$1,\ \frac{1}{2}$

$1,\ \frac{1}{3},\ \frac{2}{3}$

$1,\ \frac{1}{4},\ \underline{\frac{2}{4}},\ \boxed{\frac{3}{4}},\ 1$

↑ ここがポイント

← この表を利用する

国　語　三　問七

★合否を分けるポイント

本文の内容に合うものをすべて選ぶ選択問題である。選択肢の説明が本文の内容を正しく説明できているか，ていねいに確認できているかがポイントだ。

★選択肢の説明を丁寧に見極める

本文の要旨を論の流れに沿って確認すると，人類は科学の力によって，多くのことを解明してきたが，真実を頭で理解していても，それを心の底から実感するのは簡単ではない→たとえば，太陽が地球のまわりを回っているという天動説ではなく，地球が太陽のまわりを回っていることがわかってから何百年も経っているが，「日が昇る」「日が沈む」といういい方をやめようとせず，頭では地動説を受け入れていても，日常生活では天動説的な感覚を持って暮らしている→★それだけでなく，人類はまだ「平面思考」から「球面思考」への転換が十分にできておらず，球面思考を身につけなければ大きな世界に対応できないのに，古くからの平面思考によって生きている→「非ユークリッド幾何学」や「キュビズム」など，平面思考から抜け出して球面をとらえようとする思考法はこれまでに提案されてきたが，日常的に意識するレベルにまではなっていない→★★世界で起きていることを正しく理解するためにも，球面思考でお互いにつながった存在としてつきあっていけば，国際関係における衝突を避けられる，という内容になっている。これらの内容と選択肢の説明を照らし合わせていくと，アの「球面思考を基にした科学の力」は，本文では「科学の力」とだけ述べているので合わない，「地動説」と「天動説」は「頭では地動説を受け入れていても，日常生活では天動説的な感覚を持って暮らしている」ことの説明として用いているのでイも合わない，ウは★部分で述べている，「平面思考から抜け出して球面をとらえようとする思考法はこれまでに提案されてきた」と述べているのでエは合わない，オは★★部分で述べている，ということから，本文の内容に合うのはウとオということになる。正しいと思われる選択肢が本文の要旨になっているかということ，間違いと思われる選択肢の，アの「球面思考を基にした科学の力」，エの「まったくない」のように一部分だけが違う，イの「平面思考」と「地動説」の説明のように語句の意味の説明が違う，といったことを，ていねいに見極める必要がある。

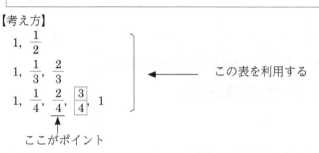

2024年度

★★★★★★★★★★★★★★★★★★★★★★★★

入　試　問　題

2024年度

横浜隼人中学校入試問題（第１回）

【算　数】（50分）　＜満点：100点＞

【注意】 定規，コンパス，分度器は使用してはいけません。

1　次の計算をしなさい。ただし，(8)～(10)は □ に当てはまる数を答えなさい。

(1)　123－45＋6789

(2)　$3\frac{1}{6}-\frac{3}{4}-\frac{7}{5}$

(3)　6.4－0.75＋5.35

(4)　$2\frac{6}{11}\div 3\frac{13}{33}$

(5)　23×456＋544×23

(6)　4＋5×（6＋7）－8

(7)　$9-\left\{\left(\frac{7}{8}-\frac{5}{6}\right)\div\frac{3}{4}+\frac{1}{2}\right\}$

(8)　比 $\frac{1}{24}:\frac{1}{15}$ を最も簡単な整数の比で表すと，□ ： □ である。

(9)　ある数 □ に３をたして５で割ったところ，２になった。

(10)　1.2時間－ □ 秒＝37分

2　次の問いに答えなさい。

(1)　次の数はある規則に従って並んでいる。□ に当てはまる数を答えなさい。

1，$\frac{1}{2}$，1，$\frac{1}{3}$，$\frac{2}{3}$，1，$\frac{1}{4}$，$\frac{1}{2}$，□，1

(2)　時速４kmで歩いている人は，45分間に何km進むか求めなさい。

(3)　６％の食塩水150ｇと，10％の食塩水50ｇを混ぜると何％の食塩水になるか求めなさい。

(4)　次の図のように半径５cmの円に１cm間かくに線を引いた。このとき，かげをつけた部分の面積は何cm^{2}か求めなさい。

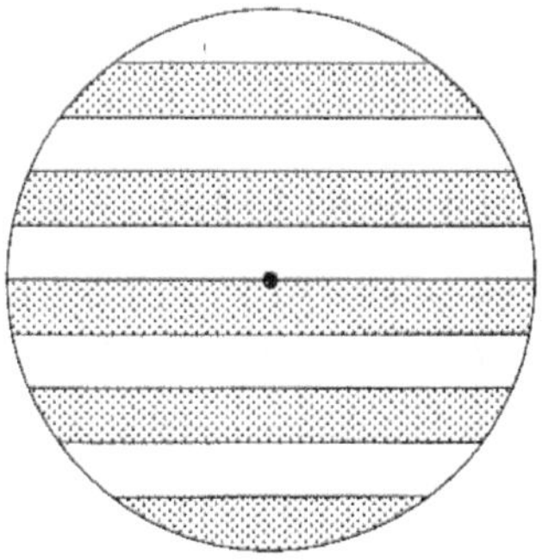

⑸　佐野さん，石井さん，小川さん，小野さん，田中さんの５人が50m走をした。このときの順位について，５人は次のように話している。同時に着いた人はいないものとして，１位になった人を答えなさい。

佐野「私は，１位ではありませんでした。」

石井「私は，１位でも３位でもありませんでした。」

小川「私は，佐野さんより先にゴールしました。」

小野「私より先にゴールした人は，ちょうど３人いました。」

田中「私の順位は，偶数番目でした。」

[3]　長方形と正方形が次の【図１】のようにあり，長方形は矢印の方向に秒速１cmで動く。

【図２】は横の軸（じく）に長方形が動き始めてからの時間，たての軸に長方形と正方形が重なった部分の面積を表したグラフである。ただし，正方形の１辺は８cmとする。

このとき，次の問いに答えなさい。

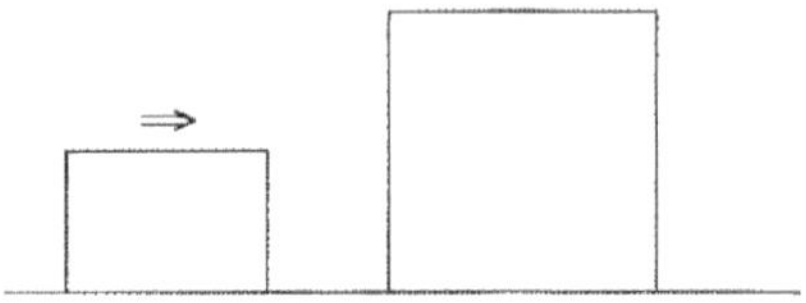

【図１】

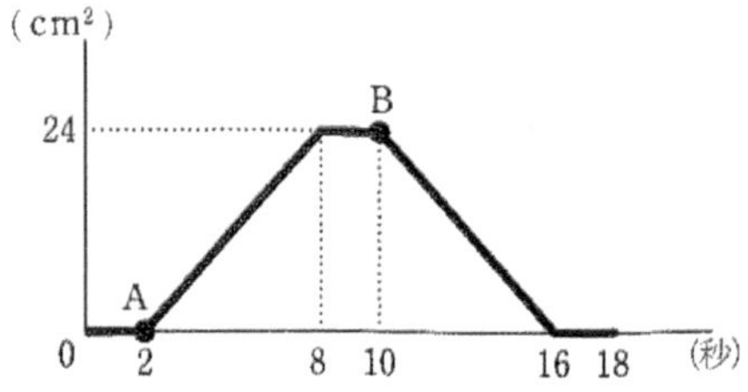

【図２】

⑴　【図２】の点Aはどのような状態であるか説明しなさい。

⑵　長方形のたて，横の長さは何cmかそれぞれ求めなさい。

⑶　【図２】の点Bにおける長方形の位置を解答用紙にかきなさい。ただし，解答用紙の四角形は【図１】の正方形である。また，定規は使用しなくてよい。

⑷　重なった部分の面積が８cm²となるのは長方形が動き始めてから何秒後と何秒後か答えなさい。

[4]　下の会話文は，ある日の算数の授業での先生と村上さんのやり取りである。よく会話文を読み，次の問いに答えなさい。ただし，[ア]には同じ言葉が入るものとする。

先生「四角形には，正方形や長方形，台形，平行四辺形の他に何かあったか覚えてる？」

村上「それは，[ア]です。」

先生「[ア]はどんな特ちょうがあったか覚えてる？」

村上「それは，[イ]四角形です。」

先生「そうだね。[ア]は平行四辺形の特別な形だったね。」

「そして，[ア]の４つの角が直角のときに，正方形になるんだったね。」

「でも，どうやって面積を求めるんだっけ。説明できる？」

村上「…うーん。なんか公式があったような…。」「思い出せない。」

先生「じゃあ，今までに面積を求めるときによく使う，三角形や長方形などの公式を使って，どうやって求めたらいいのかを説明してみよう。」

村上「 ウ 」

先生「だから，（横の対角線）×（たての対角線）÷２ という公式になるんだね。」

⑴ ア と イ に当てはまる言葉を答えなさい。

⑵ ウ には村上さんの発言が入る。あなたが村上さんならどのように説明しますか。解答用紙にできるだけ具体的に，図を使って記述しなさい。

5 横浜さんと隼人さんはある中学校に通っている生徒である。次の文章を読み，あとの問いに答えなさい。

横浜「お母さんが最近，『早く寝（ね）なさい』って強く言うんだ。寝ている時間が多い人の方が成績が良くなるってニュースでみたんだって。身長がのびるっていうのも聞いたことがあるから，寝た方がいいのかなあ？」

隼人「うーん。そうはいっても，やりたいことが多いと夜おそくなっちゃうよね。」

横浜「そうそう。勉強だってしなくちゃいけないし……。」

隼人「周りのみんなはどんな感じなのかな。私も気になるから，この間のテストの点数と，いつも何時間ぐらい寝ているのかクラスの子に聞いてみようよ。」

＊＊＊ 数日後 ＊＊＊

隼人「みんなに教えてもらった数字を，学校のタブレットに入っていたアプリを使って表にしてみたよ。テストの点を言いたくないって人もいて，クラス全員分じゃないんだけどね。」

生徒	①	②	③	④	⑤	⑥	⑦	⑧	⑨	⑩
寝ている時間（単位：時間）	9.5	6.5	5.5	8.5	9.0	9.5	6.0	9.0	7.0	7.0
点数（単位：点）	93	72	65	83	88	95	70	100	76	83

生徒	⑪	⑫	⑬	⑭	⑮	⑯	⑰	⑱	⑲	⑳
寝ている時間（単位：時間）	7.5	7.5	7.5	7.0	9.5	8.5	8.0	8.0	8.0	8.5
点数（単位：点）	90	80	88	70	85	92	84	82	78	79

横浜「ありがとう。いそがしいのにまとめてくれて……。でも，この表だと寝ている時間が多い人も少ない人もバラバラで，よく分からないなあ。」

隼人「じゃあ，こんな感じに表のデータをグラフ（次のページ）にしたらどうかな。」

問 あなたが横浜さんの立場で，お母さんに自分の意見を言うとしたらどうしますか。問題文にあるデータ以外にも，あなたが知っていることを付け加えてもかまいません。なぜそのように考えたのか，理由もつけて説明しなさい。

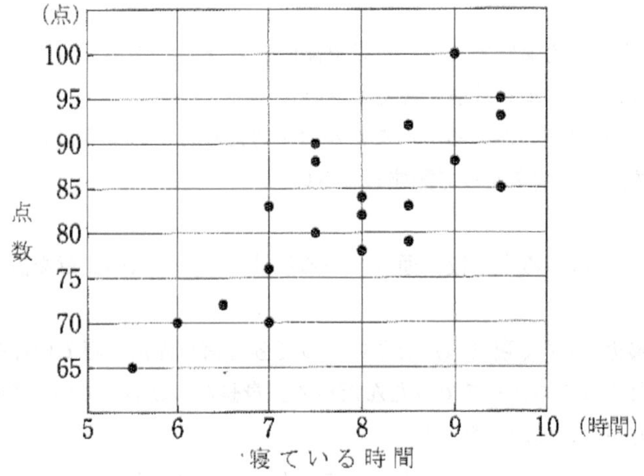
(点)
100
95
90
85
80
75
70
65
点数
5
6
7
8
9
10
(時間)
寝ている時間

ア．遠くの場所で生活する人々とはつながりを持たず、その場所の中だけの関係で物事が完結する世界。

イ．平面である地球上をどこまで歩いて行っても、別の場所には決してたどり着くことができない世界。

ウ．たとえその場所に行かなくても、テクノロジーの発達によって短時間でつながることができる世界。

エ．自分たちの住んでいる場所がせまく、「球面思考」を身につけなければ生活することができない世界。

問四　――線③「単純」と反対の意味を表す二字熟語を答えなさい。

問五　文中の【１】～【３】に入る語を、次の中からそれぞれ一つずつ選び、記号で答えなさい。

ア．つまり　　イ．しかし　　ウ．だから
エ．なぜなら　オ．たとえば

問六　――線④「それ」の指している内容を、「…こと。」につながるように文中から二十字以内でぬき出し、最初と最後の五字を書きなさい。

問七　本文の内容に合うものを次の中からすべて選び、記号で答えなさい。

ア．人類は球面思考を基《もと》にした科学の力により、多くのことを解明してきた。

イ．人類は平面思考で生きていたからこそ地動説を受け入れることができた。

ウ．現代の人間は、球面思考よりも古くからの平面思考によって生きている。

エ．球面思考を身につけ、大きな世界に対応するための方法はまったくない。

オ．国際関係がうまくいくためには、球面思考に転換することが大切である。

四

次の文章を読んで、あとの問いに答えなさい。

※問題に使用された作品の著作権者が二次使用の許可を出していないため、問題を掲載しておりません。

（出典：小川糸『バーバのかき氷』より　一部改）

生まれました。平面上の図形を扱《あつか》うユークリッド幾何学と違《ちが》い、こちらは球面、曲面での幾何学です。そこでは、たとえば平行線が交わることもあるし、三角形の内角の和も一八〇度ではありません。球面上に三角形を描《か》けば、内角の和が一八〇度よりも大きくなります。平面思考と球面思考では、③単純な図形にも大きな違いが生じるわけです。球面上の出来事を平面思考で把握《はあく》していれば、大きな錯覚《さっかく》や誤解が生じかねません。

また、二〇世紀の初頭には、美術の分野で「キュビスム」が生まれました。パブロ・ピカソとジョルジュ・ブラックによって創始された技法です。それまでの絵画がひとつの視点から見たものを描いていたのに対して、彼らはさまざまな角度から見たものをひとつの画面に描き込《こ》みました。「キューブ」は立方体のことですが、これも一種の球面思考といえるでしょう。一枚の絵の中に正面から見た顔と横顔が同時に存在するのは、地球上に昼と夜が同時に存在するようなものです。

このように、平面思考から抜《ぬ》け出して球面をとらえようとする思考法はこれまでにいくつか提案されてきました。【　１　】私たちは、それを日常的にはっきりと意識するレベルにまではなっていません。【　２　】南米のブラジルやアルゼンチンなどを「地球の裏側」と表現するのも、平面思考の表れでしょう。実際には、球面に裏側などありません。日本からまっすぐに進んでいけば、平面の端《はし》を回り込むことなしに、【　３　】裏側へ回ることなく南米まで行けます。

ちなみにイギリス人は、この日本とブラジルのような位置関係のことを「対蹠地《たいせきち》」もしくは「対蹠点（antipodes）」と名付けました。この言葉が生まれたのは、南半球のニュージーランドやオーストラリアを植民地にしたときのこと。当初は地の果て、地球の裏側などと呼んでいましたが、そのいい方は現地の人々の反感を買うため、そんな言葉を考え出したのです。これは、平面思考から球面思考への転換を図る工夫と考えてよいでしょう。

遠く離れた外国を裏側にあると考えると、そこが自分たちとつながりのある場所だと思いにくくなります。④それでは、世界で起きていることを正しく理解できません。特にいまは、情報技術の発達で世界が狭《せま》くなっている時代。外国のことを、自分たちと切り離された別の場所だと思っているようでは、国際関係がうまくいくはずがありません。外交官や政治家も、平面思考で外国とつきあっているから摩擦《まさつ》や戦争が起こるのかもしれません。球面思考で、お互いにつながった存在としてつきあっていけば、衝突《しょうとつ》を避《さ》けられるのではないかと思います。

（外山滋比古『考えるとはどういうことか』より　一部改）

※幾何学……図形や空間の性質について研究する数学の分野。

問一　――線①「真実を頭で理解してはいても、それを心の底から実感するのは簡単ではありません」とありますが、それはなぜですか。理由に当たる部分を「…から。」につながるように文中から三十三字でぬき出し、最初と最後の五字を書きなさい。

問二　文中の A ～ H には、「太陽」か「地球」のどちらかの言葉が入ります。「太陽」が入る場合は「ア」、「地球」が入る場合は「イ」と答えなさい。

問三　――線②「小さな世界」とありますが、ここではどのような世界のことですか。最も適切なものを次のページの中から一つ選び、記号で答えなさい。

ア．呼ばれたから返事をしたのに、相手が出てこないのでつまらないと思っている。

イ．自分の声が遠くまで届き、聞こえた熊からの返事が来るのを楽しみにしている。

ウ．試しにほえてみた自分の声が月夜にこだまし、不気味でこわいと思っている。

エ．自分の声が遠くで響《ひび》くだけで、「声」は気のせいだったのかと、むなしく思っている。

問四　この詩では、熊の心情が描《えが》かれています。あなたは人間以外の動物に心が「ある」と思いますか、それとも「ない」と思いますか。「ある」か「ない」かのどちらかを○で囲み、その理由を五十字以内で答えなさい。

三

次の文章を読んで、あとの問いに答えなさい。

これまで人類は科学の力によって、多くのことを解明してきました。しかし、①真実を頭で理解してはいても、それを心の底から実感するのは簡単ではありません。

たとえば、いわゆる天動説を信じている現代人はいないでしょう。コペルニクスやガリレオのおかげで、[A]が[B]のまわりを回っているのではなく、[C]が[D]のまわりを回っていることがわかってから、もう何百年も経っています。

ところが私たちは、いまでも「日が昇《のぼ》る」「日が沈《しず》む」といういい方をやめようとしません。動いているのは[E]ではなく[F]のほうなのに、「[G]が動いて[H]が見えた（見えなくなった）」ということを表す簡潔な言葉はありません。せめて天文学者たちは別のいい方をしてもよさそうなものですが、やはり「日が昇る」といいます。つまり私たちは、頭では地動説を受け入れていても、日常生活では相変わらず天動説的な感覚を持って暮らしているわけです。

それだけではありません。天動説から地動説へ転換《てんかん》する以前に、人類は地球が丸いことも発見しました。これも、頭では誰《だれ》もが理解しているはずです。しかし実際には、相変わらず自分たちが球面ではなく平面の上で暮らしているように感じている人がほとんどではないでしょうか。

〈中略〉

いずれにしろ、人類はまだ「平面思考」から「球面思考」への転換が十分にできていないといえるでしょう。

昔の人間は②小さな世界で生活していましたから、本当は球面上で暮らしていても、それを意識する必要がありませんでした。どこまでも同じ平面が続いているという前提で、物事を考えていればよかったのです。

ところがテクノロジーの発達によって、私たちは遠い国の映像を生中継で見たり、短時間で遠くまで移動できるようになりました。以前よりもはるかに大きな世界の中で生活するようになったわけです。しかし私たちの思考は、この変化に対応しきれていません。球面思考を身につけなければ大きな世界に対応できないのに、いまだに古くからの平面思考によって生きています。

もちろん、それを克服《こくふく》する努力がまったくないわけではありません。たとえば※幾何学の分野では、一九世紀に「非ユークリッド幾何学」が

【国　語】（五〇分）〈満点：一〇〇点〉

【注意】　句読点等も字数にふくめなさい。

一　次の各文の――線部の漢字はひらがなに、カタカナは漢字に直しなさい。

① 弟が砂遊びに興じている。
② 行楽地に向かう車で道が混んでいる。
③ 貴重品は持っていかない方が無難だ。
④ 速い打球に対して、発作的にグローブが出た。
⑤ 洋服の生地を選ぶ。
⑥ あまりの恐《おそ》ろしさにサムケがする。
⑦ 問いに対してのハンノウを見る。
⑧ 横浜駅をケイユして学校に行く。
⑨ チイキの人たちと交流をはかる。
⑩ 仏様に手を合わせてオガむ。

二　次の詩を読んで、あとの問いに答えなさい。（昔の言葉で書かれている部分は、あとの〈注〉を参考にすること。）

熊　　新美南吉

熊は月夜に①声きいた。
どこか遠くでよんでゐた。

熊はむくりと起きて来た。
檻《おり》の鉄棒ひえてゐた。

熊は耳をばすましてた。
アイヌのやうな声だつた。

熊は故郷を思つてた。
落葉松林《からまつばやし》を思つてた。

熊はおゝんとほえてみた。
②どこか遠くで、
こだました。

（『新美南吉詩集』より）

〈注〉

ゐた＝いた	耳をば＝耳を	やうな＝ような	声だつた＝声だった
思つてた＝思ってた	おゝんと＝おおんと		

問一　あなたは、熊が今どのような状況《じょうきょう》にあると想像しますか。二十字以上、二十五字以内で答えなさい。

問二　――線①「声」について、次の(1)・(2)の問いに答えなさい。

(1)　熊が月夜にきいた「声」は何の声ですか。

(2)　その「声」はどのような思いを伝えていますか。あなたの考えを書きなさい。

問三　――線②「どこか遠くで、こだました」とありますが、この時の熊の心情として最も適切なものを次のページの中から一つ選び、記号で答えなさい。

2024年度

横浜隼人中学校入試問題(適性検査型)

【適性検査Ⅰ】（45分）　＜満点：100点＞

【注意】 字数の指定がある問題は，指定された字数や条件を守り，わかりやすくていねいな文字で書きましょう。最初のマスから書き始め，文字や数字は1マスに1文字ずつ書き，文の終わりには句点〔。〕を書きます。句読点〔。,〕やかっこなども1文字に数え，1マスに1つずつ書きます。

次の会話文を読みながら，あとの問いに答えなさい。

小学6年生のアサヒさんとヒナタさんは，横浜隼人中学・高等学校の文化祭「隼輝祭《しゅんきさい》」にやってきました。

アサヒ　すごい人の数。みんな楽しそう。

ヒナタ　コロナ禍《か》のえいきょうで，隼輝祭の中止や縮小開催《しゅくしょうかいさい》が続いていたから，通常規模《きぼ》で開かれるのは4年ぶりなんだって。

アサヒ　町内の夏祭りも4年ぶりの開催だったし　どこも同じだね。あそこに手作りのお化け屋敷《やしき》があるよ。

ヒナタ　パンフレットを見ると，ジャングルとお化け屋敷とクイズを合わせた新感覚のアトラクションって書いてあるよ。何だろう。あっちはジェットコースターかな。盛《も》り上がっていて，楽しそう。

アサヒ　中庭や講堂では，野球部や文化部の人たちがダンスや演奏《えんそう》をしているんだって。あとで見に行こう。

ヒナタ　そうだね。ところで，あの長蛇《ちょうだ》の列は何だろう？

アサヒ　食べ物や飲み物を売っているみたいだね。クリームソーダやワッフル，唐揚《からあ》げなど，いろいろなものがあるよ。

ヒナタ　スマートフォンを出して「ピッ」ってしているみたい。

アサヒ　キャッシュレス決済《けっさい》じゃない？

ヒナタ　そうみたいだね。

隼輝祭実行委員長の話

今年の隼輝祭では，スマートフォンを使ったキャッシュレス決済を初めて導入しました。神奈川県で開かれる中学・高校の文化祭では初の取り組みです。お札や硬貨《こうか》のやり取りをする必要がないので会計がスムーズで，その後の手間も省けます。キャッシュレス化には，さまざまなメリット（長所）があると感じました。

2人は，隼輝祭実行委員長の話を聞いて，キャッシュレス決済について興味を持ちました。そこで，お金の発展《はってん》の歴史から順に調べてみることにしました。

アサヒ　その昔，お金がなかった時代には，人々は物と物を直接交換《こうかん》する「物々交換」を行っていたみたい。

ヒナタ　だけど，物々交換が成立するためには，「自分かゆずろうとする物と，相手が欲《ほ》しがる物が一《いっ》致《ち》すること」と，反対に「[　①　]」という２つの条件を満たす必要があるよ。

アサヒ　確かに，たとえば，米をたくさん持っているＡさんが「米をゆずって肉が欲しい」と思っていて，肉をたくさん持っているＢさんが「[　②　]」と思っている場合は，めでたく物々交換が成立するけれど，肉を持っているＢさんが「魚が欲しい」と思っている場合には，米を持っているＡさんは直接，Ｂさんとの間で物々交換をすることはできないね。

ヒナタ　この場合，Ａさんはまず漁師のＣさんのところへ行って，いったん米を魚に交換したうえで，次にＢさんに「魚と肉の交換」を持ちかけることになるね。

アサヒ　このように考えると，自分の欲しい物と相手の欲しい物を一致させるというのは結構大変なことで，物々交換が成立するのは極《きわ》めて限られたケースだとわかるなぁ。

ヒナタ　こうした不便さから，やがていろいろなお金（貨幣《かへい》）が交換手段《しゅだん》として広く受け入れられるようになったんだね。

問題１　[①]・[②] にあてはまる内容を，[①] は20字以上30字以内，[②] は15字以内でそれぞれ書きなさい。

アサヒ　貨幣が生まれた初期には，希少性のある自然素材の貝や石，骨《ほね》などが使われていたんだよ。これらは「自然貨幣」とよばれて，古代中国では，貨幣として「宝貝《たからがい》」という貝が用いられたんだって。

ヒナタ　だから，お金に関係がある漢字である，「貨」「貯」「資」「[　③　]」などには，今でも「貝」が使われているものが多いんだね。

アサヒ　そういうことになるね。貝や石などの「自然貨幣」には，希少性はあるけれど，それ自体には価値《かち》がないでしょう。やがて，農耕技術が発展して穀物《こくもつ》や家畜《かちく》などの生産が増えると，穀物，家畜，布など，多くの人が欲しがるものが，交換を仲立ちする手段として使われるようになるんだね。こういうのを「商品貨幣」というんだって。

ヒナタ　日本でも，８世紀の初めには，国を治めるための法律《ほうりつ》（律令《りつりょう》）ができて，人々は④税を納《おさ》めることになったね。

問題２　[③] にあてはまる漢字１字を書きなさい。

問題３　④税を納めるとありますが，具体的に何という名前の税を納めましたか。また，その税はどのような税ですか。一つ取り上げて説明しなさい。

アサヒ　「商品貨幣」には，大量の穀物などを運ばなければいけないから，持ち運びがとにかく不便という欠点があるね。だけど，やがて，金属の製錬《せいれん》技術が発達して，金や銀などの金属が作られるようになると，持ち運びが便利で耐久性《たいきゅうせい》に優《すぐ》れた金や銀などの「金属貨幣」が使われるようになったんだって。そして，「鋳造《ちゅうぞう》貨幣」「紙幣」へと移り変わっていくことになるんだね。

ヒナタ　このように見ていくと，希少性のある自然のものが「お金」として誕生《たんじょう》し，やがて「もの」

と同じような価値のある貴重《きちょう》な材料から「お金」を作って，「もの」と「お金」を交換するようになったことがよくわかるね。

アサヒ　そして，今のように国が「額面」を保証した「お金」が毎日の暮《く》らしで使われるようになったんだね。

ヒナタ　貝や石，骨から金属を経て，紙のお札へと段階的《だんかいてき》に発展をとげてきたんだね。

アサヒ　だけど，今は，紙幣や硬貨といった現金を使わずに代金の支払《しはら》いや受け取りを行うキャッシュレス決済が急速に広がっていて，隼輝祭でもスマートフォンを使ったキャッシュレス決済を導入したということだね。

資料１　キャッシュレス決済の支払いのタイミングと決済手段

	特ちょう	具体的なサービス	
前払い	事前にチャージが必要	電子マネー	コード決済
即時《そくじ》払い	リアルタイムで銀行口座《こうざ》から代金を引き落とし	デビットカード	
後払い	後日、代金が請求《せいきゅう》される	クレジットカード	

ヒナタ　資料１を見ると，キャッシュレス決済のしくみは，支払いが発生するタイミングによって３つに分けられるんだね。

アサヒ　前払いとは，いわゆる「プリペイド型」のことで，あらかじめ一定の金額をカードなどにチャージしておき，それをお店での支払いに使うという方法だね。即時払いは，お店での支払いと同時に，利用者の銀行口座から代金が引き落とされるタイプだね。

ヒナタ　クレジットカードは，後日まとめて利用額が請求されるから後払いになるんだね。今はお金がなくても買い物ができてしまうから，とても便利だね。

アサヒ　スマートフォンなどを使ったコード決済は，サービスによって，前払いのもの，即時払いのもの，後払いのものがあるね。

問題４　あなたがキャッシュレス決済を利用するとき，特に注意したいのは，「前払い」「即時払い」「後払い」のうちのどれですか。解答らんのどれか１つに○をしたうえで，そのように考えた理由を説明しなさい。

資料２　キャッシュレス化による主なメリット（長所）とデメリット（短所）

■主なメリット

□消費者

・［　⑤　］

・現金を持ち歩かなくて済《す》む。

・利用金額に応じてポイントがつく場合がある。

□店

・会計の時間が短縮《たんしゅく》できるため，混雑時でもレジ前に行列ができるのを回避《かいひ》できる。

・事前に両替《りょうがえ》に行って，つり銭《せん》を用意しておく必要がなくなる。

・１日の営業を終えたあとに売上を集計し，現金の残高を確認《かくにん》するという「レジ締《じ》め」の作業が不要になる。

※レジ締めには，レジ１台あたりで平均25分かかり，複数のレジがある店舗《てんぽ》は153分もかかっている。（野村総合研究所「キャッシュレス検討会《けんとうかい》発表資料」による）

□社会全体

・社会全体に出回る現金が減る分，お札の印刷費用や貨幣の製造費用を減らせるだけでなく，現金輸送の費用も減らせる。

・銀行ＡＴＭを稼働《かどう》させる費用が減らせる。

※現金の取り扱《あつか》い費用は，現在，日本全体で年間８兆円ほどと試算されています。

（みずほフィナンシャルグループ公式発表資料による）

■主なデメリット

□消費者

・スマートフォンに不慣れな人や高齢者《こうれいしゃ》などには，スマートフォンを使ったキャッシュレス決済が難《むずか》しい場合がある。

・カード情報を不正に入手して悪用されるなど，セキュリティーに対する不安がある。

・通信障害《しょうがい》などが発生した場合に支払いができなくなる。

□店

・⑥売上金額の１～４％程度が決済手数料として徴収《ちょうしゅう》される。

□社会全体

・特にない。

問題５ ⑤ にあてはまる内容を書きなさい。

問題６ ⑥売上金額の１～４％程度が決済手数料として徴収されるのは，一般的《いっぱんてき》には店側のデメリットと考えられていますが，必ずしもそうとはいえず，メリットがデメリットを上回るという見方もあります。これはどういうことか説明しなさい。

問題７ 近年，日本ではキャッシュレス化を積極的に進めていこうという機運が高まっています。その背景《はいけい》として，どのような要因が考えられますか。また，キャッシュレス化を推《お》し進めていくためには，具体的にどのような取り組みが考えられますか。次のページの**資料２**と**図１**～**図４**を参考にして，200字以内でまとめて書きなさい。

図１　世界主要国におけるキャッシュレス決済比率（2021年）

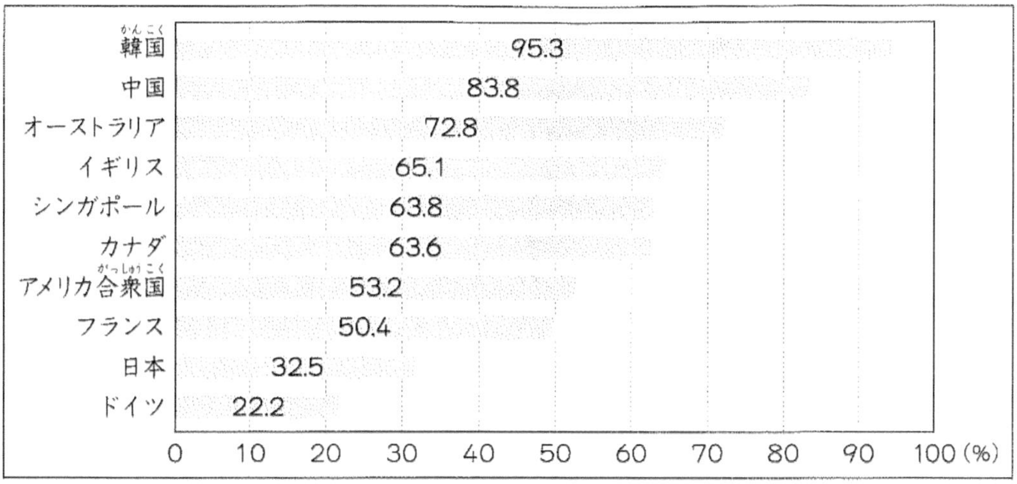

（一般社団法人キャッシュレス推進《すいしん》協議会「キャッシュレス・ロードマップ 2023」をもとに作成）

図２　訪日《ほうにち》外国人旅行者数の推移《すいい》

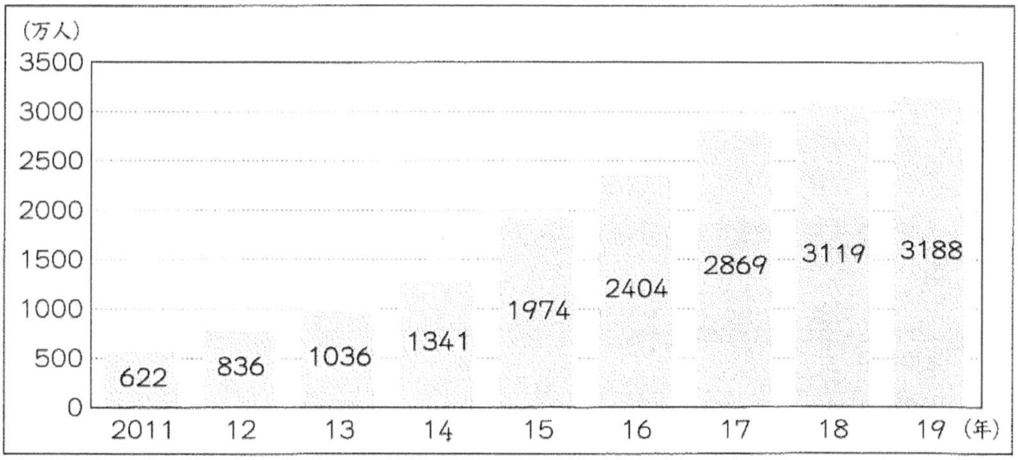

（観光庁《かんこうちょう》「外国人旅行者の出入国者数」をもとに作成）

図３　訪日外国人旅行者数の国別の内訳《うちわけ》（2019 年）

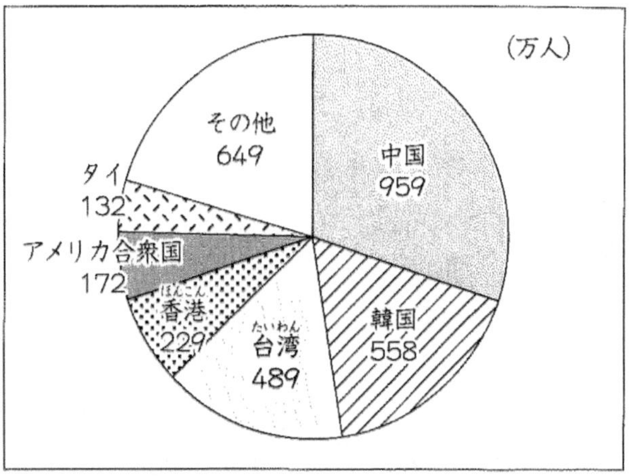

（観光庁「外国人旅行者の出入国者数」をもとに作成）

図４　日本の総人口の推移（2025 年以降《いこう》は予測）

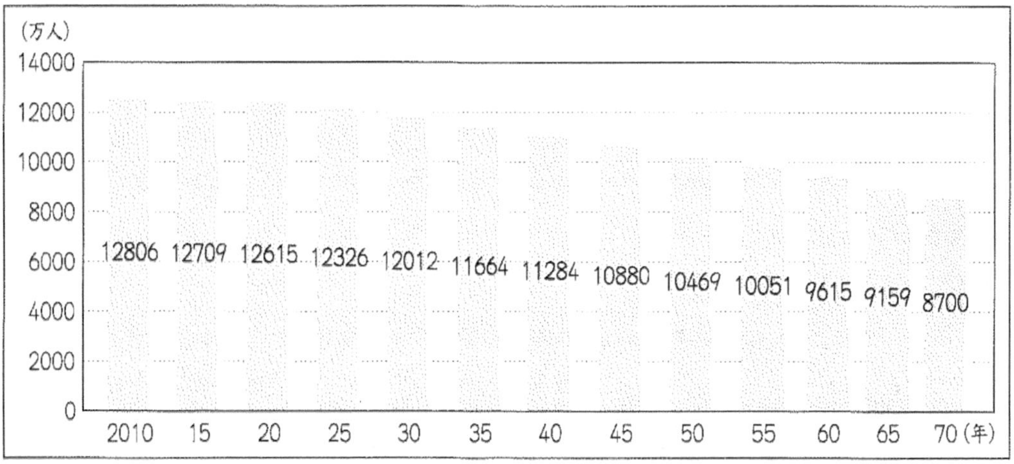

（内閣府《ないかくふ》「令和５年版 高齢社会白書」をもとに作成）

【適性検査Ⅱ】（45分）　＜満点：100点＞

1　アサヒさんは，台風のあとに，海に近い場所に生えていた草や木の葉がかれたことに興味をもちました。そのことをケイタ先生に話しました。次の会話文を読みながら，あとの問いに答えなさい。

ア　サ　ヒ　台風のあとに，海に近い場所に生えていた草や木の葉がかれたのはなぜですか。

ケイタ先生　それは，塩分をふくんだ台風の風が原因です。では，理科の授業で，ちょうど植物のはたらきについて学習しているので，今回は，植物と塩分の関係について考えてみましょう。

ア　サ　ヒ　ぜひ，お願いします。

ケイタ先生　では，ここにダイコンの根があるので，それと食塩を使って3つの実験を行いましょう。まずは，**実験1**を説明します。

実験1［方法］

1　皮をむいたダイコンの根をナイフで切り，ほぼ同じ形と大きさをした18個のダイコン片《へん》を作る。
2　それぞれのダイコン片の表面についている液をろ紙で取りのぞき，ダイコン片の重さをはかる。
3　これらのダイコン片を3個ずつ，真水と，0.5%，1.0%，1.5%，2.0%，2.5%の食塩水とに別々にひたす。
4　2時間後，これらのダイコン片を真水や食塩水から取り出し，表面についている液をろ紙で取りのぞいてそれぞれの重さをはかる。

ア　サ　ヒ　では，**実験1**に取り組んで，その結果を表にまとめてみます。

実験1［結果］

ダイコン片をひたした液	真水	食塩水				
		0.5%	1.0%	1.5%	2.0%	2.5%
ひたす前の重さ(g)	9.8	9.6	9.6	9.7	9.6	9.7
ひたしたあとの重さ(g)	11.5	10.5	9.9	8.9	8.2	8.0

※表中の数値《すうち》は，どれも同じ濃《こ》さの液にひたした3個のダイコン片の平均で表している。

ケイタ先生　実験が終わりましたね。**実験1**の結果からは，どのようなことが考えられますか。

ア　サ　ヒ　［　①　］ことなどです。

ケイタ先生　確かにそうですね。

問題1　［①］にあてはまる内容を，次の**ア**～**オ**の中から2つ選び，記号で答えなさい。

ア．ダイコン片を食塩水にひたすと，ダイコン片は軽くなる
イ．ダイコン片を真水にひたすと，ダイコン片は重くなる
ウ．ダイコン片をひたす食塩水が濃いほど，ダイコン片の重さは大きく変化する
エ．ダイコン片の重さが変化しない食塩水の濃さが，1.0%と1.5%の間にある
オ．ダイコン片の重さが変化する量は，ダイコン片をひたした食塩水の濃さに比例する

ケイタ先生　では，２つ目の実験に移ります。これは簡単《かんたん》なので，次の説明を読んで，いっしょにやりましょう。

実験２［方法・結果］

方法　新しいダイコン片１個を作り，これを強い力でおしつぶして，液を出す。
結果　この液は，もともとダイコンの根にあったものなので，食塩などいろいろなものをふくんでいることがわかった。この液を「ダイコン液」とよぶ。

ア　サ　ヒ　つまり，ダイコン液について共通認識《にんしき》をもっておくんですね。

ケイタ先生　はい。そのうえで，最後の実験です。

実験３［方法］

1　重さが60.6ｇのビーカーに水と食塩を入れ，濃さが5.0％になる食塩水を50.0ｇ作る。この食塩水の重さをビーカーといっしょにはかる。
2　１で作った食塩水が入ったビーカーに新しいダイコン片を２個入れ，２時間置く。
3　その後，２個のダイコン片を取りのぞき，残った食塩水の重さをビーカーといっしょにはかる。
4　３の食塩水が入ったビーカーを加熱して水をすべて蒸発《じょうはつ》させ，底に残った白い粉の重さをビーカーといっしょにはかる。

ア　サ　ヒ　**実験３**の結果は，次のようになりました。

実験３［結果］

１の結果	３の結果	４の結果
110.6g	114.6g	63.1g

ケイタ先生　３つの実験が終わりましたね。

ア　サ　ヒ　はい。**実験１**でダイコン片の重さが変化したのは，何かがダイコン片から出たり，ダイコン片に入ったりしているためだと思っていましたが，**実験３**は，ダイコン片を出入りしているものが何なのかを確かめるために行ったんですね。

ケイタ先生　その通りです。

問題２　**実験３**を行うとき，適切でないものを次の**ア**～**エ**の中から１つ選び，記号で答えなさい。

ア．ビーカーには，45.0ｇの水を入れ，これに5.0ｇの食塩をとかして食塩水をつくる。
イ．ダイコン片を食塩水や水にひたしている間，ビーカー内の水が蒸発しないようにする。
ウ．ダイコン片を液から取り出すとき，ダイコン片のまわりについた液をできるだけビーカー内にもどす。
エ．ビーカー内の液を蒸発させるとき，液が飛び散らないようにおだやかに加熱する。

問題３ **実験１～実験３**の結果から，ダイコン片から出たり，ダイコン片に入ったりしているものは何だと考えられますか。最も適切なものを次の**ア～エ**の中から１つ選び，記号で答えなさい。

ア．食塩水の水やダイコン液の水

イ．食塩水にふくまれている食塩や，ダイコン液にふくまれている食塩などいろいろなもの

ウ．食塩水の水やダイコン液の水と，食塩水にふくまれている食塩やダイコン液にふくまれている食塩などいろいろなもの

エ．ダイコン片が重くなるときは食塩水の水，軽くなるときはダイコン液にふくまれている食塩などいろいろなもの

問題４ **実験１～実験３**の結果から，アサヒさんは，台風で海に近い場所の草や木の葉がかれた原因を，次の文のように考えました。文中の（A）と（B）にあてはまる内容を，あとの**ア～ウ**の中から１つずつ選び，それぞれ記号で答えなさい。

> 台風の強い風が海水を運んで草や木の葉にあたり，草や木の葉の表面が（　A　）におおわれたことと同じになる。その結果，葉の中から（　B　）がたくさん出て，植物がかれた。

A．[**ア**．濃い食塩水　**イ**．うすい食塩水　**ウ**．水]

B．[**ア**．食塩などをふくむ液　**イ**．食塩などいろいろなもの　**ウ**．水]

問題５ 南側が海に面した場所で，台風により草や木の葉が最もかれやすいのは，どのようなときだと判断できますか。**問題４**で考えたことをふまえて，最も適切なものを次の**ア～オ**の中から１つ選び，記号で答えなさい。

ア．雨の降《ふ》り方は関係なく，南風が強くふくとき

イ．南風が強くふき，雨もはげしく降るとき

ウ．南風が強くふき，雨がほとんど降らないとき

エ．北風が強くふき，雨もはげしく降るとき

オ．北風が強くふき，雨がほとんど降らないとき

ケイタ先生　以前の授業で，「②植物に肥料をあたえすぎると，植物がかれてしまう」という話をしましたね。実は，今回行った**実験１～実験３**の結果にも関係しています。

ア　サ　ヒ　確か，「肥料をあたえすぎる」というのは，肥料をあたえる回数よりも，あたえるときの肥料の濃さが重要だということでしたね。

ケイタ先生　よく覚えていますね。

問題６ ②植物に肥料をあたえすぎると，植物がかれてしまうとありますが，これについて，アサヒさんは次の文のようにまとめました。文中の（A）～（C）にあてはまる内容を，あとの**ア・イ**の中から１つずつ選び，それぞれ記号で答えなさい。

> 液体の肥料を植物にあたえた場合，その肥料は土にしみこみ，土中の水にとける。植物は，これらの水や肥料を根から吸収《きゅうしゅう》するが，一度に多くの肥料をあたえすぎると，根のまわりでは，肥料がとけた液の濃さが（　A　）なり，（　B　）が（　C　）移動するようになる。その結果，植物がかれてしまう。

A．［　ア．濃く　　　　　　　　イ．うすく　　　　　　　］
B．［　ア．水　　　　　　　　　イ．肥料　　　　　　　　］
C．［　ア．土中から根の中へ　　イ．根の中から土中へ　］

2　小学６年生のアサヒさん。ヒナタさん，アオイさん，ハルキさんの４人は，体育の授業で新体力テストを受けました。次の資料は，新体力テストの各種目の説明(**資料１**)，項目《こうもく》別得点表(**資料２**)，総合評価基準表（**資料３**）です。あとのスミレ先生と４人の会話文を読みながら，問いに答えなさい。

資料１　新体力テストの種目の説明

握力《あくりょく》	筋力《きんりょく》（筋肉が出す力強さ）を測る。
	左右それぞれのよい方が記録になる。kg 未満は切り捨《す》てる。
上体起こし	筋力・筋持久力（長い時間筋肉を使う力）を測る。
	30 秒間に両ひじと両ももがついた回数が記録になる。
長座体前屈《ちょうざたいぜんくつ》	柔軟性《じゅうなんせい》（体のやわらかさ）を測る。
	手を置いた台を、前に置いた長さが記録になる。cm 未満は切り捨てる。
反復横とび	敏捷性《びんしょうせい》（すばやく動く力）を測る。
	20 秒間に線をふんだり、またいだりした回数が記録になる。
20ｍシャトルラン	全身持久力（長い時間運動できる力）を測る。
	音楽に合わせて走り、折り返した回数が記録になる。２回続けてどちらかの足で線にふれることができなくなったときにテスト終了《しゅうりょう》。
50ｍ走	スピード（はやく走る力）を測る。
	50ｍを走るのにかかった時間が記録になる。10 分の１秒未満は切り上げる。
立ち幅《はば》とび	瞬発力《しゅんぱつりょく》（瞬間的に筋肉を使う力）を測る。
	ふみ切りから着地した位置までの長さが記録になる。cm 未満は切り捨てる。
ソフトボール投げ	投能力（遠くに投げる力）を測る。
	投げた場所からボールが落ちた位置までの長さが記録になる。m 未満は切り捨てる。

資料２　新体力テストの項目別得点表（小学校）

男子

得点	握力	上体起こし	長座体前屈	反復横とび	20mシャトルラン	50m走	立ち幅とび	ソフトボール投げ
10	26kg以上	26回以上	49cm以上	50点以上	80回以上	8.0秒以下	192cm以上	40m以上
9	23～25	23～25	43～48	46～49	69～79	8.1～8.4	180～191	35～39
8	20～22	20～22	38～42	42～45	57～68	8.5～8.8	168～179	30～34
7	17～19	18～19	34～37	38～41	45～56	8.9～9.3	156～167	24～29
6	14～16	15～17	30～33	34～37	33～44	9.4～9.9	143～155	18～23
5	11～13	12～14	27～29	30～33	23～32	10.0～10.6	130～142	13～17
4	9～10	9～11	23～26	26～29	15～22	10.7～11.4	117～129	10～12
3	7～8	6～8	19～22	22～25	10～14	11.5～12.2	105～116	7～9
2	5～6	3～5	15～18	18～21	8～9	12.3～13.0	93～104	5～6
1	4kg以下	2回以下	14cm以下	17点以下	7回以下	13.1秒以上	92cm以下	4m以下

女子

得点	握力	上体起こし	長座体前屈	反復横とび	20mシャトルラン	50m走	立ち幅とび	ソフトボール投げ
10	25kg以上	23回以上	52cm以上	47点以上	64回以上	8.3秒以下	181cm以上	25m以上
9	22～24	20～22	46～51	43～46	54～63	8.4～8.7	170～180	21～24
8	19～21	18～19	41～45	40～42	44～53	8.8～9.1	160～169	17～20
7	16～18	16～17	37～40	36～39	35～43	9.2～9.6	147～159	14～16
6	13～15	14～15	33～36	32～35	26～34	9.7～10.2	134～146	11～13
5	11～12	12～13	29～32	28～31	19～25	10.3～10.9	121～133	8～10
4	9～10	9～11	25～28	25～27	14～18	11.0～11.6	109～120	6～7
3	7～8	6～8	21～24	21～24	10～13	11.7～12.4	98～108	5
2	4～6	3～5	18～20	17～20	8～9	12.5～13.2	85～97	4
1	3kg以下	2回以下	17cm以下	16点以下	7回以下	13.3秒以上	84cm以下	3m以下

資料３　新体力テストの総合評価基準表（小学校、男女共通）

段階	小学１年	小学２年	小学３年	小学４年	小学５年	小学６年
A	39以上	47以上	53以上	59以上	65以上	71以上
B	33～38	41～46	46～52	52～58	58～64	63～70
C	27～32	34～40	39～45	45～51	50～57	55～62
D	22～26	27～33	32～38	38～44	42～49	46～54
E	21以下	26以下	31以下	37以下	41以下	45以下

※総合評価は８種目すべて実施《じっし》した場合に合計得点で判定する。

スミレ先生　新体力テストの全種目が終わりました。しっかりと準備運動をしましたので，けがなく終えることができましたね。では，今朝配布した新体力テストの項目別得点表と総合評価基準表を出してください。これらを見ると，興味深いことがいろいろあるでしょう。

ア　サ　ヒ　［①］の種目だけは，女子のほうが総じてよい記録が出ることがわかります。

スミレ先生　そうなんです。男子よりも女子のほうが［②］人が多いということですね。ではこれから，各種目の記録を得点に直して，総合評価をつけていきましょう。

問題1　［①］・［②］にあてはまる内容をそれぞれ書きなさい。

アサヒさん（女子）の記録

握力	上体起こし	長座体前屈	反復横とび	20m シャトルラン	50m 走	立ち幅とび	ソフトボール投げ
18.5kg	18回	45.5cm	34点	44回	9.48秒	135.5cm	12.5m

ヒナタさん（男子）の記録

握力	上体起こし	長座体前屈	反復横とび	20m シャトルラン	50m 走	立ち幅とび	ソフトボール投げ
21.5kg	24回	33.5cm	45点	55回	8.84秒	165.5cm	27.5m

アオイさん（男子）の記録

握力	上体起こし	長座体前屈	反復横とび	20m シャトルラン	50m 走	立ち幅とび	ソフトボール投げ
19.5kg	21回	29.5cm	40点	46回	9.12秒	151.5cm	17.5m

ハルキさん（女子）の記録

握力	上体起こし	長座体前屈	反復横とび	20m シャトルラン	50m 走	立ち幅とび	ソフトボール投げ
15.5kg	15回	40.5cm	29点	33回	10.28秒	135.5cm	10.5m

問題2　4人の中で，20mシャトルランの得点が最もよかった人はだれか書きなさい。

問題3　4人の中で，50m走の得点が最も悪かった人はだれか書きなさい。

問題4　アサヒさんの新体力テストの総合評価は何段階《なんだんかい》か，記号で書きなさい。

3　ワタル先生は，算数の授業で，一辺の長さが2cmの立方体の積み木を3～4個つなげて，いろいろな立体をつくりました。次の会話文を読みながら，あとの問いに答えなさい。

ア　サ　ヒ　積み本の面と面は，少しずらしてもいいですか。

ワタル先生　いいえ。面と面はぴったりくっつけてください。この決まりさえ守ってくれれば。どのような立体をつくっても構いません。

ア　サ　ヒ　わかりました。

ワタル先生　（数分後）できたようですね。

ア　サ　ヒ　全部で９個の立体をつくりました（**図１**）。

図１　立体１～９

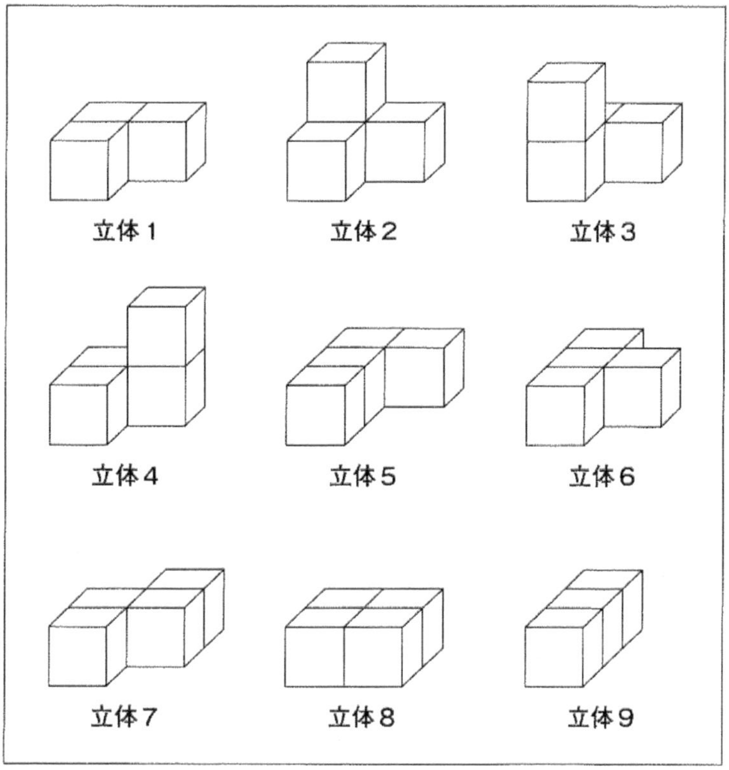

ワタル先生　**立体１**はシンプルですね。では，**立体２**の体積と，**立体３**の表面積を求めてみましょうか。

問題１　**立体２**の体積は何cm^3か答えなさい。また，**立体３**の表面積は何cm^2か答えなさい。

ア　サ　ヒ　**立体２**をもう１個つくって２つ組み合わせれば，一辺の長さが４cmの立方体をつくることができます。

ワタル先生　よい点に気づきましたね。確かに，同じ立体を２個組み合わせれば，より大さな立方体ができます。そのような立体は，**立体２**以外にもありますよ。

ア　サ　ヒ　**立体１**は，３個の積み木を使っているので，この立体を２個組み合わせても立方体はできません。

ワタル先生　そうですね。４個の積み木を使っている立体でなければいけませんね。

問題２　同じ立体を２個用意して，それらを組み合わせて，一辺の長さが４cmの立方体をつくろうとするとき，どの立体を選べばよいですか。次の**ア**～**キ**の中からすべて選び，記号で答えなさい。

ア．立体３　　**イ．立体４**　　**ウ．立体５**　　**エ．立体６**

オ．立体７　　**カ．立体８**　　**キ．立体９**

ア　サ　ヒ　**図１**の立体を使って，より大きな立方体をつくりたいです。

ワタル先生　**立体３**～**立体９**を使えば，一辺の長さが６cmの立方体を組み立てることができそうですね。

ア　サ　ヒ　つまり，７種類の立体を使うということですか。

ワタル先生　はい。そうすれば，全部で27個の積み木を使うことになりますし，ちゃんと立方体になりますよ。

ア　サ　ヒ　どのように組み合わせていけばいいのでしょうか。

ワタル先生　設計図をつくってみましょう。

ア　サ　ヒ　設計図？

ワタル先生　そうです。たとえば，**図２**のように，完成した立方体のどの部分にどの立体があるのかを，上段，中段，下段に分けて番号で表そうと思います。

図２

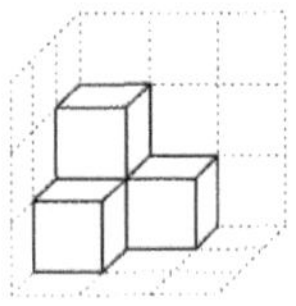

⇨

下段

2	2	
2		

中段

2		

上段

ア　サ　ヒ　**図２**の「２」とは，**立体２**の２を指しているんですね。

ワタル先生　そうです。

問題３　**立体３**～**立体９**の７種類の立体を１個ずつ使って，一辺の長さが６㎝の立方体を組み立てるための**図２**のような設計図をつくろうと思います。**図３**は，その設計図の１つです。下段，中段の部分を参考にして，上段の部分に番号を書き加えて，設計図を完成させなさい。

図３

下段

4	9	5
4	4	5
8	8	7

中段

4	9	5
6	3	7
8	8	7

上段

問題４　その後，アサヒさんは，**立体１**～**立体７**の７種類の立体を１個ずつ使って，次のページの**図４**の設計図にしたがって，やはり一辺の長さが６㎝の立方体を組み立てました。そして，完成させた立方体の表面すべてに色をつけました。このとき，**立体１**～**立体７**の中で，一番多く表面に色がついている立体はどれですか。次の**ア**～**キ**の中から１つ選び，記号で答えなさい。また，その立体の，色がついている部分の面積は何cm^2か答えなさい。

ア．立体１　　**イ**．立体２　　**ウ**．立体３　　**エ**．立体４

オ．立体５　　**カ**．立体６　　**キ**．立体７

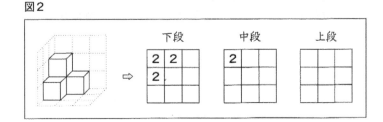

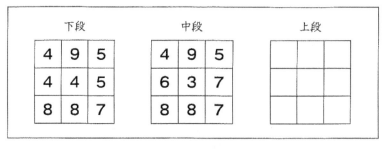

図4

下段

7	4	4
2	4	3
2	2	5

中段

7	6	4
7	3	3
2	3	5

上段

6	6	6
7	1	5
1	1	5

MEMO

大切なことはメモしておこうネ！

第1回

2024年度

解 答 と 解 説

《2024年度の配点は解答欄に掲載してあります。》

＜算数解答＞《学校からの正答の発表はありません。》

1 (1) 6867 (2) $1\frac{1}{60}$ (3) 11 (4) $\frac{3}{4}$ (5) 23000 (6) 61 (7) $8\frac{4}{9}$
(8) 5：8 (9) 7 (10) 2100

2 (1) $\frac{3}{4}$ (2) 3km (3) 7％ (4) 39.25cm^2 (5) 小川さん

3 (1) 解説参照 (2) たて4cm，横6cm (3) 解説参照 (4) 4秒後，14秒後

4 (1) ア ひし形 イ (例) 4辺の長さが等しい (2) 解説参照

5 解説参照

○推定配点○

各4点×25 計100点

＜算数解説＞

1 (四則計算，割合と比，単位の換算)

(1) 123＋6744＝6867

(2) $1\frac{5}{12}-\frac{2}{5}=1\frac{1}{60}$

(3) 11.75－0.75＝11

(4) $\frac{28}{11}\times\frac{33}{112}=\frac{3}{4}$

(5) 23×1000＝23000

(6) 69－8＝61

(7) $9-\left(\frac{1}{18}+\frac{9}{18}\right)=8\frac{4}{9}$

(8) 15：24＝5：8

(9) □＋3＝10 □＝7

(10) 72分－37分＝35分＝2100秒

2 (規則性，速さの三公式と比，単位の換算，割合と比，平面図形，論理)

重要 (1) 1，$\frac{1}{4}$，$\frac{2}{4}$，$\frac{3}{4}$，1

基本 (2) $4\times\frac{45}{60}=3$(km)

重要 (3) 150g：50g＝3：1 (3×6＋1×10)÷(3＋1)＝7(％)

(4) 右図より，5×5×3.14÷2＝12.5×3.14＝39.25(cm^2)

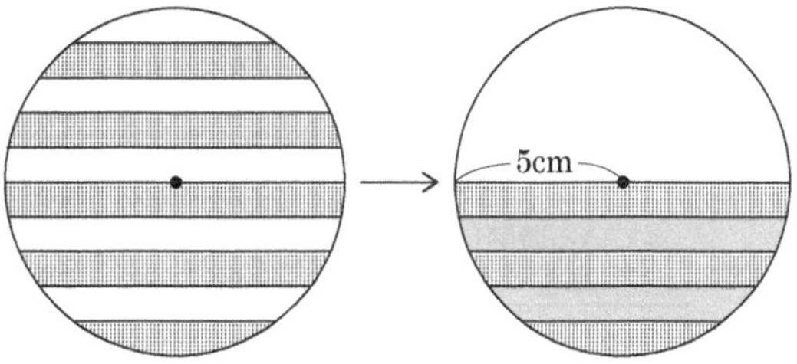

(5) 小野さん…4位 田中さん…2位 石井さん…5位 佐野さん…3位 したがって，1位は小川さん

3 (速さの三公式と比，旅人算，グラフ，割合と比)

【図1】

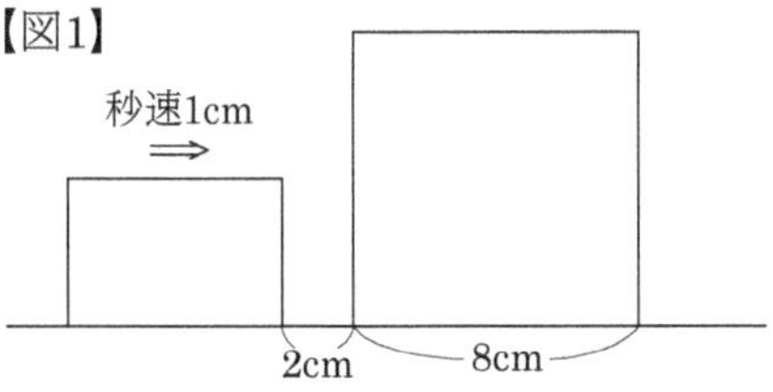

【図2】

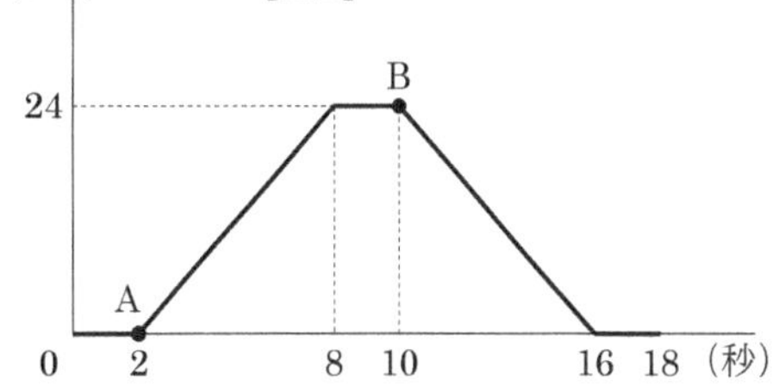

基本 (1) A…(解答例)長方形が正方形と重なり始めた状態

重要 (2) 長方形の横の長さ…グラフと右図より，6cm
長方形の縦の長さ…24÷6＝4(cm)

(3) B…長方形が正方形から出始めた状態
したがって，図Bは右のようになる

(4) 面積が$8cm^2$のとき…右図より，4秒後と14秒後

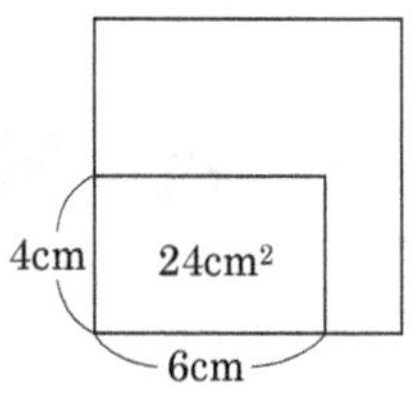

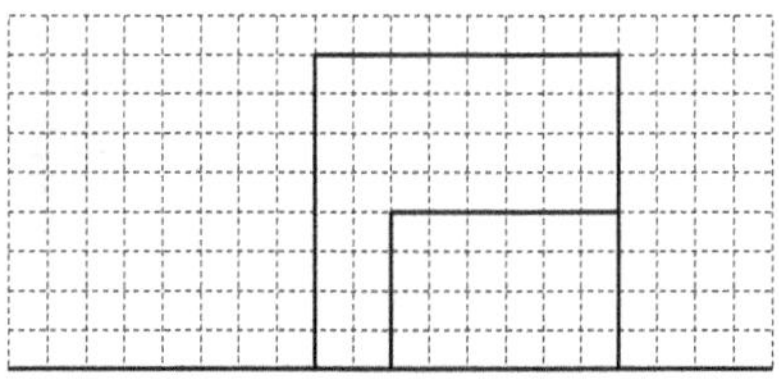

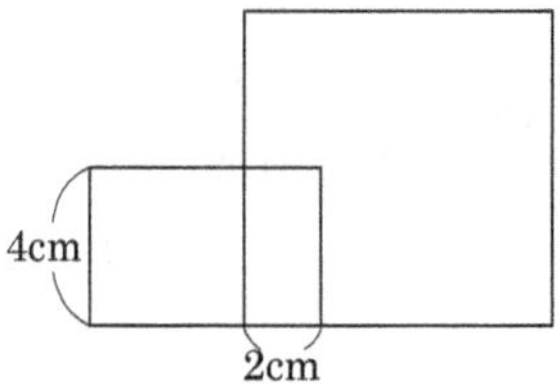

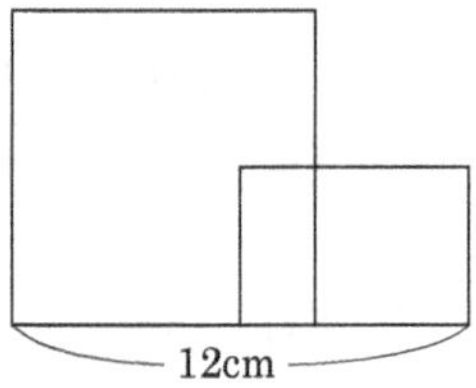

4 (平面図形，論理)

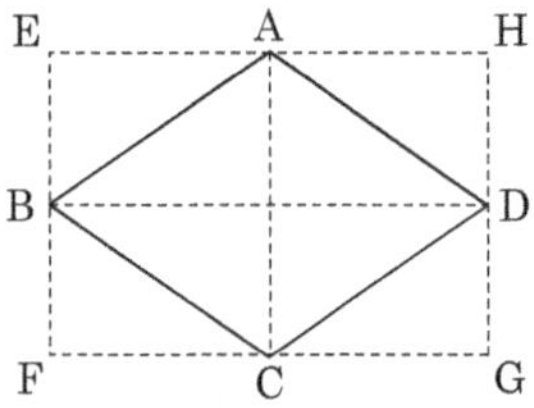

基本 (1) 正方形・長方形・平行四辺形・台形とは異なる四角形ア…ひし形
イ…(例)「4辺の長さが等しい」四角形

重要 (2) ウ…(例)「左図より，ひし形ABCDの面積は，長方形EFGHの$\frac{1}{2}$であり，BD×AC÷2で求められる」

5 (統計と表，論理)

(例)「グラフより，寝ている時間が7.5時間以上の人は全員75点以上の点数であり，寝ている時間が十分だと脳の機能の回復にも良いらしいよ」

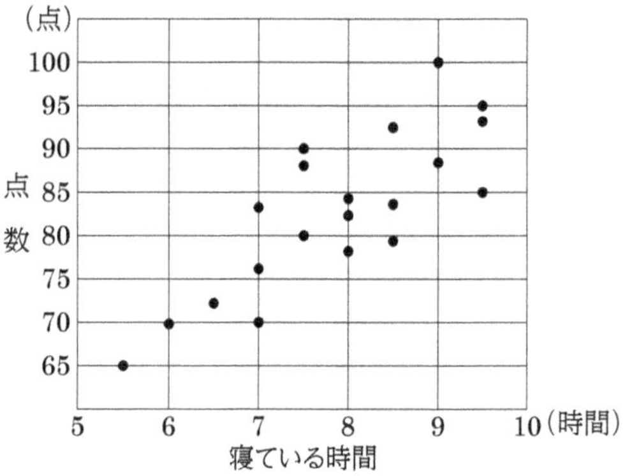

生徒	①	②	③	④	⑤	⑥	⑦	⑧	⑨	⑩
寝ている時間(単位：時間)	9.5	6.5	5.5	8.5	9.0	9.5	6.0	9.0	7.0	7.0
点数(単位：点)	93	72	65	83	88	95	70	100	76	83

生徒	⑪	⑫	⑬	⑭	⑮	⑯	⑰	⑱	⑲	⑳
寝ている時間(単位：時間)	7.5	7.5	7.5	7.0	9.5	8.5	8.0	8.0	8.0	8.5
点数(単位：点)	90	80	88	70	85	92	84	82	78	79

★ワンポイントアドバイス★

それほど難解なレベルの問題は含まれていない。1と2の15題について全問正解をめざそう。3「長方形と正方形」，4「四角形」，5「統計と表」の問題では「記述式」で答える場合が含まれており，わかりやすい説明が必要である。

＜国語解答＞《学校からの正答の発表はありません。》

一　①　きょう(じて)　②　こうらくち　③　ぶなん　④　ほっさてき　⑤　きじ
⑥　寒気　⑦　反応　⑧　経由　⑨　地域　⑩　拝(む)

二　問一　(例)　月夜の中，故郷から離れた冷たい檻の中にいる状況。
問二　(1)　故郷の家族や仲間と思われる熊の声。　(2)　(例)　遠く離れてしまって，今どうしているのか心配し，いなくなってさびしいという思い。　問三　エ
問四　(例)　ある　ない　・動物も仲間同士で遊んだり，敵と戦ったり，親が子を守ろうとすることもあるので，動物にも心があると思う。

三　問一　人類はまだ ～ きていない(から。)　問二　A　ア　B　イ　C　イ　D　ア
E　ア　F　イ　G　イ　H　ア　問三　ア　問四　複雑　問五　1　イ
2　オ　3　ア　問六　遠く離れた ～ ると考える(こと。)　問七　ウ・オ

四　問一　(例)　かき氷が食べたいということ。　問二　A　機　B　変　問三　何年か前に～に行った時　問四　(例)　バーバのためのかき氷を注文する言葉がでてこなかったから。　問五　イ　問六　バーバは今　問七　ア　問八　Ⅱ　問九　ウ

○推定配点○
一　各2点×10　二　問三　3点　問四　8点　他　各5点×3
三　問二　5点(完答)　問四・問五　各2点×4　他　各3点×4(問七完答)
四　問一・問四　各5点×2　問二・問五　各2点×2　他　各3点×5　計100点

＜国語解説＞

一　(漢字の読み書き)

①は楽しむこと。他の音読みは「コウ」。熟語は「復興」など。②は観光地など遊んで楽しめる場所。③はまちがいのないこと。④は無意識に瞬間的な動作を行なうさま。⑤は布製品を作るための布のこと。⑥は恐ろしさなどのために感じる不愉快な寒さ。「寒気」は「カンキ」とも読み，寒く冷たい空気を意味する。⑦はある働きかけに応じて起こる動き。⑧は目的地まで行く途中に，ある地点や経路を通過すること。⑨の「域」の画数は11画であることに注意。⑩の音読みは「ハイ」。熟語は「参拝」など。

二　(詩－心情・情景の読み取り，記述力)

重要　問一　「月夜に」「檻の鉄棒ひえてゐた」「熊は故郷を思つてた」とあることから，熊は「月夜の中，故郷から離れた冷たい檻の中にいる状況」といったことが想像できる。

問二　(1)　「声」は「どこか遠くでよんでゐた」とあることから，「故郷の家族や仲間と思われる熊の声」であることが推測できる。　(2)　解答例では「遠く離れてしまって，今どうしているのか心配し，いなくなってさびしいという思い」を伝えていることを述べているが，遠く離れたところにいる「熊」をはげましていることも考えられる。詩の情景をふまえて，「熊」に伝えている思いを具体的に考えていこう。

基本　問三　――線②は，遠くで呼ぶ「声」が聞こえたので「おゝん」とほえて返したが，その声が「こだました」すなわち，声が山などに反響して返ってきた，ということなのでエが適切。「こだました」ことで，聞こえた「声」は気のせいだったかもしれないとむなしくなっていることを説明していない他の選択肢は不適切。

やや難　問四　解答例では，動物も仲間同士で遊んだり，敵と戦ったり，親が子を守ろうとすることを理由

に，動物に心が「ある」としている。「ない」の場合は，人間のような喜怒哀楽の表情がない，敵への攻撃などは反射的なものである，などの理由が考えられるだろう。どちらの場合も，具体的な理由を明確に説明することが重要だ。

三 (論説文ー要旨・大意・細部の読み取り，指示語，接続語，空欄補充，反対語)

問一　——線①について直後の3段落で具体的に説明し，①の理由として「いずれにしろ，……」で始まる段落で「人類はまだ『平面思考』から『球面思考』への転換が十分にできていない(33字)」といえることを述べている。

問二　A～Dは，天動説ではなく地動説がわかっている，ということなので，Aはア，Bはイ，Cはイ，Dはアが入る。E～Fは地動説をふまえた説明なので，Eはア，Fはイ，Gはイ，Hはアが入る。

重要　問三　——線②は，「どこまでも同じ平面が続いているという前提で，」「遠い国の映像を生中継で見たり，短時間で遠くまで移動でき」ない世界のことなのでアが適切。②後の内容をふまえ，遠くの場所とのつながりを持たないことを説明していない他の選択肢は不適切。

基本　問四　構造などがこみいっていないという意味の「単純」の反対語は，入り組んでいてこみいったという意味の「複雑」。

問五　1は直前の内容とは反する内容が続いているのでイ，2は直前の内容の具体例が続いているのでオ，3は直前の内容を言いかえた内容が続いているのでアがそれぞれ入る。

問六　——線④は，直前の文の「遠く離れた外国を裏側にあると考える(17字)」ことを指している。

やや難　問七　ウは「ところがテクノロジーの……」で始まる段落，オは最後の段落でそれぞれ述べている。冒頭で「科学の力によって，多くのことを解明してき」たことを述べているが，アの「球面思考を基にした科学の力」とは述べていないので合わない。「地動説」は「平面思考」から「球面思考」への転換が十分にできていないことの説明として用いているので，イも合わない。「球面をとらえようとする思考法は……提案されてき」たことを述べているので，エの「まったくない」も合わない。

四 (小説ー心情・情景・段落構成・細部の読み取り，指示語，空欄補充，同義語，四字熟語，記述力)

問一　——線①後の「『バーバ，わかった，……かき氷買ってきてあげるから！』」というマユのセリフをふまえ，バーバがマユにわかってほしかったことを具体的に説明する。

基本　問二　「臨機応変」は，状況に応じた行動をとるという意味。

問三　——線③は，冒頭の場面で，バーバの表情から思い出した，「何年か前に家族みんなで，かき氷を食べに行った時(23字)」のことである。

やや難　問四　バーバのために買いに来たかき氷を注文する「言葉が繋がらない」ことで，——線④のようになっているので，④前後の描写をふまえて，④の理由を指定字数以内で説明する。

問五　「懸念」は，状況などに対して不安や心配を抱くことなのでイが近い。

問六　——線⑥後で，マユが「確信」していることとして「バーバは今，数年前の夏の日，家族で行ったかき氷店のあの庭に帰っている。」という一文で，心情が描かれている。

問七　——線⑦は，バーバが「ママの口にもかき氷を含ませてくれ」たときのママの様子で，かつて子供だったママに，母であるバーバがしてくれたことを思い出して⑦のようになっているのでアが適切。子供のころのことを説明していない他の選択肢は不適切。

問八　一文は，「夏休みで……」で始まる段落で，自転車で「猛スピードで走っていた」ときの様子を表しているので，Ⅱに入れるのがよい。

重要 問九 「心地よい風が流れ込んでくる」「富士山がオレンジ色に光っている」といった情景描写があるが，「命のはかなさを印象づけている」とは読み取れないのでウは当てはまらない。マユの視点で，率直なマユの心情も描かれているので，アは当てはまる。イも最後の段落で描かれている。エもかき氷を買いに行った場面に当てはまる。

★ワンポイントアドバイス★

詩では，ひとつひとつの言葉にこめられた作者の思いを丁寧に読み取っていこう。

適性検査型

2024年度

解　答　と　解　説

《2024年度の配点は解答欄に掲載してあります。》

＜適性検査Ⅰ解答＞《学校からの正答の発表はありません。》

問題1　①　相手がゆずろうとする物と，自分が欲しい物がいっちすること
②　肉をゆずって米が欲しい

問題2　財

問題3　(名前)　租　(説明)　口分田の大きさに応じて，いねの収かくの一部を納める税。

問題4　(支払い方)　後払い　(理由)　手元にお金がなくても買い物ができてしまうため，後で払えなくなるほどお金を使いすぎてしまう可能性があるから。

問題5　決済の記録が残るのでお金の管理がしやすい。

問題6　会計の時間が短くなることで，より早く，よりたくさんの会計をすることができるようになって利益が増えるため，決済手数料として引かれる料金を利益が上回るということ。

問題7　キャッシュレス化が推進されている要因は，日本の総人口が年々減り，税金の収入も減ると予想される中，現金の取り扱い費用は年間8兆円ほどかかることと，世界主要国は日本よりもキャッシュレス化が進んでおり，そのような国からの旅行者が増加していることが考えられる。キャッシュレス化を推進するために，スマートフォンに不慣れな人でも使いやすいキャッシュレスの決済方法を作る取り組みが考えられる。

○推定配点○

問題1　各5点×2　問題2　5点　問題3　15点　問題4　15点　問題5　10点
問題6　15点　問題7　30点　計100点

＜適性検査Ⅰ解説＞(国語，社会：文章読解，漢字，奈良時代，資料の読み取り)

問題1　物々交換《こうかん》が成立するためには，おたがいが欲《ほ》しいと思う物を交換する必要がある。そのため，自分がゆずろうとする物を相手が欲しがっていることだけでなく，自分が欲しい物を相手がゆずろうとしていることも条件となる。

問題2　お金に関係のある漢字のうち,「貝」が使われている漢字には，解答例の他に「買」や「貸」,「貿」などがある。

重要　問題3　8世紀の初め，奈良時代に作られた国を治めるための法律《ほうりつ》(律令《りつりょう》)では，租《そ》・庸《よう》・調という三つの税が作られた。これらの税のうち，いずれかについて説明すればよい。庸は労役の代わりに布などを納《おさ》める税，調は土地の特産品を納める税である。

問題4　前払《まえばら》い，即時《そくじ》払い，後払いにはそれぞれ注意すべき点がある。解答例にもある通り，後払いでは現金を持っていなくても支払いをすることができるため，あとから払えなくなるほど使ってしまうおそれがある。他にも，後払いは分割《ぶんかつ》払いにした場合，手数料が多くかかることもある。また，前払い・即時払いでは，事前にチャージしたり口座《こうざ》にお金を入れたりする

必要がある。

問題5　キャッシュレス化による消費者側のメリットを答える問題である。解答例の他には，「決済《けっさい》にかかる手間と時間が減る」なども挙げられる。

問題6　売上金額の一部が決済手数料として徴収《ちょうしゅう》されたとしても，結果的に店側のメリットがそのデメリットを上回る場合もあることを説明する。解答例のように，決済手数料として売上金額の一部が徴収され店側の利益が減ったとしても，キャッシュレス化によってより多くの利益が生み出せるため，結果的に利益が増える，という内容を書けるとよい。どのようにしてより多くの利益が生み出せるのかについては，具体的に書くとよい。解答例の他にも，「レジの店員を減らすことで，人件費をおさえることができるため，結果的に利益が増える」といった解答も考えられる。

問題7　キャッシュレス化を進めていこうという機運が高まった要因と，キャッシュレス化を進めるための具体的な取り組みの2つについて，資料2と図1～図4を参考に書く。図1～図3では外国のキャッシュレス決済の状況と外国人観光客についてまとめられているので，それを手がかりに考えるとよい。図2から読み取れる観光客の増加と，図4から読み取れる日本の人口減少から，キャッシュレス化が進むことで日本にとってどのようなメリットがあるのかを考える。また，資料2にあるキャッシュレス化による社会にとってのメリットにも注目すると考えやすい。具体的な取り組みを考えるときは，資料2で見たデメリットをどのように解消できるかを考えてみてもよいだろう。

★ワンポイントアドバイス★

自分で考えて記述する問題が多いため，自分の考えをまとめる練習をするとよい。また，文章の内容は時事に関連するものもあるため，ふだんからニュースなどにも関心を持つとよいだろう。

<適性検査Ⅱ解答>《学校からの正答の発表はありません。》

1　問題1　イ，エ　問題2　ア　問題3　ア　問題4　A　ア　B　ウ
問題5　ウ　問題6　A　ア　B　ア　C　イ

2　問題1　①　長座体前屈　②　体がやわらかい　問題2　アサヒさん
問題3　ハルキさん　問題4　C

3　問題1　(立体2)　$32cm^3$　(立体3)　$72cm^2$
問題2　ア，イ，カ　問題3　右表
問題4　(記号)　オ　(面積)　$40cm^2$

6	9	5
6	3	7
6	3	3

○推定配点○

1　問題1・問題2　各4点×2(問題1完答)　問題3　6点　問題4　各6点×2
問題5　6点　問題6　各6点×3　2　問題1　各4点×2　問題2・問題3　各4点×2
問題4　6点　3　問題1・問題2　各4点×3(問題2完答)　問題3　6点
問題4　各5点×2　計100点

＜適性検査Ⅱ解説＞

1 (理科：食塩水の濃度《のうど》，実験)

問題1　実験1の[結果]から，ダイコン片のひたす前の重さとひたしたあとの重さを比べると，真水・0.5％の食塩水・1.0％の食塩水にひたしたときは，ひたしたあとの重さの方が大きくなっている。食塩水にひたしたときは，濃《こ》さによって重くなっているときと軽くなっているときがあるので，アは適切でない。ダイコン片を真水にひたしたときは，重くなっているといえるので，イが適切である。

そして，ダイコン片を1.5％の食塩水にひたしたあとの重さは，ひたす前と比べて小さくなっていることから，ダイコン片の重さがひたしたあとも変わらない食塩水の濃さが1.0％～1.5％の間にあると考えられるので，エが適切である。

基本　問題2　実験3では，濃さが5.0％になる食塩水を50.0g作る。アでは，45.0gの水に5.0gの食塩を加えて食塩水を作っている。この食塩水の濃さは，$\frac{5}{45+5}=\frac{1}{10}$，つまり10.0％の濃さになっているため，適切でない。

イ～エは，実験でできる限り正しい結果を得るために必要なことなので，適切である。

問題3　実験3ではじめに作った食塩水にふくまれている食塩は，$50\times\frac{5}{100}=2.5$(g)である。実験3[結果]のうち，4の結果はビーカーの重さとビーカーに残った白い粉の重さを合わせた重さである。ビーカーの重さは60.6gなので，63.1－60.6＝2.5(g)より，ビーカーに残った白い粉の重さは2.5gである。この白い粉は，食塩水から水を蒸発《じょうはつ》させた結果残ったものなので，これは食塩であるとわかる。つまり，食塩水にふくまれていた食塩の量は変わっていないことがわかる。

よって，ダイコン片から出たり，ダイコン片に入ったりしているものに食塩はふくまれず，水のみが出入りしていると考えられる。

問題4　実験1～実験3の結果をふまえると，真水あるいはうすい食塩水にひたしたときはダイコン片に水が入り，濃い食塩水にひたしたときはダイコン片から水が出たと考えられる。同様に，台風で海に近い場所の草や木の葉がかれるのは，台風によって海水(濃い食塩水)が草や木の葉の表面をおおい，その結果，葉の中から水がたくさん出てしまうことが原因である。

問題5　問題4より，台風によって草や木の葉がかれてしまうのは，海水(濃い食塩水)が葉をおおって，草や木の葉から水が出てしまうのが原因である。したがって，草や木の葉がかれやすいのは，海水をふくんで海側からの風が強くふき，雨が降《ふ》らないため草や木の葉についた海水の濃度がうすまりにくいウが適切である。

問題6　一度に多くの肥料をあたえると，根のまわりでは肥料がとけた液が濃くなる。実験1で，濃い食塩水にひたしたダイコン片から水分が外に出たように，根のまわりの肥料がとけた液が濃くなりすぎと，根から水分が外(土中)に出てしまう。

2 (算数：資料の読み取り)

問題1　資料2で男女の得点表を比べると，長座体前屈《ちょうざたいぜんくつ》の種目だけ，各得点における記録が男子より女子のほうが大きいことがわかる。資料1より，長座体前屈は柔軟性《じゅうなんせい》(体のやわらかさ)を測ることがわかるので，男子よりも女子のほうが，体のやわらかい人が多いといえる。

問題2　記録と資料2の得点表を見ながら，4人の20mシャトルランの得点を求める。アサヒさんが8点，ヒナタさんが7点，アオイさんが7点，ハルキさんが6点なので，得点が最もよかったのはアサヒさんである。

問題3　記録と資料2の得点表を見ながら，4人の50m走の得点を求める。資料1に「10分の1未満は切り上げる」とあるので，それに従《したが》って得点を求めると，アサヒさんが9.5秒となり7点，ヒナタさんが8.9秒となり7点，アオイさんが9.2秒となり7点，ハルキさんが10.3秒となり5点なので，得点が最も悪かったのはハルキさんである。

問題4　記録と資料2の得点表を見ながら，アサヒさんの全種目の得点を求める。それぞれの種目の得点は，握力《あくりょく》が7点，上体起こしが8点，長座体前屈が8点，反復横とびが6点，20mシャトルランが8点，50m走が7点，立ち幅《はば》とびが6点，ソフトボール投げが6点である。よって，全種目の合計得点は7＋8＋8＋6＋8＋7＋6＋6＝56(点)なので，資料3より総合評価はCである。

3　**(算数：立体図形)**

問題1　一辺の長さが2cmの立方体1つの体積は，2×2×2＝8(cm^3)である。立体2は，この立方体を4つつなげてできたものなので，立体2の体積は8×4＝32(cm^3)である。

また，この立方体の1つの面の面積は2×2＝4(cm^2)である。立体3の表面積はこの立方体の面18個分なので，立体3の表面積は4×18＝72(cm^2)である。

問題2　まず，アサヒさんとワタル先生の会話から，同じ立体を2個組み合わせて立方体をつくれる立体は，4個の積み木を使っている必要があることがわかる。よって，3個しか積み木を使っていない立体9では，組み合わせて立方体をつくることができない。また，一辺が4cm以上の長さになっている立体では，一辺が4cmの立方体をつくることができない。よって，一辺の長さが4cm以上になる立体5，立体6，立体7では組み合わせて立方体をつくることができない。

従って，組み合わせて一辺の長さが4cmの立方体をつくることができる立体は，立体3，立体4，立体8の3つである。

問題3　立体3～立体9の7種類の立体を1個ずつ使っているので，それぞれの立体がどこに位置しているのかを考えながら上段の設計図に書き入れる。形がわかりやすい立体6，立体9から考えていくとわかりやすい。

問題4　下段の下には底面が，上段の上には上面があることを忘《わす》れないように，立体1～立体7の色がついている部分が立方体の面の正方形いくつ分かを考え，面積を求める。また，問題1より立方体の1つの面の面積は4cm^2である。

立体1の色がついている部分の面積　4×6＝24(cm^2)
立体2の色がついている部分の面積　4×9＝36(cm^2)
立体3の色がついている部分の面積　4×4＝16(cm^2)
立体4の色がついている部分の面積　4×8＝32(cm^2)
立体5の色がついている部分の面積　4×10＝40(cm^2)
立体6の色がついている部分の面積　4×9＝36(cm^2)
立体7の色がついている部分の面積　4×8＝32(cm^2)

よって，一番多く表面に色がついている立体は立体5で，その面積は40cm^2である。

★ワンポイントアドバイス★

図表や資料の読み取りが重要な問題が多いので，問題を解くために必要な情報を読み取る練習をしっかりしよう。また，思考力が必要となる問題もあるので，論理的に考えられるように練習しよう。

MEMO

大切なことはメモしておこうネ！

2023年度

★★★★★★★★★★★★★★★★★★★★★★★

入　試　問　題

2023年度

横浜隼人中学校入試問題（2／1午前）

【算　数】（50分）　＜満点：100点＞

【注意】　定規，コンパス，分度器は使用してはいけません。

1　次の計算をしなさい。ただし，(11)～(15)は□に当てはまる数を答えなさい。

(1)　$5841-4752$

(2)　$123+4567-89$

(3)　$3-1.732+1.41$

(4)　$10-\frac{5}{6}+\frac{6}{5}$

(5)　$52\div78\times104\div13$

(6)　$3\frac{4}{17}\div2\frac{9}{34}$

(7)　$\frac{1}{1\times2}+\frac{1}{2\times3}+\frac{1}{3\times4}+\frac{1}{4\times5}+\frac{1}{5\times6}$

(8)　$16-3\times(7-2)$

(9)　$\left(\frac{10}{11}+\frac{3}{22}-\frac{1}{33}\right)\times66$

(10)　$\frac{1}{2}+\left\{\frac{1}{3}\div\left(\frac{1}{4}-\frac{1}{5}\right)+4\right\}\times\frac{1}{6}$

(11)　比 $\frac{2}{7}:\frac{7}{12}$ を最も簡単な整数の比で表すと，□：□

(12)　38dL＋2.9 L＝□mL

(13)　□÷ 7 ＝ 6

(14)　24－(6 ＋□÷ 5)＝15

(15)　$\frac{5}{3}-$□$=\frac{1}{2}$

2　次の問いに答えなさい。

(1)　$\frac{11}{6}$ より大きく $\frac{12}{5}$ より小さい整数を答えなさい。

(2)　16，28の最小公倍数と最大公約数をそれぞれ求めなさい。

(3)　隼人くんは国語，算数，理科，社会のテストを受けた。国語，算数，理科の３教科の平均点は88点であり，社会も含めた４教科の平均点は86点であるとき，社会は何点だったか求めなさい。

(4)　100から300までの整数で，３の倍数は何個あるか求めなさい。

(5)　隼人くんは600円持っている。持っているお金の60％でお弁当を買い，残りのお金の半分でお茶を買った。このとき，手元に残ったお金は何円か求めなさい。

(6) 100分で90km走る車の速さは，時速何kmか求めなさい。

(7) 4%の食塩水50gと8%の食塩水350gを混ぜたとき，何%の食塩水ができるか求めなさい。

(8) 右図のように，長方形と二等辺三角形が重なっている。
このとき，□にあてはまる数を答えなさい。

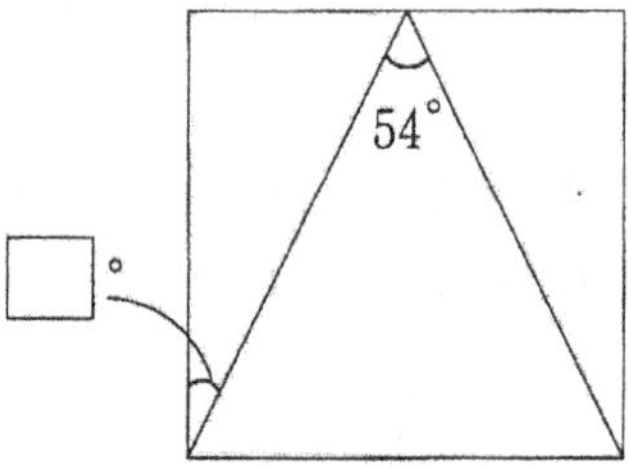

(9) 右図で，色の付いた部分の面積は何cm^{2}か求めなさい。

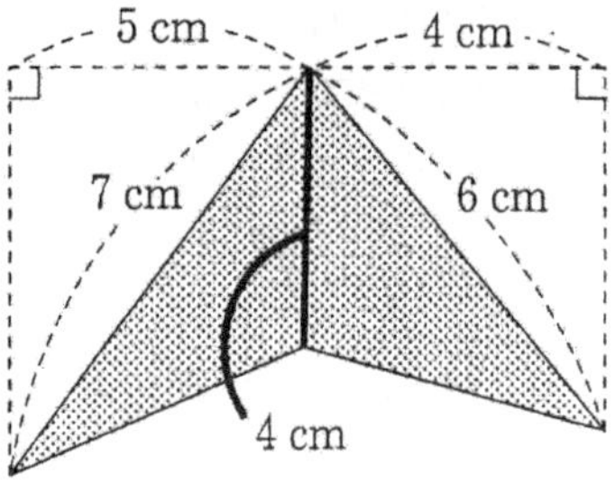

(10) 右の立体は2つの直方体を組み合わせたものである。この立体の体積は何cm^{3}か求めなさい。

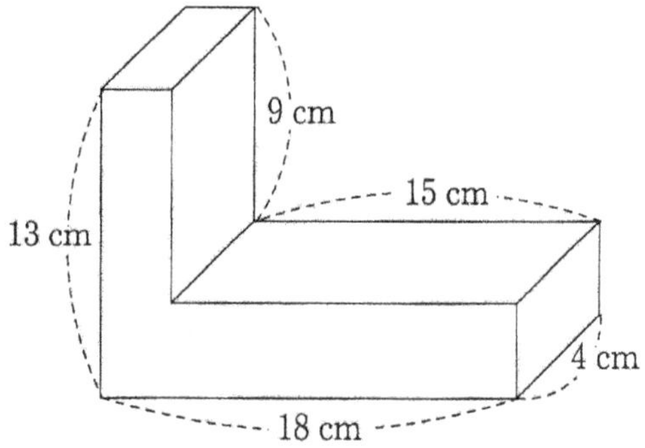

3 川島くんはお母さんの作るお弁当が大好きである。お母さんが毎朝愛情を込めて作ってくれるおいしいお弁当を食べるのを楽しみにしている。

ある日，川島くんは午前8時10分に家を出て学校に向かうつもりだったが，午前8時13分に目が覚めた。急いで準備をして家を出たところ，起きてから15分後に家を出ることができたが，ついうっかりお母さんが作ったお弁当を持っていくのを忘れてしまった。

しばらくして，お母さんは川島くんがお弁当を忘れて出かけたことに気づき，自転車で川島くんを追いかけた。下のグラフは，川島くんが家を出てからの時間と2人の間の道のりの関係を表したものである。このとき，次のページの問いに答えなさい。

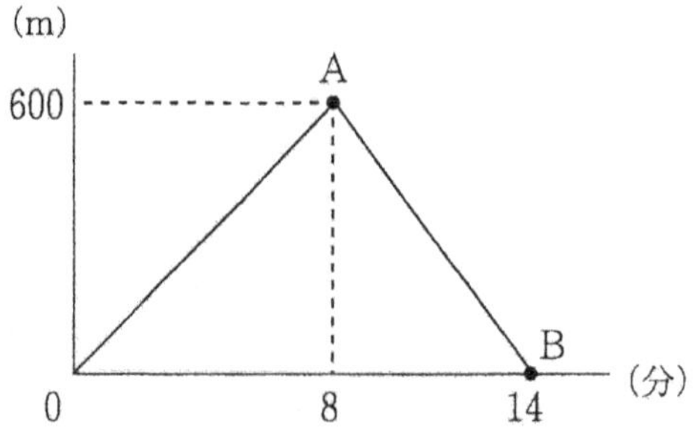

⑴　グラフ内の点Aからグラフの向きが切りかわっている。これはどういうことなのか説明しなさい。

⑵　グラフ内の点Bはどういった状態なのか説明しなさい。

⑶　お母さんが家を出た時刻は午前何時何分か答えなさい。

⑷　お母さんが自転車で追いかける速さは毎分何mか求めなさい。

4　次の文章を読んで，あとの問いに答えなさい。

高橋さんたちの学年では，クラスでの活動を動画にして教室で見てもらうことにした。会場に使う教室は黒板に向かって，たて10m，横10mの大きさである。ソーシャルディスタンスを意識して席を配置するため，席と席の間を少なくとも２m空ける必要がある。ただし，席や座る人の大きさは考えないものとする。

高橋：１回で何人のお客さんに見てもらえるかな。

坂上：たても横も２mずつはなれればいいんだから，半径１mの円を並べてみたらどうだろう。
モニターを黒板のところに置くからその分を前に空けて……例えばこんな感じ（右図）。
図の ア や イ のように，円の①に座ってもらえばいいよ。

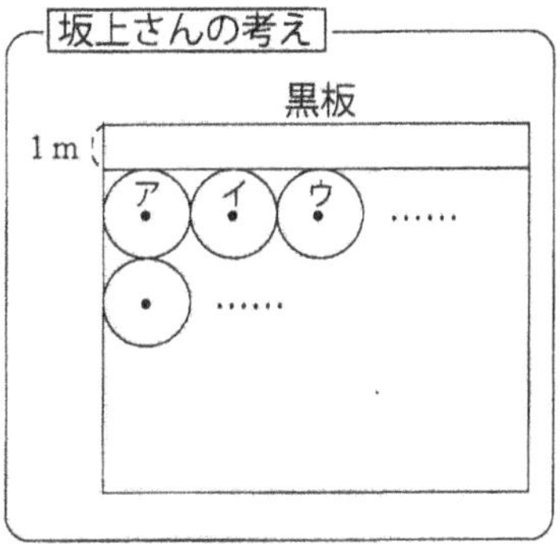

高橋：１mごとに印のついたロープを使って位置を決めてみよう。ア の位置が決まれば残りの席も決まるね。

鈴木：次の列も同じように後ろに並べていけばいいかな。座席の後ろにも空いたスペースで通路を作りたいから，最後の列まで円が全部入りきるようにしなくちゃね。
そうすると，②列並んで，全部で③人が入れるね。

石井：そうだ。こんな風（右図）に２列目の人が座ったら，もっと前のほうで見てもらえるんじゃない？

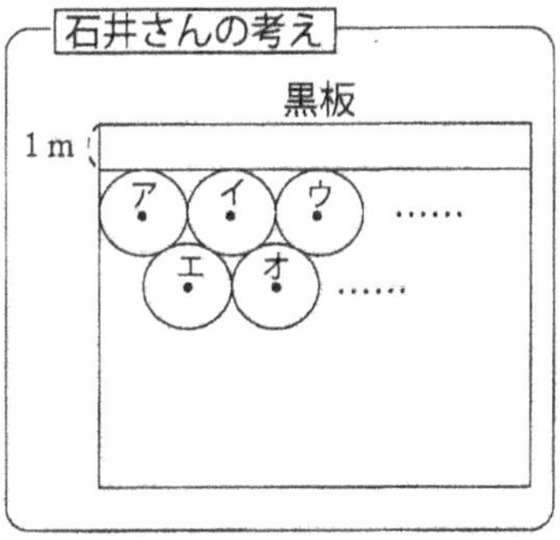

鈴木：いい考えだね。でも２列目の人数が少なくなっちゃうよ。何人入れるかもう一度計算しなくちゃ。

高橋：これだけだと，前の列と何mはなれているか分からないね。実際にいくつか並べて測ってみようか。

坂上：今度はどうやって エ の位置を決めたらいいんだろう。さっきぼくが提案した並べ方だと，となりの人とこんな風に間を空けるけど……【図１】

【図1】

石井：１列目は同じだから，その並べ方でいいね。エ は，もう決まっている ア と イ のところに立ってもらって，ア と イ の位置の２人ともう１人がロープを張るように持てばいいよ【図２】。ア と エ，イ と エ の間はどちらも④mだから…

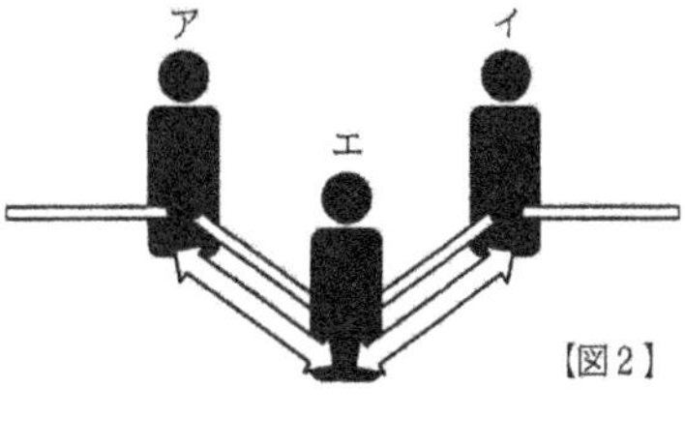

【図2】

高橋：そうか，コンパスを使って三角形の辺の長さを作図したのと同じやり方だね。並べ方はこれで大丈夫！

⋮

鈴木：実際に並べて測ってみたら，**石井さんの考え** で ア や イ の並んでいる列と，エ や オ の並んでいる列はたてにおよそ1.7mはなれていたよ。だからこの場合は，⑤列並んで，全部で⑥人が入れることになるね。２通り考えたけど，たくさんの人に見てもらいたいから⑦さんの並べ方がいいと思う。

高橋・坂上・石井：賛成！この内容で先生に計画書を提出しよう！

(1) ①に当てはまる適切な言葉を漢字で答えなさい。

(2) 下の図は１メートルごとに印の付いたロープを表したものである。**坂上さんの考え** のように，円を同じように並べて席を決める場合を考える。ア の位置に立つ人が以下のロープの ア を持つとするとき，ウ の位置に立つ人はどこを持つことになるか。解答用紙の図にかき入れなさい。

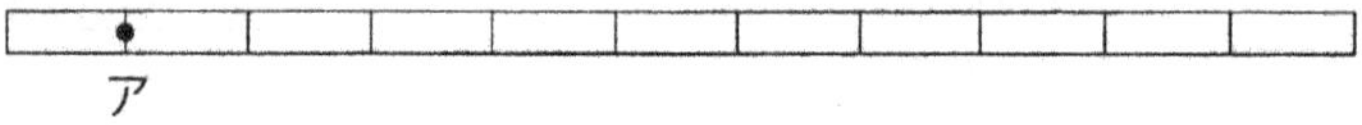

(3) ②～⑥に当てはまる数字を答えなさい。

(4) 【図２】のようにして，エ の位置を決める場合を考える。**石井さんの考え** で ア の位置に立つ人が以下のロープの ア を持つとするとき，イ と エ の位置に立つ人はそれぞれどこを持つことになるか。解答用紙の図にかき入れなさい。

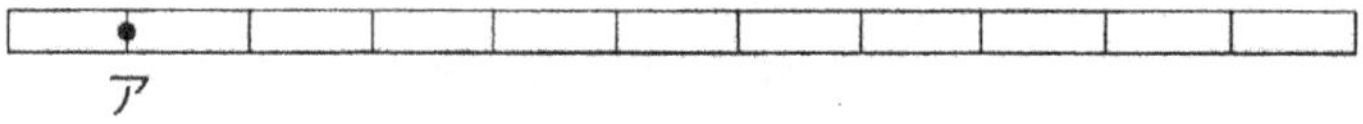

(5) ⑦に当てはまる適切な語句を答えなさい。

(6) 高橋さんたちがこの内容で計画書を提出したところ，先生から「１回で入れるお客さんの数は10人未満とすること」と言われ，書き直すこととなった。そこで，あなたならどのように席を配置するか。図をかき，理由を文章で説明しなさい。

(1)「もう一つの『もしも』」を別の言葉で表現している部分を、これより前の文中から十五字でぬき出して答えなさい。

(2)「もう一つの『もしも』」とは、どのようなことですか。二十字以内で答えなさい。

問四　——線③「少年が指差す方向に目をやったアツシ」が、懸命に海を見ようとしていることがわかる一文を文中からぬき出し、最初の五字を書きなさい。

問五　——線④「アツシもなんだかほっとした」とありますが、それはなぜですか。二十五字以内で答えなさい。

問六　——線⑤「べつにたいしたことないよ」とありますが、「少年」がこのように言った理由として最も適切なものを、次の中から一つ選び、記号で答えなさい。

ア．夕陽よりもきれいなものがあるのだということに、気づいてほしかったから。

イ．夕陽のことより、自分のアツシに対する強い思いに気づいてほしかったから。

ウ．夕陽以外にも、この世界にはきれいなものがたくさんあると伝えたかったから。

エ．夕陽そのものより、雲間から見える夕陽の方がきれいなのだと伝えたかったから。

問七　——線⑥「今度アッくんに見せてやるから」とありますが、あなただったらどのようなものを見せたいですか。理由も含めて五十字以内で答えなさい。

「わかった！　見えた！」
アツシの歓声《かんせい》が、鉄の階段にキンと響《ひび》いた。
二人はしばらく黙って、街と、空と、海を眺《なが》めた。ときどき顔を見合わせて、アツシはうれしそうに、少年は照れくさそうに、笑った。アツシのほうが階段の上の段にいるので二人の顔の高さはほとんど同じで、正面から見るときにはアツシのメガネの渦《うず》もそれほど目立たないんだな、と少年は気づいた。
「夏休みになったら、ほんとに海に行こう」
少年が言うと、アツシは「泳げる？」と訊いた。
「泳げるし、お母さんに水中メガネ買ってもらって、もぐって遊ぼう」
「お魚、見える？」
少年は息をすうっと吸《す》い込《こ》んで、「アッくんの目が良くなったら、見えるよ」と言った。「だから見えるんだよ、絶対、百パーセント」
「……ほんと？」
「信じろよ、ばーか。文句言ってたら置いて帰るぞ」
胸につっかえていたものが、とれた。④アツシもなんだかほっとしたように、えへへっ、と笑った。
「アッくん……」
「なに？」
「手術がすんだらお見舞《みま》いに行くから、マンガ、たくさん持って行ってやる」
大事にしているコミックスを、ぜんぶ。「そのかわり汚《よご》さずに読めよ」と言うと、アツシは笑ってうなずいた。
「あと、いろんなテレビ、録画しとくから。退院してから観《み》ろよ。オレも一緒《いっしょ》に観てやるし」
入院中にアツシの好きなアニメの特番があるといいのに。ガキっぽいアニメなんて最近はちっとも観ていない。でも、アツシも一緒なら、泣くほど面白いだろう。
「あと……あと……」
ほかになかったっけ、アッくんに見せたいもの、なにかなかったっけ。うまく思いつかずに「あと……あと……」と繰《く》り返《かえ》していると、雲の切れ間から夕陽《ゆうひ》が射《さ》した。
オレンジ色に輝《かがや》いた海を、アツシは「うわあっ、きれいっ」とつぶやいて、じっと見つめた。
「……⑤べつにたいしたことないよ、もっときれいなの、いっぱいあるよ……オレ、知ってるから、⑥今度アッくんに見せてやるから……」
少年は柵に軽くおでこをぶつけながら言った。
それきり二人はまた黙り込んで、海を眺めた。夕陽がまた雲に隠《かく》れてしまうまで、じっと見つめつづけた。
（重松清『おとうと』より）

問一　文中の ※ に入る言葉として最も適切なものを、次の中から一つ選び、記号で答えなさい。
ア．くよくよ　イ．さばさば　ウ．いらいら　エ．わくわく

問二　――線①「『もしも』が当たった」とありますが、ここでの「もしも」はどのような意味をふくんでいますか。三十字以内で答えなさい。

問三　――線②「もう一つの『もしも』」について、次の(1)・(2)の問いに答えなさい。

六 次の文章を読んで、あとの問いに答えなさい。

「少年」は、明日から大学病院に入院して目の手術を受ける弟のアツシを自転車の後ろに乗せ、海が見えそうな場所に連れて行くことにした。

入院は二週間の予定だった。目の中にメスを入れるというのに、意外と短い。そんなに難しい手術ではないのかもしれない。でも、もしも、もしも、もしも……と考えると、「もしも」の向こう側にあるものがどんどん近づいてくる気がする。怖《こわ》い。だったらなにも考えなければいいのに、勝手に考えてしまう。両親に文句を言いたい。もっと早く手術を受けさせていれば、少年も幼すぎて「もしも」のことは考えずにすんでいたのに。

商工会館の建物が見えた。あと少し。少年は息を詰《つ》め、歯を食いしばって、自転車を押《お》していく。汗《あせ》が目に滲《し》みる。拭《ふ》き取りたくても、ハンドルを片手で支えるのは無理だ。目がチカチカして痛い。汗《あせ》と涙《なみだ》がにじんだ目に映る風景は、揺《ゆ》れながらゆがんでいた。

日曜日の商工会館は玄関《げんかん》に鍵《かぎ》が掛《か》かっていた。少年はあきらめきれずに玄関のガラスドアを押《お》したり引いたりしたが、アツシは［ ※ ］した様子で「おにいちゃんと二人乗りしたから、面白《おもしろ》かったから、もういいよ」と笑った。

「だめだよ、そんなの」

開いている出入り口がどこかにあるかもしれない。たまにはそういうことで「もしも」を使いたかった。「勝手に入ったら怒《おこ》られちゃうよ……」と逃《に》げ腰《ごし》のアツシの手を引いて建物の裏に回ると、非常階段があった。落ちないように柵《さく》のついた、らせん階段だった。

よし、と少年はうなずいた。方角も海のほうを向いている。いいぞ、と頰《ほお》がゆるんだ。①「もしも」が当たった。めったに当たらないから「もしも」なのだから、②もう一つの「もしも」は、これでもうはずれる——と、いい。

階段を上った。転んだときのためにアツシの後ろに回った少年は、「手すり、ちゃんと持ってるか」と何度も声をかけた。階段の段差はけっこうあって、まだ小さなアツシは、一段ずつ踏《ふ》ん張《ば》らないと上れない。でも、それがかえってよかったのか、アツシは一度もけつまずくことなく、よいしょ、よいしょ、と上っていった。

三階から四階に上る途中《とちゅう》で、まわりの建物の高さを超《こ》えて、視界が開けた。

「アッくん、海、あっちだから」

③少年が指差す方向に目をやったアツシは、途方《とほう》に暮れた顔で「どこぉ……？」と訊《き》いた。

「もっと先だよ、ずーっと先のほう」

見えるのだ。ビルや家の建ち並ぶ街を越《こ》えたずっと先に、空よりも微《び》妙《みょう》にまぶしい、コンタクトレンズのような形の入《い》り江《え》が小さく見える。間違《まちが》いない。あれは海だ。

檻《おり》の鉄格子《てつごうし》をつかむ動物園のゴリラみたいに、アツシはしばらく黙《だま》って柵に顔を張りつかせた。

カウントダウンは十。少年はそう決めた。十数えても海を見つけられなかったら、もっと上まで行けばいい。このビルは六階建てだから、どこかで海を見つけられる。絶対にだいじょうぶ。自分に言い聞かせて、いーち、にーい、と数えはじめて……なな、で終わった。

だから僕は、子どもたちには生きることをうんと喜んでいてほしい。

この世界に対して目を見開いて、④それをきちんと理解して面白がってほしい。

そうして、自分たちの生きていく場所がよりよいものになるように、うんと力をつけて、それをまた次の世代の子どもたちに、よりよいかたちで手渡《てわた》してほしい。

どうか、どうか、同じ間違《まちが》いを繰《く》り返《かえ》すことがないように。

⑤心から、そう願っています。

（かこさとし『未来のだるまちゃんへ』より）

問一　空らん【A】・【B】に当てはまる接続詞を、次の中からそれぞれ一つずつ選び、記号で答えなさい。

ア．しかし　イ．だから　ウ．なぜなら

エ．また　オ．たとえば

問二　――線①「どの蝶が、どの葉っぱの上に卵を産むかはそんなふうに、実はちゃんと決まっている」とありますが、蝶はどのような方法で卵を産む葉っぱを選んでいるのですか。文中の言葉を使って四十字以内で答えなさい。

問三　――線②「傍若無人」とありますが、正しい意味として最も適切なものを次の中から一つ選び、記号で答えなさい。

ア．勝手気ままにふるまう様子。

イ．他人のことを思いやる様子。

ウ．落ち着いていて、動じない様子。

エ．混乱し、うろたえる様子。

問四　文中の［Ⅰ］・［Ⅱ］に当てはまる語を、次の中からそれぞれ一つずつ選び、記号で答えなさい。

［Ⅰ］【ア．一億　イ．七十三億　ウ．百億　エ．一兆】

［Ⅱ］【ア．三千八百　イ．三億八千　ウ．三十八億
エ．三百八十億】

問五　――線③「自分たちの首をしめてしまった」とありますが、このように言える理由を説明した次の文の【　】に入る言葉を、文中の言葉を使って十字以上十五字以内で答えなさい。

自分たちの生活のために、【　　】しすぎたから。

問六　文中の［Ⅲ］に当てはまる言葉を、文中から二字でぬき出して答えなさい。

問七　――線④「それ」とは、どのようなことを指し示していますか。文中から五字でぬき出して答えなさい。

問八　――線⑤「心から、そう願っています」とありますが、この文章を通して筆者が述べていることについて、当てはまらないものを次の中から一つ選び、記号で答えなさい。

ア．自分たちの経験から得られたことや、よりよい社会にするための知恵《ちえ》を、子どもや孫などの世代にも伝えてほしい。

イ．一生懸命《けんめい》遊び、自分の成長につなげる子どもたちの姿が自分の力になったため、今後も子どもたちから様々なことを教えてもらいたい。

ウ．自分がふだん生きている社会をよく観察し、そこから学ぶだけでなく、社会をつくる一員として今の社会を変えていってもらいたい。

エ．大人の言うことを聞いて従うだけでは今どきの大人を超える力は身に付かないので、自分で考え、判断できる賢《かしこ》さを持ってほしい。

【Ｂ】ひらひら飛んでいる蝶《ちょう》を見れば、気楽なものだと思うかも知れない。

卵をそのへんに産んだら、あとはほったらかし。いい気なものに見えるけれど、実はそうではないらしいことがだんだんとわかってきた。

生命誌を研究している中村桂子さんの本を読んで、僕はとても驚《おどろ》いてしまった。

アゲハ蝶は柑橘系《かんきつけい》の葉っぱの上に卵を産む。①どの蝶が、どの葉っぱの上に卵を産むかはそんなふうに、実はちゃんと決まっているというのです。親は子供の適性にあった葉っぱをちゃんと見分けている。そのために葉っぱをちょっとひっかいて、汁《しる》を足の周りに生えている毛にくっつけて、分析《ぶんせき》するのだということです。

生態系というのは、そうやって生き物同士がちゃんとすみ分けることで成り立っている。

人間だけがそのルールを無視して、②傍若無人《ぼうじゃくぶじん》にふるまっているわけで、問題が起こらないはずはないでしょう。

僕の予想だと、二〇五〇年くらいになると地球の人口は［Ⅰ］人くらいになるはずです。［Ⅰ］人になると、ちょっと生きていくのは難しいのではないか。

食料やエネルギー資源の問題もあるけれど、人間は、自分たちの生活のために木を伐採《ばっさい》しすぎた。本当は全部、植物に依存《いそん》して、ここまで来たのに、その根底を覆《くつがえ》すようなことをして、③自分たちの首をしめてしまった。社会的生物として恥《は》ずかしいことです。

もういい加減、謙虚《けんきょ》にならなければいけないのに、つまらないことでいつまでもせめぎあっていると、僕なんかは、人間が一番最初に滅《ほろ》びるんじゃないかと思ってしまう。

そんなことを言っても、また文明論とやらで片付けられてしまうのかもしれませんが、もっと具体的にどうすればこの地球上でこの先も生きていけるのかを考えるべき時期に来ているんじゃないかと思います。

「火星に移住すればいい」なんて容易《たやす》く言うけれど、地球で人間という生物が生きていくのに適正な場所を得るまでに［Ⅱ］年かかったのだから、火星に住めるようになるのだって、そのくらいはかかるでしょうし、そうこうしているうちに太陽の寿命《じゅみょう》が尽《つ》きてしまうでしょう。

脅《おど》かすわけではないけれど、僕は、子どもたちに、自分がなんであるか、どういう生き物であるかをしっかり知っておいてほしいと思います。

自分が生きている社会をよく見つめ、観察し、より良いものに変えていってほしい。

現実が、醜《みにく》く思えることもあるかもしれない。

しかし、それは今の現実に過ぎず、今をどう生きるかで未来は変えてゆけるはずなのです。

生きるということは、本当は、［Ⅲ］です。

生きていくというのは、本当はとても、うんと面白《おもしろ》いこと、楽しいことです。

もう何も信じられないと打ちひしがれていた時に、僕は、それを子どもたちから教わりました。遊びの中でいきいきと命を充足《じゅうそく》させ、それぞれのやり方で伸びていこうとする。子どもたちの姿は、僕の生きる指針となり、生きる原動力となりました。それを頼《たの》みにして、僕は、ここまで歩いてきたのです。

三　次の文章は佐藤氏と池上氏が対談している『無敵の読解力』の中の一節です。この対談の中で、佐藤氏が「読解力」を身に付けることの重要性を挙げているのはなぜですか。三十字以内で答えなさい。

佐藤　現代を生きるうえで最も重要なスキルは何かを考えてみると、私は「読解力」だと思うんです。というのも、現代はこれまでにないほど情報過多の時代ですね。インターネットはそれに拍車《はくしゃ》をかけていて、莫大《ばくだい》な文字情報を読み、不要なものは捨て、必要なものにはすぐさま反応することが求められる。そのいい例が※リモートワークで、実はリモートによって、これまで顔を合わせて口頭でやり取りしていた情報を、メールやSNSで報告するために文字で書いて、またその文章を読まなくてはならない。

池上　ある意味、莫大な時間の浪費《ろうひ》ですね。

佐藤　そうなんです。そこで交《か》わされているかなりの情報は、これこそ不要不急のものなのに、それを処理するのに、また時間が割《さ》かれる。これを高速で処理するためには不可欠なのが「読解力」なんです。

（池上彰・佐藤優『無敵の読解力』より）

※リモートワーク……会社ではなく、自宅で仕事をすること。

四　あなたは今日、隣町《となりまち》の駅で友達と待ち合わせをしています。ところが、駅の出口を間違《まちが》えて迷ってしまい、遅刻することが確実になってしまいました。そのため、友達に連絡《れんらく》しようとしたのですが、スマートフォンを家に忘れたことに気づきます。この時、あなたはどうしますか。行動の順番がわかるように、「まず」で始まる文章で説明しなさい。

五　次の文章を読んで、あとの問いに答えなさい。

昔の子どもと今の子どもでは、だいぶ違《ちが》うと言えば、違うんですけど、それは時代という生きる場の違いであって、本質的なものはそんなには違わないという気がします。

この頃《ごろ》はグローバルだ何だと言って、小さい頃から英語を習わせたりするけれど、英語の前に生きていく力がしっかりとしていれば、あとは自分の力で伸《の》びていけるものです。

とにかく、子どもたちは生きているし、これからを生きてゆくのだから、大人は密《ひそ》かに声援《せいえん》を送っていればいいんだと思うのです。

大人の持っている尺度で「これに合わせろ」と言っても、それは今どきの大人並みにはなるかもしれないけれど、それを超《こ》える力にはならないでしょう。

生きるということは、本来、喜びでなければいけないと僕《ぼく》は考えます。

【　A　】、社会的生物である人間は、生きていくことに伴《ともな》う苦しみを避《さ》けて通ることが出来ません。

その時に、ただ逃《に》げていてはダメで、やっぱりそれをまっとうに受け止め乗り越《こ》えなければならない。

そのためには「誰《だれ》かに言われたからそうする」のではなく、自分で考え、自分で判断できる、そういう賢《かしこ》さというのを持っていて欲《ほ》しいのです。

【国　語】〈五〇分〉〈満点：一〇〇点〉

【注意】　句読点等も字数にふくめなさい。

一　次の各文の傍線線部の漢字はひらがなに、カタカナは漢字に直しなさい。

① 日々の営みに追われる。
② 雑炊を作る。
③ 砂浜に出て潮風にあたる。
④ 障子越《ご》しに太陽の光を感じる。
⑤ 猫の額ほどの庭。
⑥ 勇気をフルって声をかける。
⑦ 先生を発表会にショウタイする。
⑧ オウフク切符を買う。
⑨ カイゼンを重ねた自信作を発表する。
⑩ 入選作品をテンジする。

二　遠藤隼人君は去年の担任の鈴木先生に手紙を書きました。鈴木先生は、今年度は別の小学校に異動になってしまっているのですが、定期的にお手紙を出しています。その手紙を読んで、以下の問いに答えなさい。

> 拝啓
> 立春も過ぎ、小春日和の日も増えてきました。鈴木先生、お元気ですか。ぼくは受験に向けて、がんばっています。
> さて、お正月に先生から届いた年賀状、とてもうれしかったです。先生からのはげましの言葉を見て、絶対に合格するぞ、との思いが強くなりました。年賀状は目につきやすいところに飾って、毎日眺めています。先生、絶対合格するので、楽しみに待っていてください。
> それでは、来月、先生が学校に来てくれる日を楽しみにしています。まだまだ寒い日もあるので、お体にお気をつけください。
> ※
> 【　A　】
> 【　B　】
> 【　C　】

問一　隼人君の手紙の中で、明らかに間違って用いられている言葉が一つあります。それを文中から抜き出して答えなさい。

問二　文中の ※ に入る語として最も適切なものを、次の中から一つ選び、記号で答えなさい。

ア．後付　イ．謹啓　ウ．敬具　エ．末具

問三　空らん【A】～【C】に入る語の順番として最も適切なものを、次の中から一つ選び、記号で答えなさい。

ア．A　二月十日　B　遠藤隼人　C　鈴木先生
イ．A　鈴木先生　B　遠藤隼人　C　二月十日
ウ．A　遠藤隼人　B　二月十日　C　鈴木先生
エ．A　二月十日　B　鈴木先生　C　遠藤隼人
オ．A　鈴木先生　B　二月十日　C　遠藤隼人
カ．A　遠藤隼人　B　鈴木先生　C　二月十日

MEMO

大切なことはメモしておこうネ！

2023年度

横浜隼人中学校入試問題（2／1午後）

【適性検査Ⅰ】（45分）　＜満点：100点＞

【注意】　字数の指定のある問題は，指定された字数や条件を守り，わかりやすくていねいな文字で書きましょう。最初のマスから書き始め，文字や数字は1マスに1文字ずつ書き，文の終わりには句点〔。〕を書きます。句読点〔。，〕やかっこなども1文字に数え，1マスに1つずつ書きます。

次の文章を読んで，あとの問題に答えなさい。

ぼくの名前はアタル。横浜隼人小学校に通う6年生。両親と高校1年生の姉と4人で暮らしている。

＊＊＊

ある日，休み時間に担任の小野先生が独り言のように「豊かさってなんだろう。」とつぶやいた言葉が妙《みょう》に気になった。小野先生はみんなに質問するでなく，たまに思いついたことを口にするところがある。きっと先生は，不思議あたまでいっぱいになっているんだろう。

「豊かさ」について，ぼくは今まで考えたこともなかった。今の生活に不満もなかったし，欲しいものはみんなそろっている。それが当たり前で，なに不自由なく暮らしている。

＊＊＊

その日の夕食時，父と姉に聞いてみた。

「豊かさって何だろう？」

「突然《とつぜん》，どうしたんだ。」

「今日，学校で小野先生が『豊かさってなんだろう。』とつぶやいた言葉が気になっていて聞いてみたんだ。」

「そのことを考えるのは，とても大切だとパパは思うよ。大人になったなぁ。」

父は，いつになく満足げに答えてくれた。

「私は，やっぱりお金だと思う。お金があれば何でも手に入るし，気持ちにもゆとりができると思うな。」

姉は，いつも現実的で将来はお金持ちの人と結婚《けっこん》したいと言っている。

台所にいた母も手を止め，真面目《まじめ》な顔をして会話に入ってきた。

「今，こうしてふつうに食事をしていることは幸せなことなのよ。今，この時間にも戦争をしていたり，貧しさのためにご飯も食べられない人がいっぱいいるのよ。」

「たしかにテレビのニュースで知ってはいるけれど……。映像だけでは実感がなかなかわかないんだ。分かってはいるけれど……。」

みんなロシアとウクライナとの戦争を思い起こし，だまってしまった。
空気を変えるかのように父が，

「そう言えば，以前，ニュースで『2022年 世界幸福度ランキング』が報じられていたなぁ。日本は，世界146の国や地域の中で何位だと思う？」

「1位か2位かな。ぼくは，スマートフォンも持っているし，カードゲームもいっぱい持っている。家には車も2台あるし，自分の部屋もある。スーパーに行けば何でも買うことができて不自由さを感じていないから。」

父は小さな笑みを浮かべながら，

「正解は，54位でした！！」と言った。

「えっ！！そんなに低いんだ。」

「アタルは，ものばかりだなぁ。ものが多くあるから幸せだとは限らないぞ。そこには心の問題など，さまざまな要因が絡《から》んでいるんだ。」

心の問題……。

「昔はよかったなぁ。この30年の間で日本だけでなく世界は大きく変化したなぁ。世界はどの方向に向かおうとしているのか……。」

父に「昔はよかったなぁ。」と言われても平成生まれのぼくには，まったく分からない。逆に困ってしまう。

夕食後，ぼくは，ますます「豊かさ」とは何か，気になってしかたがなくなってきた。

今，ぼくが思う「豊かさ」＝「幸福度の高さ」ではないのか……。

母が作ってくれた料理の味を，今日は一つもおぼえていない。

＊＊＊

次の日，ぼくは隼人小学校オリジナルの「システム手帳」に昨日家族と話した内容を簡単に書いて提出した。小野先生の考え方も知りたかった。
帰りのホームルームで返された「システム手帳」には，小野先生の力強い文字で「ぜひ，夏休みの課題として君なりの『豊かさ』についての答えを出してほしい。」と書いてあった。

＊＊＊

小学校生活最後の夏休み。ぼくは，朝からエアコンの効いた図書館の自習室で「豊かさ」について考えていた。言葉が抽象的《ちゅうしょうてき》すぎてなかなか答えが見つからない。気晴らしに外に出てみると，アスファルトの道路の脇《わき》からジィージィーと蝉《せみ》が鳴いている。犬の爪《つめ》音も悲しく響《ひび》いている。

問題1 「豊」を使った熟語を，漢字で2つ答えなさい。

問題２　「ウクライナ」はどこですか。次の白地図の①～⑥の中から一つ選び，番号で答えなさい。

問題３　「ロシア」と「ウクライナ」の戦争により，日本はどのような影響《えいきょう》を受けましたか。次の条件①～③にしたがって答えなさい。

条件①　次の語群の中から２語以上使うこと。

｛　値段・食品・領土・海域・企業《きぎょう》・輸入・輸出　｝

条件②　具体的な事例を挙げること。

条件③　字数は50字程度

問題４　「もの（物質的）」の「豊かさ」とは，どのようなことを表しますか。具体例を挙げ，50字程度で説明しなさい。

問題５　「心（精神的）」の「豊かさ」とは，どのようなことを表しますか。具体例を挙げ，50字程度で説明しなさい。

問題６　あなたが考える「豊かさ」とは何ですか。また，未来に向けてどのようなことを心掛《こころが》けて生きていくべきだと考えますか。200字以内で答えなさい。

【適性検査Ⅱ】（45分）　＜満点：100点＞

【注意】　字数の指定のある問題は，指定された字数や条件を守り，わかりやすくていねいな文字で書きましょう。最初のマスから書き始め，文字や数字は１マスに１文字ずつ書き，文の終わりには句点〔。〕を書きます。句読点〔。，〕やかっこなども１文字に数え，１マスに１つずつ書きます。

次の【地図】と【写真】を参考にしながら，18ページから始まる文章を読み，途中《とちゅう》に出てくる各問題に答えなさい。【地図】①～⑨の番号は，【写真】①～⑨の番号に対応しています。

【 地 図 】

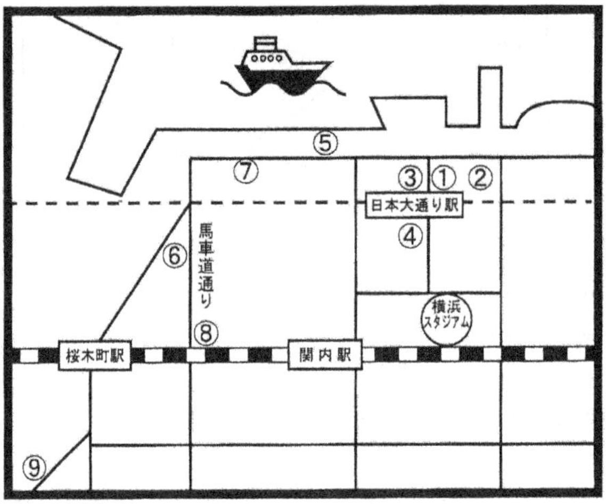

【 写 真 】

①横浜開港資料館

②開港広場内にある日米和親条約締結《ていけつ》の地記念碑《ひ》

③神奈川県庁（キングの塔《とう》）

④横浜市開港記念会館（ジャックの塔《とう》）

⑤横浜税関（クイーンの塔《とう》）

⑥神奈川県立歴史博物館

⑦ガス灯《とう》

⑧アイスクリーム発祥《はっしょう》の地の記念像
（太陽の母子像）

⑨野毛山動物園

横浜市立小学校に通う６年生の５人組は，夏休みの課題として出された「私たちが住む『横浜』について」の調べ学習に取り組むことになりました。

＊　＊　＊

今日は，快晴。日差しは強いけれど，時折《ときおり》ふく風が気持ちよいです。

みんな暑さ対策は万全の格好で，午前９時30分に「日本大通り駅」に無事に集合しました。

みんなどこか落ち着かない，わくわくした様子，さあ出発です。

Ａくん　「まずは，予定通り『横浜開港資料館』（16ページの写真①）に行こう。」

Ｂくん　「ぼくたちが住んでいる横浜には，どんな歴史があるんだろう。楽しみだな。」

Ｅさん　「私は，洋風建築に興味があるわ。」

Ｄさん　「私は，ファッションや食べ物に興味があるわ。」

Ｃくん　「ぼくは，鉄道に興味があるな。」

［午前９時40分『横浜開港資料館』到着《とうちゃく》］

Ｃくん　「ペリー来航が横浜だけではなく日本全体に与えた影響《えいきょう》がとても大きいことがわかったよ。」

Ｅさん　「そうだね。それまで閉鎖的《へいさてき》だった日本（一部の国としか付き合いのなかった日本）に，たくさんの外国（西洋）文化が入ってきたんだね。」

Ｄさん　「私のおしゃれも，ペリーさんのおかげかな。」

問題１　Ａくんたちは，資料館の中で，ペリーをかいた２種類の絵を見て不思議に思いました。どうして，日本の瓦版《かわらばん》（今でいう号外新聞）はペリーの顔を，鬼《おに》のような顔にかいたのでしょうか。思いつくことを自由に答えなさい。

Aくん 「さて次は，すぐ前の開港広場に行って『日米和親条約締結《ていけつ》の地記念碑《ひ》』（16ページの写真②）を見よう。」

［午前11時5分『開港広場』到着《とうちゃく》］

Cくん 「ここで日米和親条約が結ばれたんだね。」

Eさん 「日本の近代化がここからスタートしたのね。何か不思議な感じがするわ。少しの間，その時代に思いをはせましょうよ。」

Cくん 「そうしよう。ペリーのお土産《みやげ》に蒸気機関車の模型があったことも感激だけど，日本の歴史すべてに興味がわいてきたよ。」

問題2

問1　この条約が結ばれたことで，日本は開国をしました。鎖国中《さこくちゅう》も江戸幕府はいくつかの国・地域と通交・通商を行っていました。相手国としてあてはまらない国を，次の中から一つ選び，記号で答えなさい。

ア．中国（清）　イ．朝鮮　ウ．オランダ　エ．ドイツ　オ．琉球《りゅうきゅう》

問2　ペリーのお土産《みやげ》のひとつである1/4の大きさの蒸気機関車の模型は日本人を驚《おどろ》かせました。明治になって，初めての鉄道が走ったのは，どこからどこまでですか。次の中から一つ選び，記号で答えなさい。

ア．東京－大阪　イ．京都－大阪　ウ．新橋－横浜　エ．上野－浅草

問3　1858年に日米修好通商条約が結ばれ，貿易が始まります。しかし，この条約は日本にとって不利な不平等条約でした。不利だった点を2つ答えなさい。

問4　下のグラフは1865年の貿易に関するグラフ（次ページもあり）です。そのうち輸出の3つのグラフについての特徴《とくちょう》を述べた文のうち正しいものを，次の中から一つ選び，記号で答えなさい。

ア．貿易額は輸出入とも長崎が一番多くなっている。

イ．貿易相手国は，最初に開国させたアメリカが輸出入額ともに一番多い。

ウ．輸出品は生糸がトップで，国内の養蚕業が盛んであることがわかる。

エ．日本の輸出品は，どちらかといえば工業製品が多くなっている。

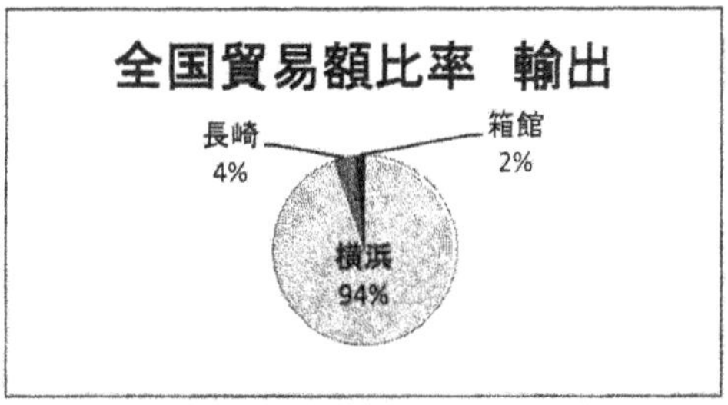

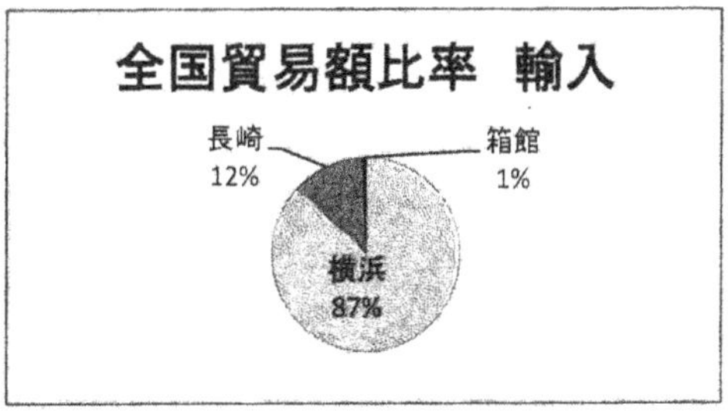

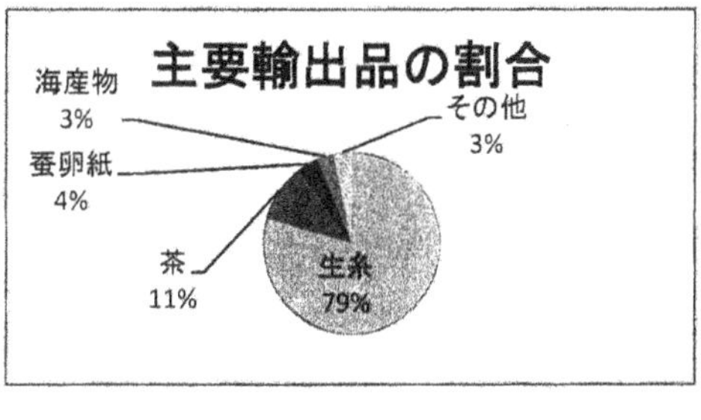

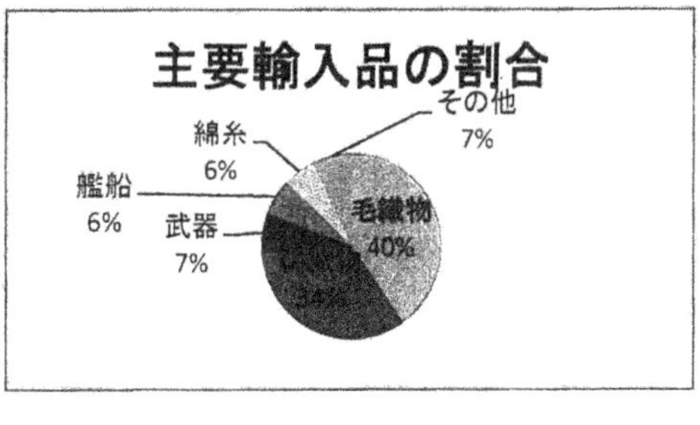

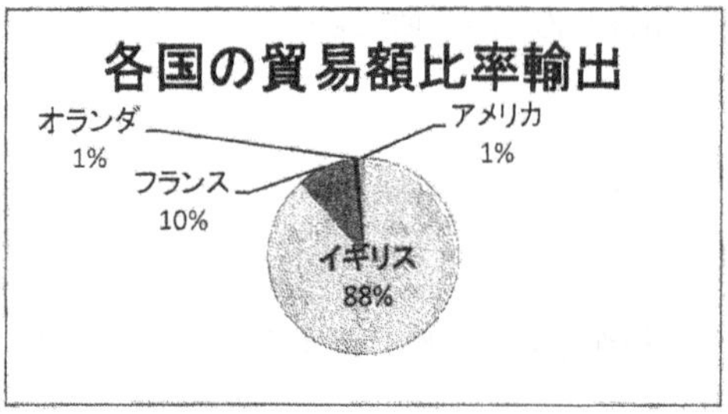

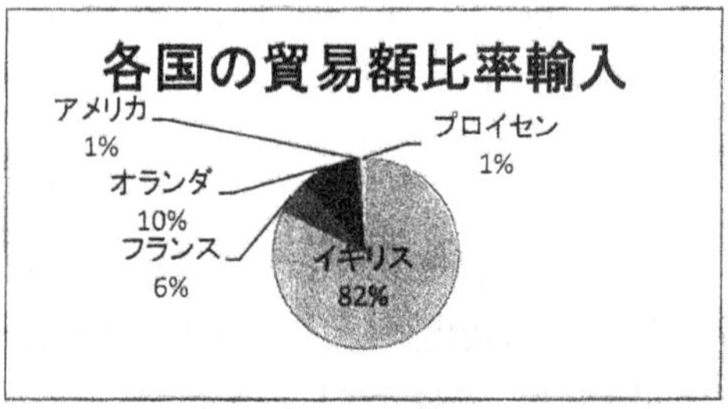

『横浜市史』第2巻を参考に作成

問５　開港後，たくさんの外国人が来日しました。横浜には，アメリカ人宣教師のヘボンが来日して，初めての和英辞書を出版し，ヘボン式ローマ字を考案しました。明治に入ってからも西洋の進んだ技術や文化を吸収するためにたくさんの外国人がやとわれました。群馬の製糸工場を運営するためフランスから技術者がやとわれましたが，この工場の名称《めいしょう》を漢字で答えなさい。

Ａくん　「さて，次の目的地は，『野毛山動物園』（18ページの写真⑨）だね。」

Ｃくん　「ここからだとかなり歩くよ。バスか電車を使うのはどう？」

Ｅさん　「でも，まだ時間があるから，神奈川県庁（17ページの写真③）・横浜市開港記念会館（17ページの写真④）・横浜税関（17ページの写真⑤）の横浜３塔《とう》の建物を見ながらゆっくり馬車道通りに向かいましょうよ。洋風建築は本当にこの街に似合うわね。」

Ａくん　「そうだね。」

Ｂくん　「お腹も空いてきたし，その途中《とちゅう》で昼食をとりませんか？」

Ｅさん　「えっ。もう？」

Ｄさん　「私はアイスクリームが食べたいな。」

Ａくん　「昼食の場所は決めていなかったけれど，馬車道通りには有名な家系ラーメン屋があるし，アイスクリーム発祥《はっしょう》の地の像もあるから，そこを目指して歩こう。」

全　員　「賛成！！」

［午前11時30分『開港広場』出発］

［午後０時『家系ラーメン屋』到着《とうちゃく》］

問題３　家系ラーメンは，豚骨醤油《とんこつしょうゆ》のスープと太いストレートの麺《めん》に，チャーシュー，のり，ホウレンソウをトッピングしたラーメンです。Ｂ君はさらに，麺大盛りにトッピングとして，たまごと長ネギの細切りを追加しました。

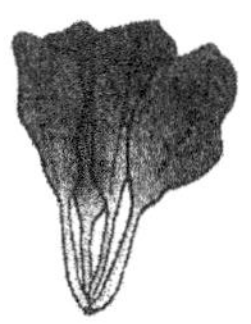

問1　トッピングに使われているホウレンソウと長ネギは，植物の葉の部分です。ホウレンソウは緑色ですが，長ネギは白色の部分と緑色の部分からできています。長ネギの葉が白色になる理由を答えなさい。

問2　トッピングで出てくる卵《たまご》は「無精卵《むせいらん》」と呼ばれ，ニワトリが交尾《こうび》をしないで産んだものです。この卵《たまご》はいくら温めてもふ化することはありません。卵《たまご》がふ化するには，ニワトリの体内でオスの精子がメスの卵《らん》に結びつくことが必要です。精子が卵《らん》に結びつくことを何と言いますか。

問3　メニュー表には，麺《めん》の成分や食材の情報が記載《きさい》されています。この記載には，体質によってその成分を食べることができない人に知らせる目的があります。食べることができない体質のことを何と言いますか。カタカナで答えなさい。

Bくん　「おいしかったなぁ。もうお腹いっぱいで動けないよ。」
Cくん　「麺《めん》大盛りにトッピングもしているからだよ。」
Dさん　「次は，私のアイスクリームね。」
Eさん　「えっ？まだ食べるの？」

［午後０時30分『家系ラーメン屋』出発］

Eさん　「ところで，これも洋館だけど，神奈川県立歴史博物館（17ページの写真⑥）の建物は元銀行の建物らしいよ。素敵な建物，うっとりだわ。そして，歩いている途中にはガス灯《とう》(17ページの写真⑦）が点々とあったの。街の雰囲気《ふんいき》に合って，これも素敵だったわ。みんな気づいた？」
Cくん　「ぼくは，歩くのに必死で下ばかり見ていたからぜんぜん気がつかなかったよ。でも，開港広場から影《かげ》の長さが変わったのには気づいたよ。」
Bくん　「ぼくは，食べもの屋さんばかり見ていたよ。」
全　員　笑う

問題４　幕末の横浜開港にともなって，関内近辺は外国人の居留地となることが決まり，街路樹等が約１km 整備されることになりました。その際に，ガス灯が街灯として本格的に使用されました。

問1　長さ１km のまっすぐな道路に８ｍの間隔《かんかく》でガス灯を設置します。両端《りょうはし》にはガス灯を設置しないとき，ガス灯は何本必要になりますか。

問2　下ばかりを見ていたＣくんは，影《かげ》の長さが変わっていることに気づきました。身長が153cmのＣくんの影が54cmでした。ガス灯の影の長さが126cmのとき，ガス灯の高さは何ｍ何cmですか。

［午後０時45分『アイスクリーム発祥《はっしょう》の地の記念像』（17ページの写真⑧）到着《とうちゃく》］

Dさん　「えっ。イメージしていたものとはちがう。もっとアイスクリームの形をした像をイメージしてた。」
Aくん　「『太陽の母子像』というんだ。ちなみに当時は，アイスクリームのことを『あいすくりん』と呼んでいたそうだよ。」
Dさん　「そうなんだぁ……。ますますアイスクリームが食べたくなってきた。」

Bくん 「でも，アイスクリームを食べている時間はないよ。次の目的地に着いたら考えようよ。」
Dさん 「Bくんはお腹がいっぱいなだけでしょ。わかったわよ。」
全　員 笑う

［午後０時50分『アイスクリーム発祥の地の記念像』出発］
［午後１時30分『野毛山動物園』（18ページの写真⑨）到着《とうちゃく》］

Cくん 「やっと着いたね。もう足が棒になっているよ。」
Eさん 「まだまだこれから園内を歩くのよ。しっかりしてよ。」
Dさん 「早くレッサーパンダに会いたいなぁ。」
Aくん 「ぼくはライオンだな。」
Eさん 「私は，入場料が無料なのが気になるなぁ。どうやって運営しているんだろう。」
Eさん以外 「確かに…。」

問題５

問１　口に入った食物は決まった消化管を通過し，腸から吸収されます。以下の表は各動物の「腸の長さ」と「腸の長さと体長の割合」を示したものです。この表から分かる動物の腸の長さのちがいの理由は何ですか。「～のちがい。」となるように答えなさい。

動物の種類	腸の長さ［m］	腸の長さと体長の割合 （腸の長さ）÷（体長）
ライオン	7	3.9
ウシ	50	29
ウマ	30	12
ヒツジ	31	27
オオカミ	6	4
トラ	9	4

問２　樹上で暮らすレッサーパンダのお腹は黒色で，地上から見上げると影《かげ》のように見え，他の動物から見つかりにくいため，襲《おそ》われにくい。一方で，ヤドクガエルのように派手な体色は他の動物から見つかりやすい。見つかりやすい動物はどのように身を守っていると考えられるか答えなさい。

Dさん 「あー楽しかった。かわいい動物にも会えたし，最高だね。」
Bくん 「歩きすぎてお腹がへってきたよ。」
Eさん 「もう？そんなに早くお腹へるかなぁ？」
Bくん 「えっ。本当はEさんもお腹すいているんじゃないの？」
Eさん 「実はそうなの。わかっちゃった？」
Cくん 「ぼくはお腹より足が痛いよ。」
Aくん 「じゃあ，解散場所の桜木町駅に向かう途中にスパゲッティナポリタンで有名なお店があるから，そこで食事しながら休憩《きゅうけい》しようよ。」
Eさん 「ほんと，Aくんは何でも知っているよね。」

［午後４時30分『野毛山動物園』出発］

［午後４時50分『スパゲッティ屋さん』到着《とうちゃく》］

Aくん　「スパゲッティナポリタンも横浜発祥《はっしょう》なんだよ。」
Dさん　「さっきもＥさんが言っていたけれど，Ａくんは何でもよく知っているよね。」
Eさん　「さて，私は何を食べようかな？」
Bくん　「ナポリタンとオムライス，どっちも食べたい。悩《なや》むなぁ。」
Cくん　「ぼくはせっかくだから横浜発祥のナポリタンにするよ。」

問題６　長さ25㎝のスパゲッティ（乾麺《かんめん》）が大きいサイズのペットボトルの中に入っています。使用するときにペットボトルを逆さにして出てきた量がちょうど一人分の量になります。

このとき，次の問１から問３に答えなさい。ただし，小数点以下は四捨五入して整数で答えること。

問１　一人分の分量を量ったときスパゲッティ（乾麺）の重さは102ｇでした。10本の重さは7.6ｇとすると，一人分のスパゲッティの本数は何本ですか。

問２　ナポリタン一人分を作るのに必要なスパゲッティの量（ゆでる前の乾麺）をつなげると，長さは何ｍですか。

問３　スパゲッティはゆでると，１本あたり平均で1.8㎝伸びます。５人分のナポリタンの麺（ゆでた麺）をつなげた長さとランドマークタワー（296ｍ）の高さの差は何ｍですか。

Bくん　「あー，今度こそお腹いっぱいで幸せだよ。」
Cくん　「今度も，でしょう？」
全　員　笑う
Aくん　「さぁ。みんなお腹もいっぱいになったし，勉強もしたし，帰りますか？」
Eさん　「そうだね。帰ろう。」
Aくん　「レポートのまとめは，みんなの予定を合わせて，今度は図書館でやろうね。」
Aくん以外　「そうだね。そうしよう。」

［午後５時30分『スパゲッティ屋さん』出発］

Dさん　「ところで，私のアイスは……。」

［午後５時40分『桜木町駅』到着《とうちゃく》・解散］

問題７　文中に登場するＡ～Ｅの人物像としてあてはまるものを，次の中から一つずつ選び，記号で答えなさい。

ア．周りをよく見て，冷静に物事を判断する。
イ．明るく笑いをさそう言動が，その場の雰囲気《ふんいき》をやわらかくする。
ウ．リーダー的存在であり，友達から信頼《しんらい》されている。
エ．マイペースで自分の意見をはっきり言う。
オ．探究心が強い一方，少し体力に不安がある。

MEMO

大切なことはメモしておこうネ！

2月1日午前

2023年度

解 答 と 解 説

《2023年度の配点は解答欄に掲載してあります。》

＜算数解答＞《学校からの正答の発表はありません。》

1 (1) 1089 (2) 4601 (3) 2.678 (4) $10\frac{11}{30}$ (5) $\frac{16}{3}$ (6) $\frac{10}{7}$
(7) $\frac{5}{6}$ (8) 1 (9) 67 (10) $\frac{41}{18}$ (11) 24：49 (12) 6700mL
(13) 42 (14) 15 (15) $\frac{7}{6}$

2 (1) 2 (2) 最小公倍数112・最大公約数4 (3) 80点 (4) 67個
(5) 120円 (6) 時速54km (7) 7.5% (8) 27° (9) 18cm^2
(10) 396cm^3

3 (1) 解説参照 (2) 解説参照 (3) 午前8時36分 (4) 毎分175m

4 (1) 中心 (2) 解説参照 (3) ② 4 ③ 20 ④ 2 ⑤ 5 ⑥ 23
(4) 解説参照 (5) 石井 (6) 解説参照

○推定配点○

1, 2(1)・(2) 各2点×17(2(2)完答) 他 各3点×22 計100点

＜算数解説＞

1 (四則計算，割合と比，単位の換算)

(1) 5841－4741－11＝1100－11＝1089

(2) 4690－89＝4601

(3) 4.41－1.732＝2.678

(4) $10\frac{36}{30}-\frac{25}{30}=10\frac{11}{30}$

(5) $52\div13\times104\div78=\frac{16}{3}$

(6) $\frac{55}{17}\times\frac{34}{77}=\frac{10}{7}$

(7) $1-\frac{1}{2}+\frac{1}{2}-\cdots-\frac{1}{6}=\frac{5}{6}$

(8) 16－15＝1

(9) 60＋9－2＝67

(10) $\frac{1}{2}+\left(\frac{20}{3}+4\right)\times\frac{1}{6}=\frac{41}{18}$

(11) $\frac{2}{7}:\frac{7}{12}=24:49$

(12) 38dL＋29dL＝6700(mL)

(13) □＝7×6＝42

(14) □＝(24－15－6)×5＝15

(15) $□=\frac{5}{3}-\frac{1}{2}=\frac{7}{6}$

重要 2 (数の性質，平均算，規則性，割合と比，速さの三公式と比，単位の換算，平面図形)

(1) $1\frac{5}{6}$より大きく，2.4より小さい整数は2

(2) 16＝4×4，28＝4×7より，最大公約数は4，最小公倍数は4×4×7＝112

(3) 86×4－88×3＝86－6＝80(点)

(4) 102＝3×34，300＝3×100より，100－33＝67(個)

(5) 600×{1－0.6－(1－0.6)÷2}＝600×0.2＝120(円)

(6) 90÷100×60＝54(km)

(7)　50g：350g＝1：7より，$(1\times4+7\times8)\div(1+7)=7.5$(%)

(8)　右図1より，$90-(180-54)\div2=90-63=27$(度)

【別解】　$54\div2=27$(度)

図1

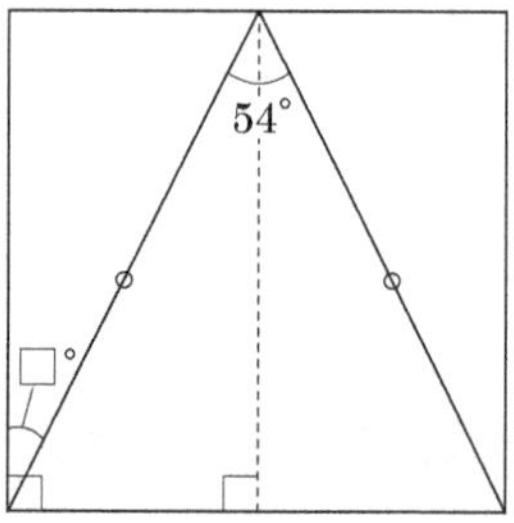

図2

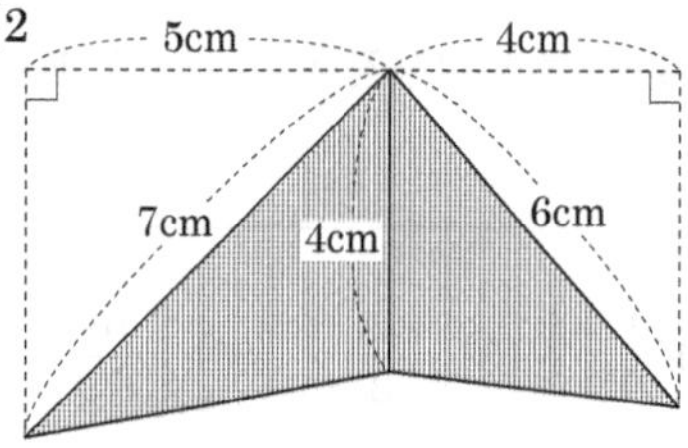

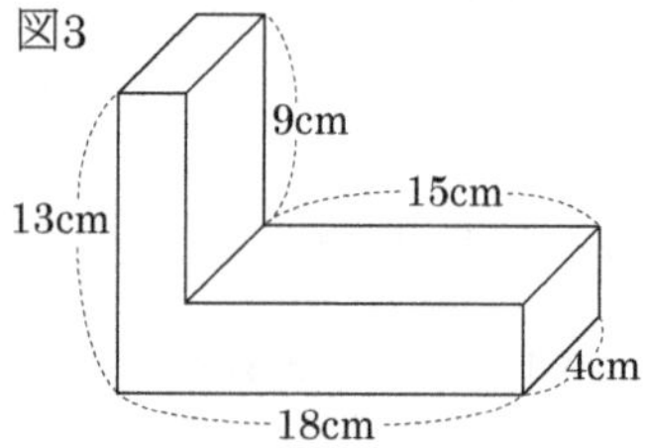

(9)　図2より，$4\times(5+4)\div2=18$(cm^2)

(10)　図3より，$(13\times18-9\times15)\times4=99\times4=396$($cm^3$)

重要 ③　**(速さの三公式と比，旅人算，グラフ，割合と比)**

(1)　(例)　川島くんが出かけた8分後にお母さんが追いかけ始めて，2人の間の距離が縮まり始めたから。

(2)　(例)　川島くんにお母さんが追いついた。

(3)　午前8時13分＋15分＋8分＝午前8時36分

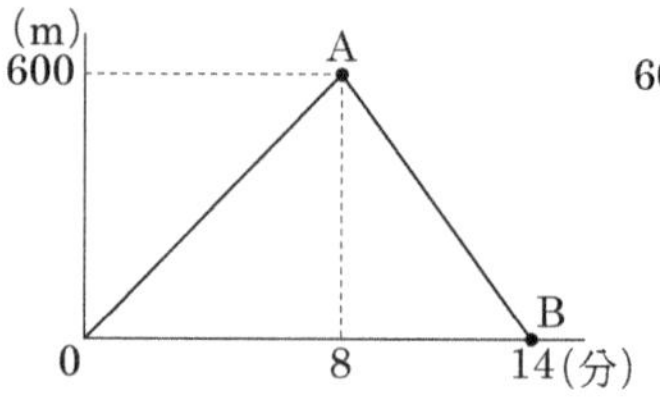

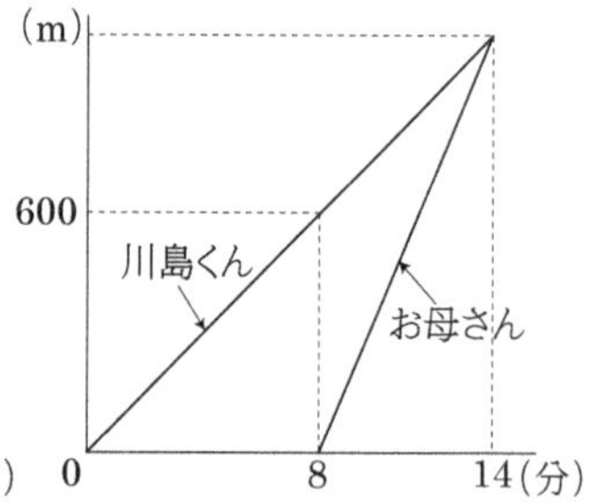

(4)　川島くんの分速…グラフより，$600\div8=75$(m)　したがって，お母さんの分速は$75+600\div(14-8)=175$(m)

④　**(平面図形，植木算，規則性，概数)**

基本　(1)　①　中心

重要　(2)　アとウの間…$2\times2=4$(m)　したがって，ウの位置は下図のようになる。

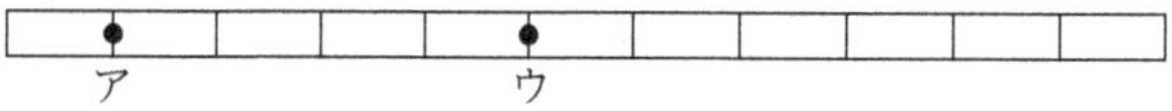

図A

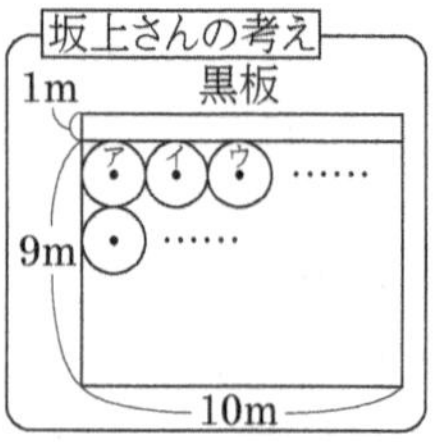

図B

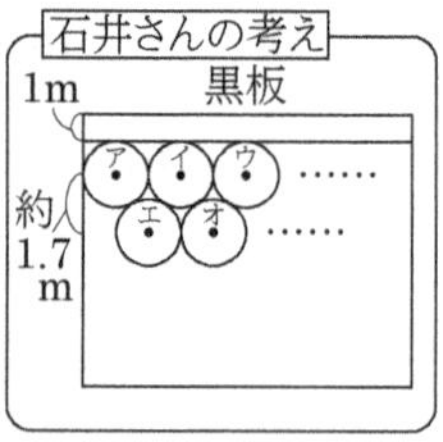

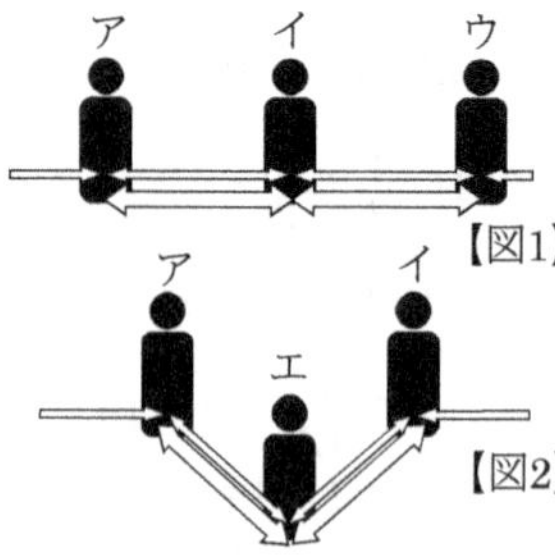

(3)　②　縦列…図Aより，$(10-2\times2)\div2+1=4$(列)

③　全員…②より，$4\times\{(10-1\times2)\div2+1\}=4\times5=20$(人)

④　図Bより，2m　⑤　縦列…図Bにおいて，$\{10-(2+1)\}\div1.7+1$より，5列　⑥　全員…⑤・③より，$5\times3+4\times2=23$(人)

(4)　アとエ，エとイの間…図B・2より，2m　したがって，イ・エの位置は下図のようになる。

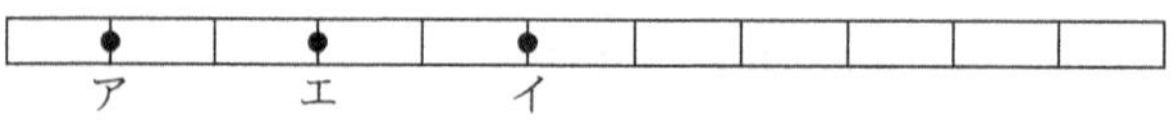

(5)　⑦…③・⑥より，石井(さん)

(6) (例) 右図のように，間隔を2.5mにすると10÷2.5−1＝3(人)より，3×3＝9(人)が入れる。

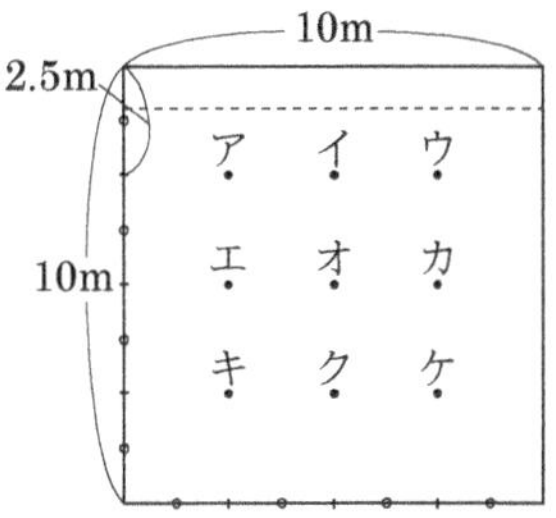

★ワンポイントアドバイス★

①と②の25題について，全問正解を目指そう。①(12) 1L＝10dL＝1000(mL)を利用し，③「川島くんが家を出てからの時間と2人の間の距離の関係を示すグラフ」の問題は，「川島くんの分速」と「2人の分速の差」を利用する。

＜国語解答＞《学校からの正答の発表はありません。》

一 ① いとな(み) ② ぞうすい ③ しおかぜ ④ しょうじ ⑤ ひたい
⑥ 奮 ⑦ 招待 ⑧ 往復 ⑨ 改善 ⑩ 展示

二 問一 小春日和 問二 ウ 問三 ア

三 (例) 情報過多の現代では，情報を高速で処理する必要があるから。

四 (例) まず，公衆電話から自宅に連絡し，自分のスマートフォンから友達に連絡してもらう。そして駅員さんなどに正しい出口を確認して，急いで友達のもとへ向かう。

五 問一 A ア B オ 問二 (例) 葉っぱを少しひっかいて，足の周りに生えている毛にくっつけた葉の汁を分析して選ぶ。 問三 ア 問四 Ⅰ ウ Ⅱ ウ
問五 (例) 植物に依存していたのに木を伐採 問六 喜び 問七 生きること
問八 イ

六 問一 イ 問二 (例) 非常階段を上っていけば，海が見えるかもしれないということ。
問三 (1) 「もしも」の向こう側にあるもの (2) 弟の目の手術が失敗するかもしれないこと。 問四 檻の鉄格子 問五 (例) 目が良くなったら絶対見えると言われて安心したから。 問六 ウ 問七 (例) 夕陽に輝く海など，雄大な自然にアッくんは感動しているので，満天の星が輝く夜空などを見せてあげたい。

○推定配点○

一 各2点×10 二 各2点×3 三・四 各5点×2
五 問一・問四 各2点×4 問二・問五 各5点×2 他 各3点×4
六 問一 2点 問二・問三(2)・問五 各5点×3 問七 8点 他 各3点×3
計100点

＜国語解説＞

基本 一 (漢字の読み書き)

①の音読みは「エイ」。熟語は「営業」など。②は野菜や肉などを具として加え，味つけをしたおかゆのこと。③は海から陸の方向へふく風。④は室内のしきりに用いる建具のこと。⑤の「猫の額」

は面積のせまいことのたとえ。⑥の音読みは「フン」。熟語は「奮起」など。⑦は客として招くこと。⑧は行きと帰り。⑨は悪いところを改めて，よくすること。⑩は「展」の画数に注意。

二 (空欄補充，ことばの意味，手紙の書き方)

重要 問一　「小春日和」は初冬のころの暖かくておだやかな天気のことなので，「立春を過ぎ」た時期に用いるのは間違っている。

基本 問二　手紙の冒頭に書く頭語に「拝啓」を用いているので，最後に結ぶ結語はウが適切。アは書籍などの後部に置かれるあとがきなど。イは「拝啓」よりも敬意が高い頭語。エの語はない。

やや難 問三　手紙は「拝啓……がんばっています。」までが前文，「さて……いてください。」までが主文，「それでは……［※］」までが末文，A～Cは後付けというのが基本の構成になる。後付けでは，Aに書いた日付，下にあるBには自分の名前，Cには相手の名前を書くのでアが適切。

重要 三 (要旨の読み取り，記述力)

佐藤氏は「現代は……情報過多の時代で」あること，情報を「高速で処理するためには不可欠なのが『読解力』」であることを話しているので，これらの内容を「『読解力』を身に付けることの重要性」の理由として，指定字数以内でまとめる。

四 (記述力)

解答例では「まず」友達に連絡することを考えてから，少しでも早く待ち合わせ場所に向かう，としているが，連絡することはあきらめて，すぐに待ち合わせ場所を探すという場合もあるだろう。実際の場面を想像しながら，自分だったらどうするか，具体的に説明していこう。

五 (随筆文－要旨・大意・細部の読み取り，指示語，接続語，空欄補充，記述力)

問一　空らんAは直前の内容とは反対の内容が続いているのでア，Bは直後で「蝶」を例に挙げているのでオがそれぞれ当てはまる。

重要 問二　――線①直後で，蝶の「親は子供の適性にあった葉っぱを……見分け」るために「葉っぱをちょっとひっかいて，汁を足の周りに生えている毛にくっつけて，分析する」と述べているので，これらの内容を指定字数以内にまとめる。

基本 問三　「傍若無人」は「傍(かたわ)らに人が無いかのように」という意味で，人目を気にせず勝手気ままにふるまう様子を表す。

問四　国連の「世界人口推計2022年改訂版」によると，2022年の世界人口は80億人に達し，2050年に97億人に増加する見通しとされているので，Ⅰにはウが当てはまる。約38億年前に地球に最初の生物が誕生し，進化をくり返して現在の姿になったので，Ⅱにはウが当てはまる。

問五　――線③直前で「人間は，自分たちの生活のために木を伐採しすぎた。……全部，植物に依存して，ここまで来たのに，その根底を覆すようなことをし」た，と述べており，これが③のように言える理由になるので，この内容を【　】に入るよう，指定字数以内でまとめる。

問六　「生きるということは……」で始まる段落で「生きるということは，本来，喜びでなければいけないと僕は考えます」と述べているので，Ⅲには「喜び(2字)」が当てはまる。

問七　――線④は直前の「生きること(5字)」を指し示している。

やや難 問八　イは「もう何も……」で始まる段落で，筆者の経験として述べているので，――線⑤の「願ってい」ることには当てはまらない。アは「そうして……」で始まる段落，ウは「自分が生きている……」で始まる段落，エは「そのためには……」で始まる段落でそれぞれ述べている。

六 (小説－心情・情景・細部の読み取り，空欄補充，記述力)

基本 問一　※直後で「『……もういいよ』と笑った」アツシの様子が描かれているので，※には物事にこだわらず，あっさりしているさまを表すイが入る。

問二　冒頭と――線①前までで描かれているように，「海が見えそうな場所」として商工会館の建物の裏にあった「非常階段」が「方角も海のほうを向いている」ことで，少年は①のように思っているので「非常階段を上っていけば，海が見えるかもしれない」というような内容で説明する。

重要 問三 (1) ――線②は冒頭の段落の，弟のアツシの目の手術のことである「『もしも』の向こう側にあるもの(15字)」のことである。 (2) 冒頭の段落で描かれているように，②の「『もしも』の向こう側にあるもの」を「怖い」と少年は感じているので，弟の「目の中にメスをいれる」手術が失敗してしまうかもしれない，ということを指定字数以内でまとめる。

問四 ――線③後の「檻の鉄格子をつかむ動物園のゴリラみたいに，アツシはしばらく黙って柵に顔を張りつかせた。」という一文は，アツシが懸命に海を見ようとしていることが読み取れる。

問五 ――線④前で「『アッくんの目が良くなったら，見えるよ』『……絶対，百パーセント』」と少年に言われて④のようになっていることをふまえ，④でアツシが安心した理由を説明する。

問六 ――線⑤直後で，少年は「『もっときれいなの，いっぱいあるよ』」とも話していることから，ウが適切。⑤直後のせりふをふまえていない他の選択肢は不適切。

やや難 問七 解答例では，「夕陽」で「オレンジ色に輝いた海」などにアツシが感動していることから，雄大な自然を見せたいと述べている。本文の描写を参考にして，アッくんが喜び，感動するものを具体的に考えて説明しよう。

★ワンポイントアドバイス★

内容真偽の問題では，選択肢のどこが正しいか，あるいは間違っているかをしっかり確認しよう。

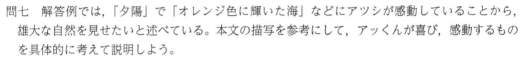

2月1日午後

2023年度

解　答　と　解　説

《2023年度の配点は解答欄に掲載してあります。》

＜適性検査Ⅰ解答＞《学校からの正答の発表はありません。》

問題1　豊富，豊作　問題2　③

問題3　日本がロシアやウクライナ，その周辺国から輸入する小麦やサーモンなどの食品の値段が上がり，生活に影響している。

問題4　車を所持したり，スーパーで好きに買い物をしたりというように，不自由なくものを入手，所持できること。

問題5　家族と一緒に食事をしたり，友達と遊んだりする日常生活のなかで，感じた楽しさやうれしさを人と共有すること。

問題6　私が考える「豊かさ」とは，人に感謝を伝えてうれしい気持ちになることです。私はこれまで，身のまわりの人たちに何度も助けられてきました。その度にたくさんの人にお礼を伝え，お礼を言うと自分も相手もうれしい気持ちになるので，たくさんの人とうれしい気持ちを分けあってきました。だから，これからも積極的に感謝の気持ちを人に伝えることを心掛けたいです。そして，自分だけではなく相手にも豊かさを感じてほしいです。

○推定配点○

問題1　各5点×2　　問題2　5点　　問題3　15点　　問題4　15点　　問題5　15点
問題6　40点　　計100点

＜適性検査Ⅰ解説＞

問題1　知識問題である。解答例の「豊富」，「豊作」以外にも，「豊満」，「豊年」などがある。

重要　問題2　ウクライナは白地図の③に位置する国である。他の選たくしの国は，①がロシア，②がベラルーシ，④がルーマニア，⑤がポーランド，⑥がドイツである。ウクライナの特ちょうは南側につきだしたような形をしているところで，そこをクリミア半島という。

問題3　ロシアとウクライナの戦争は，世界中に影響《えいきょう》をあたえている。日本でも，それまでロシアから輸入していたエネルギー資源《しげん》が輸入できなくなったことで値段《ねだん》が上がり，企業《きぎょう》や人々の生活の負担《ふたん》になっている。また，ロシアやウクライナから輸入していた小麦や，ノルウェーなどから輸入していたサーモンなどの食品も値段が上がっており，家庭にも影響が広がっている。解答においては，条件に気をつけながら，これらのような内容をうまくまとめて書けるとよい。

問題4　文章の中で，アタルの父親が日本の世界幸福度ランキングが何位だと思うかを聞き，アタルが答える場面がある。アタルの発言を聞いた父親は，「アタルは，ものばかりだなぁ。」と言っており，このアタルの発言が「もの」の「豊かさ」を考えるヒントになる。

　アタルの発言を整理すると，スマートフォンやカードゲームなどの欲しいものも，車や部屋などの必要なものも所持していて，さらに欲しいものがあれば買うこともできるので，不自由がないと述べている。これがアタルの思う「豊かさ」＝「幸福度」である。解答においては，具体例を挙げつつ，こういった内容をまとめるとよいだろう。もちろん，自分で考えたことを自分なりにまとめてもよい。「どのようなことを表しますか」と聞かれているので，解答は「～こと。」という形で答える。

問題5　文章中では，「心」の「豊かさ」についてはほとんど説明がないため，自分で考えたことをまとめて解答する。解答例では，家族や友達といった大切な人とともに過ごすなかで，楽しさやうれしさをおたがいに共有できることが心の豊かさであると考えている。「どのようなことを表しますか」と聞かれているので，解答は「～こと。」という形で答える。

やや難 **問題6**　この問題では，自分の考える「豊かさ」とは何かということと，未来に向けてどのようなことを心掛《こころが》けて生きていくべきかということの二点をまとめる必要がある。自分のこれまでの経験から，どんなことが「豊かさ」といえるのかを考えよう。

★ワンポイントアドバイス★

自分が考えたことを記述する問題が多いため，自分の考えを指定字数以内でまとめる練習をするとよい。また，時事に関する問題も出題されていた。ふだんからニュースや新聞などを気にかける習慣をつけるとよいだろう。

＜適性検査Ⅱ解答＞《学校からの正答の発表はありません。》

問題1　日本は一部の外国としか交流していなかったため，とつぜん現れたペリーのことをこわい人物だと思ったから。

問題2　問1　エ　　問2　ウ　　問3　(・)アメリカの領事裁判権が認められている点。
(・)日本の関税自主権が認められていない点。　　問4　ウ　　問5　富岡製糸場

問題3　問1　長ネギの白色部分の葉は，土の中で光を当てずに育てられるから。　　問2　受精
問3　アレルギー

問題4　問1　124(本)　　問2　3(m)57(cm)

問題5　問1　草食動物と肉食動物(のちがい。)　　問2　毒をもつことで，他の動物に襲われにくくしている。

問題6　問1　134(本)　　問2　34(m)　　問3　116(m)

問題7　A　ウ　　B　イ　　C　オ　　D　エ　　E　ア

○推定配点○

問題1　8点　　問題2　問3　各6点×2　　他　各3点×4
問題3　問1　6点　　他　各3点×2　　問題4　各6点×2
問題5　問1　6点　　問2　8点　　問題6　各5点×3　　問題7　各3点×5　　計100点

＜適性検査Ⅱ解説＞

問題1　(社会：日本の開国)

瓦版《かわらばん》にかかれているペリーの顔が，なぜ鬼《おに》のような顔だったのかを自由に考えて答える問題で

ある。当時の日本は鎖国《さこく》をしていて，一部を除《のぞ》いた他の外国とほとんど交流をしていなかったという状態が理解できていれば，いろいろな要因が考えられるだろう。

問題2 (社会：日本の開国)

問1　鎖国中でも，日本は一部の国や地域《ちいき》と交易をしていた。アの中国(清)とウのオランダとは，長崎の出島で交易が行われていた。イの朝鮮《ちょうせん》とは，対馬藩《つしまはん》が交易を行っていた。オの琉球《りゅうきゅう》とは薩《さつ》摩《ま》藩が交易を行っていたが，エのドイツとは日本では交易が行われていなかった。よって答えはエである。他にも，鎖国中には松前《まつまえ》藩がアイヌの人々と交易を行っていた。

問2　1872年(明治5年)日本で初めて鉄道が走ったのは，新橋《しんばし》—横浜《よこはま》間だった。

基本　問3　日米修好通商条約をはじめ，日本が外国と結んだ通商条約では，日本にとって不利な点が2つあった。1つ目は外国人の領事裁判権《さいばんけん》(治外法権)を認《みと》めていた点で，外国人の犯罪を日本の法《ほう》律《りつ》で裁《さば》くことができなかった。2つ目は日本の関税自主権が認められていなかった点で，日本が自由に関税をかけられなかったため，外国の安い商品が流通し，国内の産業が苦しめられた。

問4　グラフについて述べている文のうち，正しいものを選ぶ問題である。アは，「全国貿易額比率　輸出」と，「全国貿易額比率　輸入」のグラフを見ると，貿易額が輸出入ともに一番多くなっているのは横浜だとわかるので，誤《あやま》りである。イは，「各国の貿易額比率輸出」と，「各国の貿易額比率輸入」のグラフを見ると，貿易相手国のうち貿易額が輸出入額ともに一番多くなっているのはイギリスだとわかるので，誤りである。なお，問題文に「輸出の3つのグラフについて」と書かれているので，輸入のグラフについても書かれているアとイはそもそも選ばないようにする。ウは，「主要輸出品の割合《わりあい》」のグラフを見ると，輸出品の割合は生糸が一番多いので，正しい。また，後半部分に書いてあるとおり，明治時代日本の養蚕《ようさん》業は非常に盛《さか》んだった。エは，「主要輸出品の割合」のグラフを見ると，そもそも工業製品はほとんど輸出されていなかったことがわかるので，誤りである。よって，正しいものはウである。

問5　富岡製糸場は群馬県にある，日本で最初の本格的な器械製糸工場である。フランスの蒸気《じょうき》機関や機械が使われ，ヨーロッパの技術が取り入れられていた。日本の近代化の象徴《しょうちょう》であり，2014年，ユネスコの世界文化遺産《いさん》に登録された。

問題3 (理科：植物，生命の誕生《たんじょう》，アレルギー)

問1　長ネギの葉は，日の光が当たると緑色になるが，日の光が当たらないと白くなる。長ネギは一部を土の中にうめて育てるので，日の光が当たる部分と当たらない部分(うめた部分)とで色が変わる。

問2　精子が卵《らん》に結びつくことを「受精」という。また，受精した卵のことを「受精卵」と呼《よ》ぶ。

問3　特定の食べ物を食べると，じんましんやせきなどの反応が出てしまう体質のことを，アレルギー(食物アレルギー)という。

問題4 (算数：計算，比)

重要　問1　1kmは1000mである。1000mを，8m間隔《かんかく》でいくつに分けられるかを求めると，1000÷8=125(個)に分けることができる。1つの間隔ごとに1つ，片側にガス灯《とう》を設置していくことを考えると，どちらかの端《はし》にもガス灯を設置することになる。両端にはガス灯を設置しないので，求める本数は125−1=124(本)となる。

問2　Cくんの身長と影《かげ》の長さを比にしてみると，153：54になる。この比を簡単にすると，どちらの数字も9で割《わ》ることができるので，17：6になる。ガス灯の高さを□とおいて，ガス灯の高さと影の長さを比にしてみると，□：126になる。Cくんの身長と影の長さの比と，ガス灯の高さと影の長さの比は等しくなるので，126÷6=21(倍)より，求める□は17×21=357(cm)となる。よって答えは3m57cmである。

問題5 (理科：動物)

問1　動物には，主に葉などを食べる草食動物(ウシ，ウマ，ヒツジなど)と，主に動物の肉などを食べる肉食動物(ライオン，オオカミ，トラなど)がいる。草食動物と肉食動物にはさまざまなちがいがあり，腸《ちょう》の長さもそのちがいの1つである。

問2　問題文に出てくるヤドクガエルは，赤や黄色などの派手な体色をしている。これは，警告《けいこく》色であり，自分が毒をもっていることをアピールしているといわれている。解答では，ヤドクガエルのように見つかりやすい動物でも，毒をもっていることで外敵《がいてき》を追いはらったり，襲《おそ》われにくくしていたりするということを書けばよい。

問題6 (算数：長さの計算)

問1　スパゲッティ10本の重さが7.6gなので，1本の重さは7.6÷10＝0.76(g)である。スパゲッティが102gのとき，その本数は102÷0.76＝134.2…(本)となる。小数点以下を四捨五入《ししゃごにゅう》すると，答えは134本である。

問2　問1より，一人分のスパゲッティの本数は134本である。問題文に，スパゲッティは長さ25cmとあるので，スパゲッティをつなげたときの長さは，25×134＝3350(cm)である。これをメートルに直すと33.5mになるため，小数点以下を四捨五入して，答えは34mとなる。

やや難

問3　まず，一人分のスパゲッティをゆでてつなげたときの長さを求める。スパゲッティをゆでると1本あたり平均で1.8cm伸(の)びるので，一人分では合計で1.8×134＝241.2(cm)伸びる。よって，一人分のスパゲッティをゆでてつなげた長さは，問2から3350＋241.2＝3591.2(cm)となる。5人分のゆでたスパゲッティをつなげた長さを求めると，3591.2×5＝17956(cm)となり，メートルに直すと179.56mである。この長さとランドマークタワーの高さの差は，296－179.56＝116.44(m)より，答えは四捨五入して116mとなる。

問題7 (国語：人物の特徴)

文中に登場する5人の人物像として，適切なものをそれぞれ選ぶ問題である。

A　文中では，主に次の目的地を示したり，みんなの意見をまとめたりしているため，リーダー的存在《そんざい》であるといえる。よって，あてはまる選たくしはウである。

B　文中には，何度か全員で笑うタイミングがあるが，その前をみると毎回Bくんの行動が原因となって笑いが起きていることがわかる。何度も食事の話をして笑いをさそっていることから，あてはまる選たくしはイである。

C　問題2の問5の後の文章で，「ここからだとかなり歩くよ。バスか電車を使うのはどう？」という発言をしており，歩くことに対して不安を持っていることがわかる。それ以降《いこう》も，「足が棒《ぼう》になっている」や「お腹より足が痛《いた》い」といった発言をしているため，体力に不安があるという表現が適切であるといえる。よって，あてはまる選たくしはオである。

D　Dさんは、文中で定期的にアイスが食べたいという発言をしている。周りに左右されず，自分が食べたいと思っていることをはっきり言っていることから，あてはまる選たくしはエである。

E　Eさんの発言を見ていくと，他の人の発言に対してあいづちを打っていることが多く，周りをよく見て会話をしているといえる。よって，あてはまる選たくしはアである。

★ワンポイントアドバイス★

基本的な知識をしっかり身につけよう。大きい数の計算をしなければならない問題もあるので，計算ミスをしないように注意しよう。記述問題では，自分の考えをまとめる問題もあるので，自分なりに物事を考える練習もしておくとよい。

MEMO

大切なことはメモしておこうネ！

2022年度

★★★★★★★★★★★★★★★★★★★★★★★

入　試　問　題

2022年度

横浜隼人中学校入試問題(2／1午前)

【算　数】（50分）　＜満点：100点＞

【注意】 定規，コンパス，分度器は使用してはいけません，

1　次の計算をしなさい。ただし，(11)～(15)は□に当てはまる数を答えなさい。

(1)　$8014-827$

(2)　$135+2468-79$

(3)　$0.625-0.375-0.125+0.875$

(4)　$2-\frac{4}{3}+\frac{6}{5}$

(5)　$5\times34\div17\times2$

(6)　$2\frac{11}{13}\div1\frac{35}{39}$

(7)　$13\times0.125\times21\div\frac{7}{8}$

(8)　$15-5\times(10-8)$

(9)　$\left(\frac{7}{30}+\frac{17}{40}-\frac{13}{60}\right)\times120$

(10)　$1+\left\{\frac{1}{2}\div\left(\frac{1}{3}-\frac{1}{4}\right)-5\right\}\times\frac{1}{6}$

(11)　比$\frac{5}{6}:\frac{6}{13}$を最も簡単な整数の比で表すと，□：□

(12)　0.08kg＋2900mg＝□g

(13)　$42\div\square=63$

(14)　$(0.65+\square)\times9=8.1$

(15)　$\frac{5}{6}-\square=\frac{1}{2}$

2　次の問いに答えなさい。

(1)　$\frac{20}{19}$より大きく，$\frac{91}{23}$より小さい整数をすべて答えなさい。

(2)　隼人くんは，算数の小テストを10回受けた。しかし，10回目の答案をなくしたため，点数がわからなくなった。10回のうち，9回目までの平均点が63点であり，全体の平均点が65点であることはわかっている。このとき，10回目の点数が何点かを求めなさい。

(3)　8，12，36の最大公約数と最小公倍数をそれぞれ求めなさい。

(4)　定価1200円の品物を2割引きで売るとき，売値は何円になるか求めなさい。
ただし，消費税は考えないものとする。

(5)　時速60㎞で走っている車が，320㎞走るのにかかる時間は何時間何分か求めなさい。

(6) 30人のクラスでハンカチとティッシュを持っているか調査したところ，ハンカチを持っていた生徒は18人，ティッシュを持っていた生徒は15人であり，ハンカチとティッシュのどちらも持っていない生徒は5人であった。ハンカチとティッシュのどちらも持っている生徒は何人いたか求めなさい。

(7) 10％の食塩水200ｇに食塩を50ｇ混ぜると，何％の食塩水になるか求めなさい。

(8) 右図の斜線部分の面積は何cm^2か求めなさい。

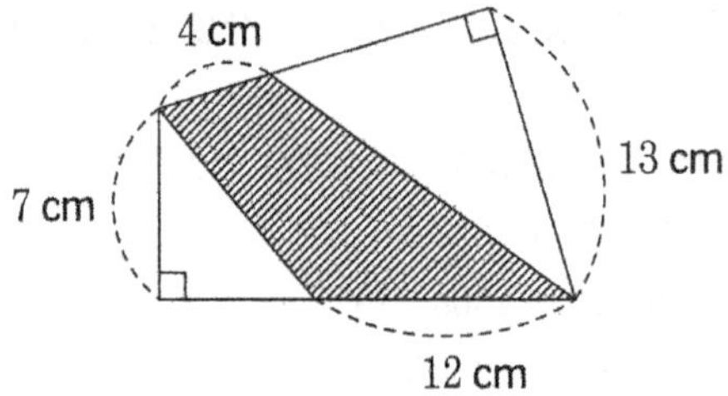

(9) 右図は，正八角形の1つの辺を延長したものである。□に当てはまる数を答えなさい。

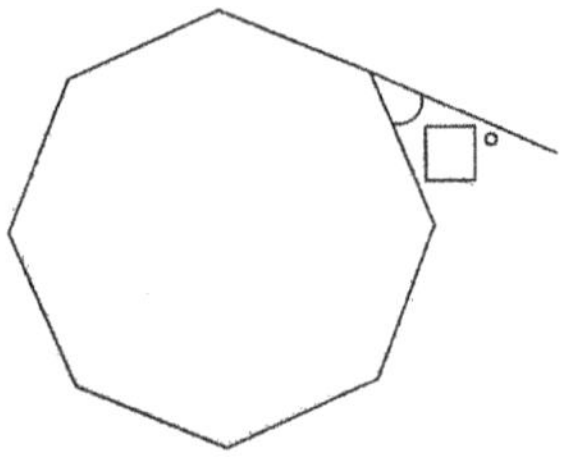

(10) 右図は，長方形を2つ組み合わせたものである。□に当てはまる数を答えなさい。

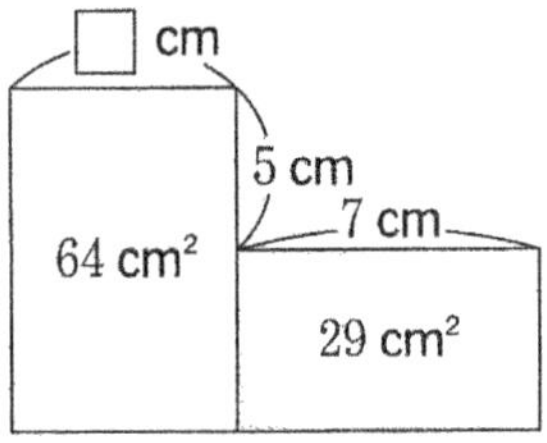

3 熊野さんは住んでいるマンションからお店へ買い物に行った。次のグラフは，マンションからお店まで買い物に行ったときにかかった時間とマンションからの距離を表したものである。また，帰りは行きと同じ速さでマンションまで帰った。このとき，次の問いに答えなさい。

(1) マンションとお店は何m離れているか求めなさい。

(2) グラフの太線部分（ア）は，熊野さんが何をしていた時間か答えなさい。

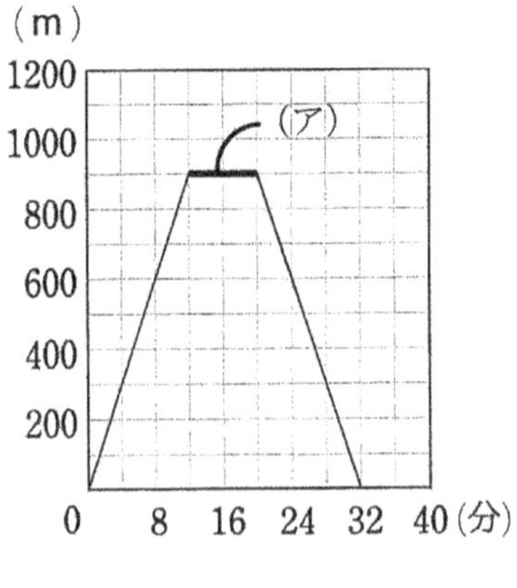

(3) 帰りに，マンションから600m離れた地点を通るのは，マンションを出発してから何分後か求めなさい。

(4) 熊野さんの歩く速さは，分速何mか求めなさい。

(5) 熊野さんと同じマンションに住んでいる髙野くんが，行きは自転車で分速225mの速さで熊野さんと同じお店へ買い物に行った。髙野くんは，買い物に熊野さんの1.5倍の時間がかかった。帰りは自転車がこわれてしまい，行きの2倍の時間がかかったため，2人は同時にマンションに着いた。髙野くんは，熊野さんが買い物に出発してから何分後にマンションを出たか求めなさい。

4　次のような1めもりを1cmとする方眼に正方形をかいた。このとき，次の問いに答えなさい。

(1)　右図の①と②の正方形の面積はそれぞれ何cm^{2}か求めなさい。

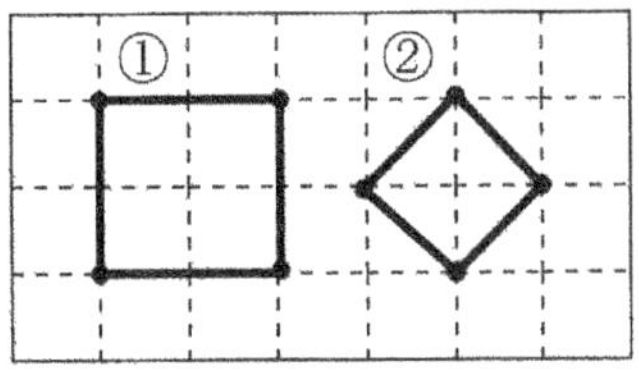

(2)　右図の③は，面積が5cm^{2}の正方形である。面積が5cm^{2}となる理由を，文章と解答用紙の図を用いて説明しなさい。

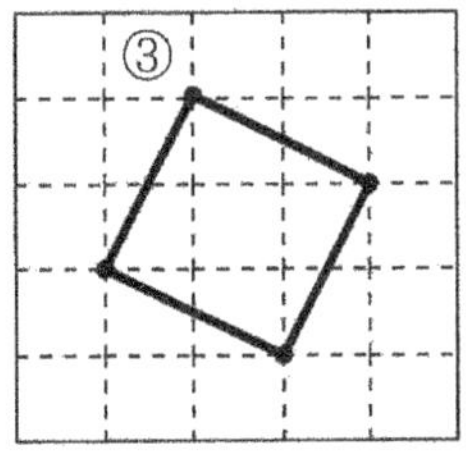

(3)　ここで，②と③のような正方形を“ななめの正方形”と呼ぶこととする。(1)，(2)の結果をもとに，“ななめの正方形”の面積について次のように表した。

②の面積は　（たて1，横1）＝ (1)の答え （cm^2）

③の面積は　（たて2，横1）＝ 5 （cm^2）

⋮

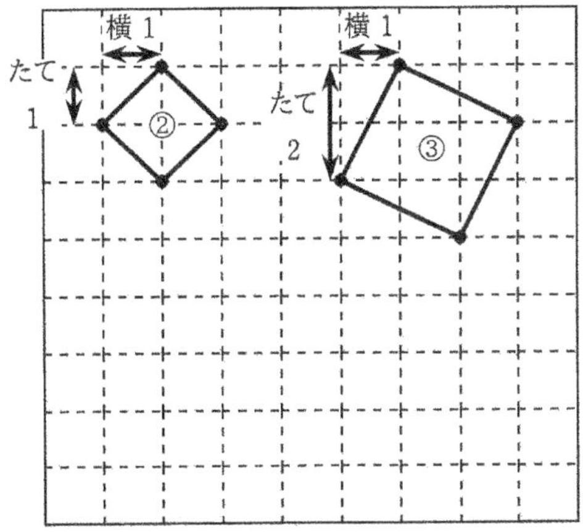

このとき，面積が13cm^{2}となるのは（たて ア ，横 イ ）のときである。

ア ， イ に当てはまる数をそれぞれ答えなさい。

(4)　(3)の方法を用いて，面積が25cm^{2}となる“ななめの正方形”を解答用紙にかきなさい。ただし，(3)の図のように，たて，横がわかるようにかくこと。

(5)　面積が85cm^{2}になる（たて，横）の組合せを2つ答えなさい。

ただし，（たて1，横2）と（たて2，横1）のような場合は1つと数えることとする。

十一字でぬき出して答えなさい。

問三　――線③「転がり出した空気は一色に染まり、全員が同じ仮面をつけて同じ方向に動いている」とありますが、具体的にその様子を表している一文を文中から探し、最初と最後の五字をぬき出して答えなさい。

問四　――線④「□を凝らす」の空らん□にあてはまる適切な漢字一字を答えなさい。

問五　――線⑤「みちるはいつものように、白いところだけ踏むように気をつけながらジャンプする」とありますが、その理由を三十字程度で答えなさい。

問六　――線⑥「ほのかはその時、なんだか、とりかえしのつかないことをしてしまった気がした」とありますが、ほのかがそう思った理由を三十字程度で答えなさい。

問七　この文章の表現の特徴として当てはまらないものを次の中から一つ選び、記号で答えなさい。

ア．比喩《ひゆ》を巧《たく》みに使い少女の気持ちを表現している。

イ．情景描写《びょうしゃ》を使い場面の転換《てんかん》をはかっている。

ウ．回想場面を入れることで過去と現在を結び、作品に深みを持たせている。

エ．登場人物を多くすることで姉妹が異質な存在であることを強調している。

問八　私たちは、多くの「決まり」（法律やマナーなど）の中で生活をしています。この文章の登場人物「ほのか」のように、あなた自身が持つ「決まり」を一つ紹介しなさい。（字数は、四十字以上で解答用紙に収まるように答えること。）

ほのかは、みちるに決まりだからだよと言いながら、心の中で自分もずっと泣いているような気がしていた。

「置いてくよ！」

もう一度声をかけ、ほのかは先にドアを開ける。

「やぁーだぁー」

と言いながらも、慌《あわ》てたように、みちるはしたくをする。ドアを開けながら、入り口でほのかはみちるを待つ。出てきたみちるの服の皺《しわ》をのばそうと裾《すそ》を引っぱってやると、「やあだ」と言って逃げられた。

カーテン越しに見たよりも、空の色が綺麗《きれい》だ。自転車置き場の緑が眩《まぶ》しく見下ろせる。

慌てて出てきたみちると、言葉少なにアパートの階段を下りる。

通りを曲がると、石畳《いしだたみ》の道が現れ、⑤みちるはいつものように、白いところだけ踏《ふ》むように気をつけながらジャンプする。

みちると一緒《いっしょ》に登校するようになったばかりの頃《ころ》、ほのかは言ったのだ。

――この道は、白いところだけを歩くんだよ。

すると、

――なんで？

と、不思議そうに、みちるは訊いた。

まさか、理由を訊かれるとは思わなかったので、ほのかは返答に惑《まど》った。ふと、なんでなんだろうと自分でも思った。ただ、そういう決まりがあるだけだった。

みちるは不思議そうな顔のまま、

――もしこっち踏んじゃったら、どうなるの。

と、訊いてきた。訊きながら、無邪気《むじゃき》に茶色いところを踏んで見せたので、「だめ！」とほのかは叫んでいた。

――そこ三回踏んだら、悪いことが起こるから。

――えっ。嘘だ。

――嘘じゃないよ。決まりだもん。

――そんな決まり、ないもん。みちる、いつも、茶色いとこ踏んでたけど、悪いことなんか起こってないもん。

そう言いながらも、みちるはもう、気をつけてしまっていた。白いところだけを歩こうとしていた。

⑥ほのかはその時、なんだか、とりかえしのつかないことをしてしまった気がした。

自分が低学年の頃、雨の日に苦労したのを思い出した。長靴《ながぐつ》が小さくなってしまっても、しばらく指を丸めるようにして履《は》いていた。そのせいで、ジャンプをするたび指が痛んだ。滑《すべ》って、転んでしまったこともあった。

今朝もみちるは、一歩一歩、白い石だけ踏むようにして歩いている。ほのかも、いつものように白い石だけ踏んで歩きながら、なんでこんなふうにしなきゃいけなくなったんだろうと思った。

（朝比奈あすか『仄《ほの》かな一歩』より）

問一　――線①「心が尖《とが》ってくる」の意味として、最も適切なものを次の中から一つ選び、記号で答えなさい。

ア．神経質になる。　　イ．あきらめが強くなる。

ウ．腹が立ってくる。　　エ．さびしくなる。

問二　――線②「意地悪を言う人」と同じ意味を表す言葉を、文中から

久留米《くるめ》さんや町田《まちだ》さんがいた。中谷《なかたに》くんや後藤《ごとう》くんがいた。

ほのかがこれまで生きてきたどの世界にも、意地悪なことを言ってくる人がいた。教室でも学童でも、そういう人たちに、ほのかはしょっちゅう泣かされてきた。ほのかから誰《だれ》かに意地悪を言ったことはないのに、いつも誰かが言ってくるのだ。

だが、ある時、ほのかは気づいた。それは、②意地悪を言う人というのは、決して多くはないということだ。

彼らの発言は、強い吸引力と刺激《しげき》を伴《ともな》うため、教室の空気を引っ張ってしまう。③転がり出した空気は一色に染まり、全員が同じ仮面をつけて同じ方向に動いているように見えてしまうけれど、ほのかはそういう時こそ④□を凝《こ》らす。多くの人は、わざわざ人に意地悪なことを言わない。流される人はたくさんいるけど、自ら意地悪を作り出す人は実は少ない。そのことに気づいた時、ほのかは怖《こわ》くなくなった。

ほのかが恐《おそ》れるのは、自分ではなく、自分以外の誰かが、意地悪なことを言われる時だ。

誰かが傷ついている姿を見ると、分厚い指先で自分の心臓が摘《つ》まれているかのように、きゅっと痛くなった。自分がそういう目に遭《あ》う時と同じくらいか、もしかしたらそれ以上に、痛くなった。何とかしなければと心が焦り、自然と涙が出そうになった。

今、目の前に、これから行きたくない場所に行かなければいけない妹がいる。

二年生のみちるの体はまだ小さく、ランドセルは背中を圧《お》すくらいに大きい。

家ではお母さんに甘《あま》えて見せて勝ち誇《ほこ》るみちるだが、学童に行く時は、顔が強張《こわば》り無口になる。それを見るのが辛《つら》かった。

学童で声をかけてきたお母さんたちはみちるが他の子たちに乱暴をすると言う。みちるちゃんに取られた。押された。壊《こわ》された。みちるは問題児扱《あつか》いをされている。

だけど、みちるにも言い分があるのだ。

前に、よそのお母さんに「みちるちゃんがうちの子の絵を破いた」と言われた時、ほのかはみちるにどうしてそんなことをしたのかを訊《き》いた。

帰り道のみちるは無口で、すぐには理由を話さなかった。ほのかが何度も訊いたら、泣き出した。

泣きながら、みちるは、その子が「みちるの頭が臭《くさ》い」と皆《みな》に言ったのだと言った。

聞いた子たちが、後ろから近づいてきて、みちるの頭のにおいを交代で嗅《か》いで逃《に》げたそうだ。

ママには絶対言わないで。

涙顔で、みちるは言った。言わないよとほのかは請《う》け合った。先生にも言わないで。誰にも言わないで。ほのかは約束を守った。

でもね、みーちゃん。何か言われても、何をされても、人のものを壊したり、人に乱暴なことをしたらだめなんだよ。

ほのかが言うと、なんで？　とみちるに訊かれた。なんでだろう。

だって、それが決まりだからだよ。決まりは守らなければいけないものだから。

そう告げると、みちるはむくれてそっぽを向いた。お姉ちゃんなんか、大嫌い。涙まじりにそう言った。

なのである。

一方、地球上であれば、人間がいっさい手をつけない「外の自然」などありえない。仮にあったとしても、人間と関わり合いをもたない自然は、人間にとっては存在しないのと同じである。逆に、人間が自然の一部である以上、生きているだけでも自然に影響《えいきょう》を与えているに違いない。つまり⑥人間対自然という図式は成り立たないのである。

（養老孟司『いちばん大事なこと―養老教授の環境論』より　一部改）

問一　文中の Ⅰ ～ Ⅲ には、それぞれ「自然」・「人工」のどちらかの言葉が入ります。文脈に合うように、適切に入れなさい。

問二　――線①「つまり環境問題なのである」とありますが、このように言える理由を説明した次の文の【　】に入る言葉を、文中から十五字でぬき出して答えなさい。

腹の具合が悪いのは、「自分のこと」ではなく、【　　　】ことだから。

問三　――線②「死んだ人を火葬すれば、じつは一億玉砕である」とありますが、このように言える理由を、文中の言葉を使って三十字以内で答えなさい。

問四　文中の Ⅳ ・ Ⅴ に共通して当てはまる語を、次の中から一つ選び、記号で答えなさい。

ア．つまり　イ．しかし　ウ．また　エ．そして
オ．だから

問五　――線③「それ」とは、どのようなことを指し示していますか。文中の言葉を使って三十字以内で答えなさい。

問六　――線④「あっち」、⑤「こっち」の指し示す語を、文中からそれぞれ五字以内でぬき出して答えなさい。

問七　――線⑥「人間対自然という図式は成り立たない」とありますが、筆者がこのように言う理由として最も適切なものを次の中から一つ選び、記号で答えなさい。

ア．すべての自然は人工物であり、ありのままの自然などは存在しないから。

イ．人間と関わり合いをもたない自然は、人間にとって無意味なものだから。

ウ．自然になんらかの影響を与えている人間は、自然の一部だといえるから。

エ．都市社会の中にいる人間は、自然をほとんど意識せずに生きているから。

六　次の文章を読んで、あとの問いに答えなさい。

学童に遅刻《ちこく》しそうな時間になると、みちるは、行き渋《しぶ》り出す。遅刻して目立つのが嫌《いや》なのだろう。それなら早めに準備をして家を出ればいいのに、なかなかしたくをしないから、ほのかのほうが焦《あせ》ってしまう。

「置いてくよ」

小声でほのかは脅《おど》す。みちるがまた顔を歪《ゆが》めて泣こうとする。泣かれると、またお母さんが起きてしまう。お母さんはいつも、ほのかを叱《しか》る。みちるのほうが悪い時も、ほのかを叱る。みちるもそれが分かっていて、すぐにお母さんに言いつける。お母さんが自分の言い分を聞いてくれないことに対し、ほのかは①心が尖《とが》ってくるが、これから学童に行かなければならないみちるのことは、可哀《かわい》そうにも思う。

学童は、ほのかも嫌いだった。前田《まえだ》さんや見村《みむら》さんはいなかったが、

底《てい》して、美容整形でもすれば、身体は Ⅱ だという印象はさらに強くなる。つまりこれは環境問題であろう。身体という Ⅲ を、意識が思うようにできると思っているからである。

それなら意識とはなにか。ヒトの脳でとくに発達した働きである。その働きが言葉を操り、都市をつくり出し、いわゆる近代社会をつくる。遺伝子からすれば、ヒトとほとんど違《ちが》わないチンパンジーは、そのどれもやらない。脳が小さいからである。つまり環境問題を個人に戻《もど》せば、それは心と身体の対立という、たいへん古典的な問題に戻る。意識とはつまり心だからである。環境問題を追求していくと、原理的には自分の心身の問題に戻る。

身体が自然だという説明をしよう。われわれの身体は、じつは生態系である。なにしろ一億以上の生物が棲《す》みついているといわれるからである。消化管のなかには、大腸菌《だいちょうきん》をはじめとして、じつに多くの細菌が棲んでいる。食物といっしょに外から入ってくるから、そんなものは嫌《きら》いだといっても、どうにもならない。腸内細菌叢《そう》、つまり腸内の生態系のバランスが崩《くず》れると、たいていの人は腹の具合が悪いという。腹の具合が悪いのは、その意味では、かならずしも「自分のこと」ではない。腸内に棲む生物仲間のこと、①つまり環境問題なのである。人間は一人で生まれて、一人で死ぬ。ときどきそう威張《いば》る人があるが、生物学的にはそれは間違いである。意識がそういっているだけである。②死んだ人を火葬《かそう》すれば、じつは一億玉砕《ぎょくさい》である。消化管に限らない。気道にもさまざまな生きものが棲んでいる。エイズになると、それが原因となって、肺炎《はいえん》を起こしたりする。 Ⅳ 都会の人は日常③それを「実感」してはいないはずである。身体はその意味では意識されないからである。

そればかりではない。去年の今日という日を考えてみよう。その日、私たちの身体は、今年の今日と同じように、七割近く水でできていたはずである。それじゃあ、去年身体に入っていた水で、今年の今日まで残っているのは、何割あるか。ほとんど残っていない。この一年で、自分が何トンの水を飲んだか、よく考えてみればいいのである。身体は川と同じである。川はいつでもそこにあるが、水はたえず入れ替わっている。

水は入れ替わるにしても、堅《かた》い部分は違うでしょうが。残念でした。それもどんどん入れ替わる。小腸の表面を覆《おお》う上皮は、人体でいちばん入れ替わりが早い。三日で入れ替わってしまうのである。物質的にいうなら、去年の私と今年の私は、ほとんど別物である。意識はそんなことはいっさいいわない。去年の私も、今年の私も、「同じ私」だという。身体については、意識はほとんどデタラメの嘘《うそ》をいうのである。

自分を川だという実感で暮らす人が、世界にどれだけいるか。自分は生態系だと思っている人が、どれだけいるだろうか。そういう人たちに、環境問題を説くむずかしさは、十分におわかりいただけるのではないだろうか。自分の身体であるのに、その見方がこれだけ実際と違っているのでは、身体は自然だといわれたって、なにを変なことをいう、とふつうは思うに違いないのである。環境とはあっちの話だと思っている。そういう人が多いはずである。④あっちではない。じつは⑤こっちなのである。

ふつうに自然というとき、それは人体ではない、外の自然を指している。 Ⅴ 、それは身体を考慮《こうりょ》からはずしていいということではない。内なる自然もまた、立派な自然である。その意味でこそ、「人間は自然」

四　次の資料①・②は総務省が行った調査をもとに作成したものです。二つの資料を見て、読み取れる内容として適切なものを後のア～カの中から二つ選び、記号で答えなさい。

主要国における高齢者の就業率の比較（2009年、2019年）　資料①

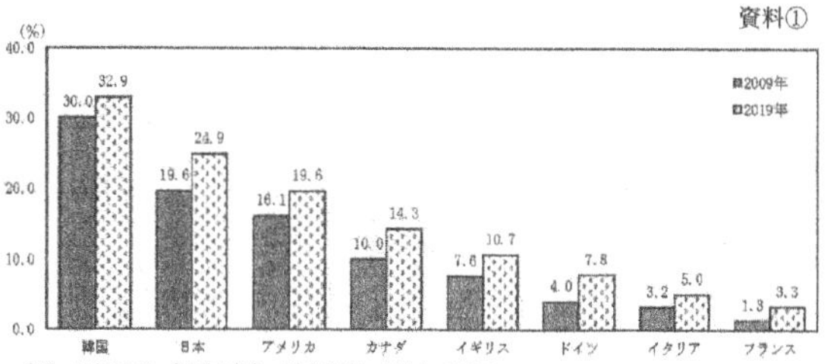

資料：日本の値は、「労働力調査」（基本集計）、他国は、OECD. Stat

日本における年齢３区分別人口の割合の推移　資料②

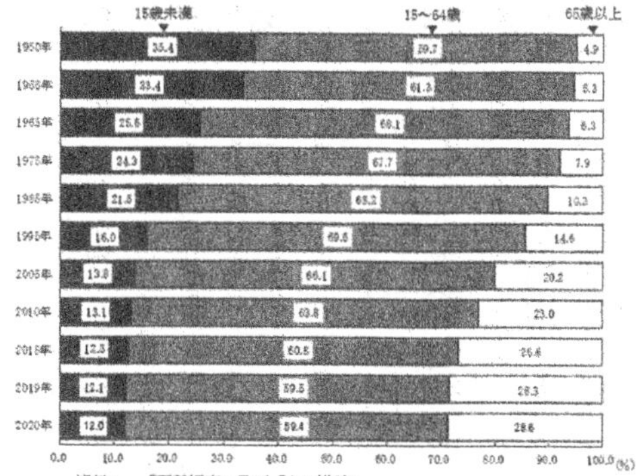

資料：　「国勢調査」及び「人口推計」

ア．「今後、日本の高齢者の就業率は低下していくと考えられる。

イ．二〇〇九年から二〇一九年にかけて日本における高齢者の就業率の上昇率は主要国の中で最も高い。

ウ．六十五歳以上の高齢者の割合は一九五〇年から上昇し続けている。

エ．高齢者の職業として最も多いものはサービス業である。

オ．一五歳未満の割合は一九六五年には総人口の約四分の一となっている。

カ．一五歳未満の割合は減少を続けているが、総人口は増加している。

五　次の文章を読んで、あとの問いに答えなさい。

環境問題への対応は「自然環境」対「人間社会」という図式でとらえられがちである。しかし、この図式が環境問題への見方を歪《ゆが》め、方向を見えにくくしてきたと思う。

こういう図式があるから、「人間だって自然でしょう」という人がある。そのとおりだが、その先を考える必要がある。それなら人工とはなにか。すべての人工物は、自然である人がつくったんだから、それも自然だ。ここまでいけば、屁理屈《へりくつ》であろう。

人工とは、人間の意識がつくり出したものをいう。都市はその典型である。都会には、人間のつくらなかったものは置かれていない。樹木ですら都会では人間が「考えて」植える。草が「勝手に」生えると、それを「雑草」というのである。

他方、人間の体は自然に属している。身体は意識的につくったものではないからである。自分の身体がどんな形になっていようと、それは自分のせいではない。まさに自然のなせるわざなのである。

自分の身体が　Ｉ　ではないということを、都市社会ではできるだけ「意識させない」。だから黒い髪は染め、唇は赤くし、爪は切り、ひげは剃《そ》り、裸《はだか》では暮らさず、服は始終取り替《か》える。そうしていれば、身体はなんとなく意識の思うようになると思えるからであろう。もっと徹《てっ》

【国　語】（五〇分）〈満点：一〇〇点〉

【注意】句読点等も字数にふくめなさい。

一　次の――線部の漢字はひらがなに、カタカナは漢字に直しなさい。

① 北海道の土産を友達に渡す。
② 窓の外から雨音が聞こえる。
③ 宝くじが当たったという話を半信半疑で聞く。
④ 船旅で世界一周を達成した。
⑤ 姉は本当に親孝行な人だ。
⑥ 火事が起きたので皆、ワレサキに出口へ走った。
⑦ 弟へのプレゼントをホウソウしてもらう。
⑧ 遠足でハンチョウに任命された。
⑨ 私の将来の夢はカンゴシになることです。
⑩ 階段の上からシセンを感じる。

二　次の①～⑤について、a・bの□に共通して入る漢字一字を答えなさい。

① a 知らぬが□
　b □の顔も三度まで
② a 足が□になる
　b 犬も歩けば□に当たる
③ a □に引かれて善光寺参り
　b □耳を執る
④ a 蝶よ□よ
　b □より団子
⑤ a 聞く□を持たない
　b 壁に□あり障子に目あり

三　次の文章の内容をまとめたとき、「人間がシステムを『使う』側でいるためには、□ことが必要である。」の形になるように、□に当てはまる言葉を四十五字以内で答えなさい。

システムの効率化の中に取り込《こ》まれないために持つべきなのは何でしょうか。それは、システムになくて人間だけにある「モチベーション」です。

システムには「これがやりたい」という動機がありません。目的を与えれば人間には太刀打《たちう》ちできないスピードと精度でそれを処理しますが、それは「やりたくてやっている」わけではないでしょう。いまのところ、人間社会をどうしたいか、何を実現したいかといったようなモチベーションは、常に人間の側《がわ》にある。だから、それさえしっかり持ち※実装する手法があれば、いまはシステムを「使う」側にいられるのです。

逆に言えば、何かに対する強いモチベーションのない人間は、システムに「使われる」側にしか立てないかもしれません。スマホという小さな道具の中で、アプリを使いこなして便利に生きているつもりでも、それは誰《だれ》かが作った「魔法」の世界を見ているにすぎないのです。

（落合陽一『働き方5・0　これからの世界をつくる仲間たちへ』より　一部改）

※実装……装置や機器の構成部分を実際に取りつけること。

2022年度

横浜隼人中学校入試問題(2／1午後)

【適性検査Ⅰ】（45分）　＜満点：100点＞

【注意】字数の指定のある問題は，指定された字数や条件を守り，わかりやすくていねいな文字で書きましょう。最初のマスから書き始め，文字や数字は1マスに1文字ずつ書き，文の終わりには句点〔。〕を書きます。句読点〔。，〕やかっこなども1文字に数え，1マスに1つずつ書きます。

次の文章を読んで，あとの問いに答えなさい。

小学校6年生のハルコさんは夏休みの宿題としてグループに課された「SDGsについての調べ学習」を進めるために，友だち5人と近所にある冷房の効いた地区センターに行きました。ハルコさんはグループのリーダーになっています。以下はその時の会話の様子をまとめたものです。

ハルコ　夏休みの宿題で㋐SDGsについてみんなはどんなことを調べてきた？

ハヤト　僕は歴史が好きだから，「SDGsができた経緯《けいい》」を調べてみたよ。SDGsが作られた背景には，技術の発明や経済の発展による社会や環境《かんきょう》の変化，戦争などをのりこえて人々の権利を尊重する考えが広まったことなど，様々な歴史があるようだよ。それから，少し詳しく調べてみたんだけど，「SDGs」って，もともと「MDGs」が発展したもののようだよ。

ミサト　わたし，「MDGs」って初めて聞いた。「MDGs」って何？

ヒロト　確か…ぼくが調べた中に書いてあったと思うけど…。…あ，あった。「MDGs」は，2000年に開催《かいさい》された㋑国連サミットで採択《さいたく》された「ミレニアム開発目標」のことだって。それまでの「MDGs」は，次の8つのゴールを掲げていたんだって。

ゴール1　「極度の貧困と飢餓《きが》の撲滅《ぼくめつ》」
ゴール2　「初等教育の完全普及《ふきゅう》の達成」
ゴール3　「ジェンダー平等推進と女性の地位向上」
ゴール4　「乳幼児死亡率の削減《さくげん》」
ゴール5　「妊産婦《にんさんぷ》の健康の改善」
ゴール6　「HIV（エイズ），マラリア，その他の疾病《しっぺい》の蔓延《まんえん》の防止」
ゴール7　「環境の持続可能性確保」
ゴール8　「開発のためのグローバルなパートナーシップの推進」……

ナオト　ちょっと待って，ぼくたちの宿題は「SDGs」だよね。これじゃあ「MDGs」調べになっちゃうよ。話をもとに戻そうよ。

ハヤト　確かに調べる内容がずれているかも知れないけど，「SDGsの歴史」をテーマにするなら，必要な内容とも言えるよ。

ハルコ　「SDGsについての調べ学習」って言っても，あまりに広すぎてまとめるのが難しくなるから，ある程度何かにテーマをしぼった方がいいと思うな。
みんな，テーマについての意見は何かある？

アオイ　そもそも，誰ひとり取り残されることなく，人類が安定して地球で暮らし続けることができるように，世界のさまざまな問題を整理し，解決に向けた具体的な目標を示したのが，SDGsでしょ。

ミサト　そうそう，2015年９月に国連で開かれたサミットの中で決められた国際社会の共通目標なのよね。

ハヤト　2015年にMDGsの達成期限がきたので，新たな世界の目標としてSDGsは定められたんだ。それまでのMDGsはヒロトくんが調べた内容からもわかるように，先進国による途上国への支援《しえん》を中心とする内容だったんだ。

ナオト　SDGsのことならたくさん調べたから，その先の説明は任せて欲しいな。SDGsは，誰ひとり取り残さないことを目指して先進国と途上国が一緒になって達成すべき目標で構成されているんだよね。ミサトさんが言っていたサミットで2015年から2030年までの目標として，「持続可能な開発のための2030アジェンダ」という文書が決定されたんだけど，その文書の中心部分のことをSDGsとよんでいるんだ。

ミサト　世界は今，貧困や様々な紛争《ふんそう》，大規模な災害の原因となる気候変動，新型コロナウイルスの感染症《しょう》など，国境を越えた数多くの問題を抱えているし，このままでは人類が安定してこの世界で暮らし続けることができなくなると心配されてもいる。そんな中で，世界中の様々な立場の人が話し合って解決方法を考えたりするための具体的な目標を立てたということなのよね。

アオイ　でも，「SDGsの歴史」っていうテーマだと，他のグループも調べているんじゃないかな。歴史好きのケンタ君のグループとか…。

ハルコ　うーん，他にこういうテーマはどうって意見はないかな？

ヒロト　それじゃあ，17の目標のうちの１つをテーマにするのはどうかな。

ミサト　例えば，13番目の「気候変動に具体的な対策を」とかいいんじゃない？日本では毎年のように台風やゲリラ豪雨《ごうう》などの自然災害で被害がでているからさ。

アオイ　そうだよね，日本の現状に１番あっているテーマかもね。

ナオト　そういえば，世界中でも山火事や大洪水などの自然災害が相次いだよね。

ハヤト　世界各国の科学者でつくる国連の「IPCC＝気候変動に関する政府間パネル」が(ウ)地球温暖化に関する報告書を８年ぶりに公表したんだけど，温暖化が進めば熱波や豪雨といった「極端《きょくたん》な自然現象」の頻度《ひんど》や強さが今後更に増すんだって。IPCCとして初めて地球温暖化の原因が人間の活動によるものと断定したことも大きなことだったんだ。

ヒロト　SDGsに関連して，地球温暖化によって日本の気象がどう変化するのか調べてみるのもいいかもね。

ハルコ　今日もとっても暑いけど，これからは今日みたいな猛《もう》暑日がもっと増えるのかも知れないわね。

アオイ　私も最近暑い日が続いているから，気象庁の予測を調べてみたの。様々な対策を行って今世紀末の世界全体の気温上昇が２℃ 前後に抑えられたとしても猛暑日は全国平均で約2.8日増えるんだって。でも，対策を取らなければ，全国平均で約19.1日も増加すると予測されているんだよね。

ハルコ　みんなもいろいろ調べているみたいだから，私たちのグループのテーマは「気候変動に具体的な対策を」でいいかな。

ヒロト　最新の「SDGs達成ランキング」を調べてみたんだけど，日本は165か国中18位で，「気候変動に具体的な対策を」の分野では最低段階の「深刻な課題がある」と判定されていたし，ちょうどいいと思うよ。

ミサト　ちなみに，その他の分野での日本の評価はどうなっているのかな？

ヒロト　他に「深刻な課題がある」と判定されていたのは，5「ジェンダー平等を実現しよう」，14「海の豊かさを守ろう」，15「陸の豊かさも守ろう」，17「パートナーシップで目標を達成しよう」の４つだよ。

ミサト　えっ，そんなにあるんだ。確か日本は世界の人々が移住したい国ランキングで常に上位だって聞いたことがあるから，もっと良い評価をもらっていると思っていたのに。

ハヤト　そうだね。SDGsの評価と世界の人々のイメージとは必ずしも一致しないってことなんだね。

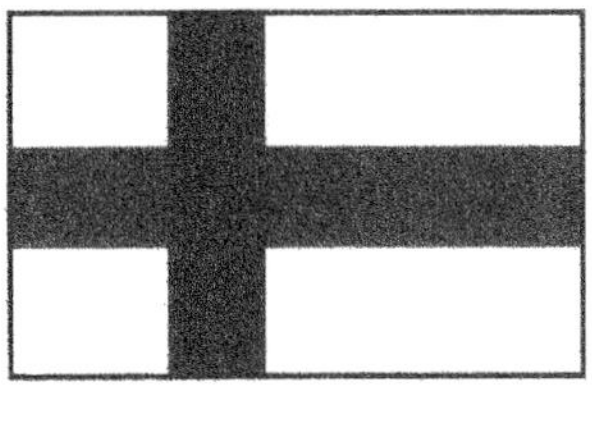

ヒロト　最新の「SDGs達成ランキング」で１位はどこの国だと思う？

アオイ　私が思うには…，福祉《ふくし》に手厚いと言われている北欧《ほくおう》の国じゃないかな。

ヒロト　すごい，よく分かったね。北欧の国は，どの国もランキング上位だよ。その中でもフィンランドが１位なんだ。でも，フィンランドでさえ「深刻な課題がある」という分野が２つあって，その内の１つが「気候変動に具体的な対策を」なんだ。

アオイ　つまり，世界中のどの国も「気候変動に具体的な対策を」に課題を抱えているってことなのね。

ナオト　それならきっと，日本が「気候変動に具体的な対策を」することで，ランキングをもっと上げられるんじゃないかな。

ハヤト　僕たちのグループが，その先陣を切って日本にできる具体的な対策を考えるってのはすごいね。

ハルコ　私たちのグループでは「気候変動に具体的な対策を」をテーマにして調べていくことでいいかな。

アオイ　私はいいと思うな。「気候変動」に関しては誰も避けて通ることができないものね。

ナオト　地球上で生きている限り，全員が「運命共同体」だからね。

ミサト　じゃあ，私は緑の気候基金と日本の関係をもう少し詳しく調べてみようかな。

ハヤト　僕は，SDGsの気候変動に関連して，IPCCや気候変動枠組《わくぐみ》条約の事をもっと詳しく調べておくよ。

ヒロト　僕は，日本の気候変動に関する国の政策がどうなっているか，もっと詳しく調べてみたいな。

アオイ　私は身近なゴミ問題と「気候変動」との関係について調べてみるね。

ナオト　僕は，自然災害の被害拡大を防止するために，日本ではどんな取り組みが行われているか，調べてみるよ。

ハルコ　私も「㋓気候変動に具体的な対策を」に関連して，自分たちにもできることを考えてくるね。
何か，とても良い発表ができそうな予感がしてきたな。
じゃあ，来週火曜日の同じ時間に同じ場所でまた集まりましょう。
みんな，暑い日が続くけど頑張ろうね！

問1　文中の下線部㋐に関して，「SDGs」の読み方を**カタカナ**で答えなさい。また，「SDGs」を日本語で何と言うか，漢字と仮名交じりの9文字で答えなさい。

問2　文中の下線部㋑に関して，「国連」の正式名称を漢字4字で答えなさい。また，それが設立された理由を30字程度で答えなさい。

問3　文中の下線部㋒に関して，「地球温暖化」が起こるしくみについて，50字程度で説明しなさい。

問4　文中の下線部㋓に関連して，また集まった時にみなが持ち寄った資料の中に次の5～6ページのようなものがありました。この資料を参考にして，二酸化炭素の削減の方法とそれを行った結果，どのような変化がおとずれると予想できるか，あなたの考えを300字程度で書きなさい。

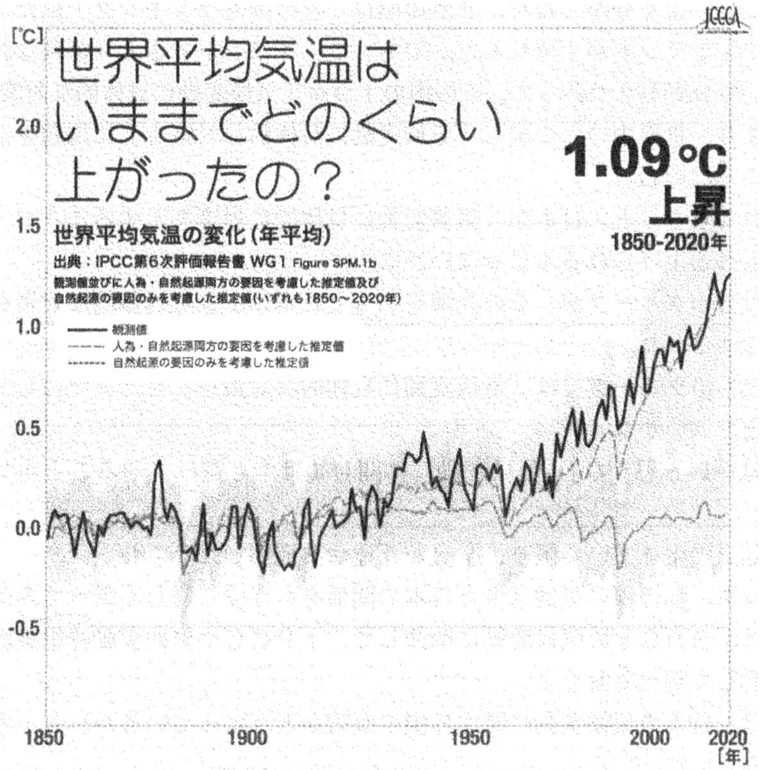

出典）IPCC第６次評価報告書 全国地球温暖化防止活動推進センターウェブサイトより

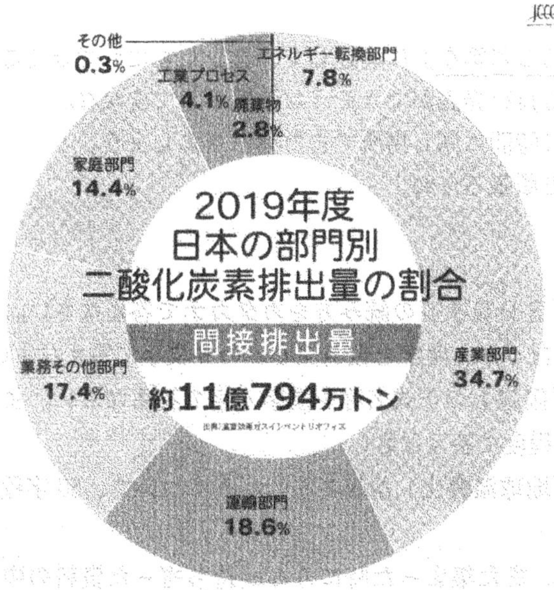

エネルギー転換部門
（発電所等）
産業部門（工場等）
運輸部門（自動車等）
業務その他部門
（商業/サービス/事務所等）
家庭部門
工業プロセス部門
（石灰石消費等）
廃棄物
（廃プラ、廃油の焼却等）

出典）温室効果ガスインベントリオフィス 全国地球温暖化防止活動推進センターウェブサイトより

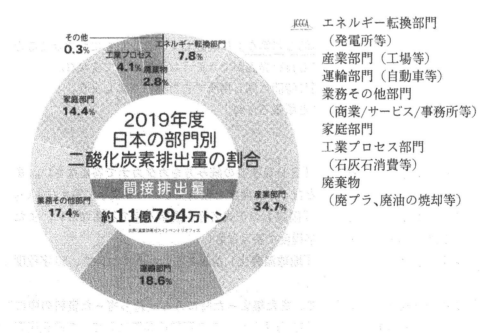

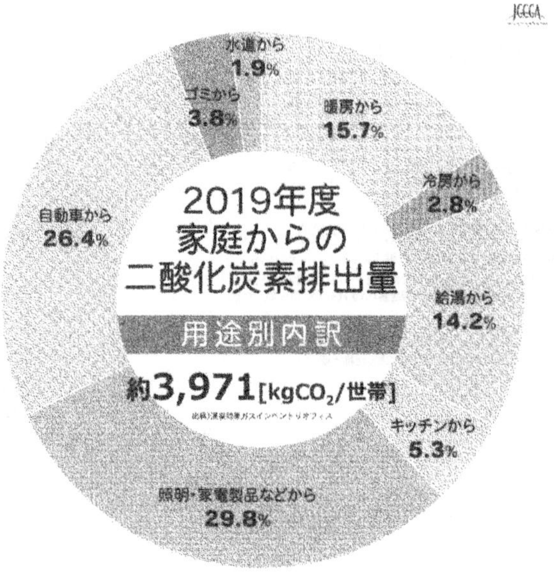

出典）温室効果ガスインベントリオフィス 全国地球温暖化防止活動推進センターウェブサイトより

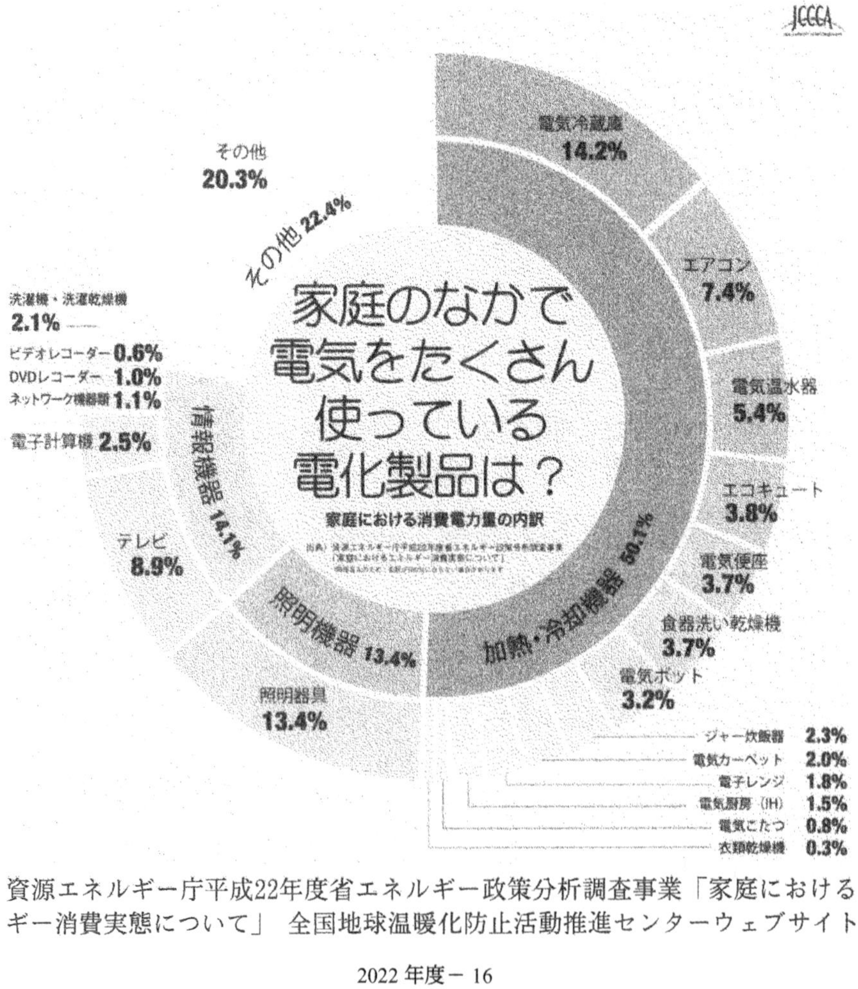

出典）資源エネルギー庁平成22年度省エネルギー政策分析調査事業「家庭におけるエネルギー消費実態について」 全国地球温暖化防止活動推進センターウェブサイトより

【適性検査Ⅱ】（45分）　＜満点：100点＞

【注意】　字数の指定のある問題は，指定された字数や条件を守り，わかりやすくていねいな文字で書きましょう。最初のマスから書き始め，文字や数字は１マスに１文字ずつ書き，文の終わりには句点〔。〕を書きます。句読点〔。，〕やかっこなども１文字に数え，1マスに１つずつ書きます。

問題　次の文章を読んで，それぞれの問いに答えなさい。

アイコさんは，横浜市立の小学校に通う６年生の元気な女の子です。父・母・兄の４人家族で，兄のシュンタ君は横浜隼人中学校の３年生です。

毎年夏休みに家族旅行に出かけていますが，エジプトのピラミッドが見たいというシュンタ君の意見が採用されて，今年は家族でエジプト旅行へ行くことになりました。

アイコさんとシュンタ君は，家族で初めての海外旅行に行く前に，エジプトのことをいろいろと調べてみました。

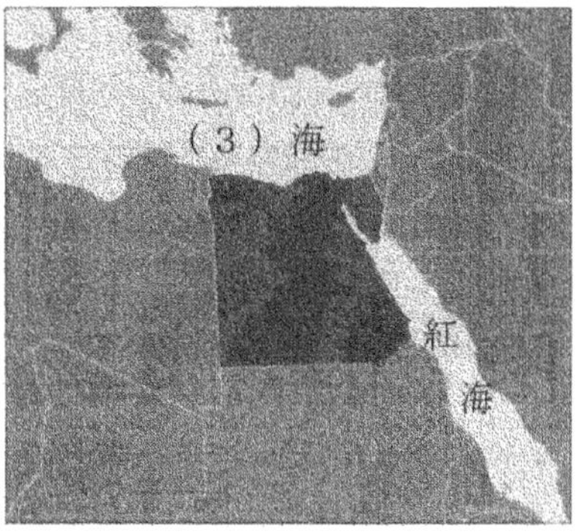

エジプトは，（　１　）州に位置し，世界一長い（　２　）川の下流にあたり，紅海《こうかい》と（　３　）海に面した国です。面積は約101万平方km，人口密度は98.2人で，世界国別人口では14位であることがわかりました。国土の大部分には乾《かん》燥《そう》した砂漠《さばく》が広がり，（　２　）川流域や２つの海の沿岸地域に人口が集中しています。

首都はカイロで，人口は約1180万人，東京の姉妹都市にもなっています。また，古代からの交通の要衝《ようしょう》でもあったようです。

問１　文中の空欄（１）～（３）にあてはまる語句を答えなさい。

問２　エジプトの人口を求めなさい。ただし千の位で四捨五入すること。

さて，いよいよエジプトへ出発する日がやってきました。数日前から準備をしていましたが，アイコさんは初めての海外旅行にワクワクが止まらず寝不足《ねぶそく》気味でした。

自宅近くの駅から，横浜駅を経由して成田空港駅まで電車で移動します。夕方に家を出発し，夜には成田空港に着きました。

成田空港を夜の９時に離陸《りりく》した飛行機では，途中２回の機内食が提供され，さらに軽食として日本のどら焼きが出たのは面白く感じました。カイロ空港には翌日の早朝３時20分に着陸しました。

早朝のカイロ空港に降り立つと，空気には①香辛料《こうしんりょう》の臭いが混じっていました。それはアイコさんが，これまでに一度も体験したことがない不思議な感覚でした。

問３　成田空港～カイロ空港までの飛行時間は何時間何分かかりましたか。東京（成田）の経度を東経135度，カイロの経度を東経30度として計算して求めなさい。

問４　下線部①の香辛料に**あてはまるもの**を次の**ア～エ**より１つ選び，記号で答えなさい。

ア　砂糖　　**イ**　塩　　**ウ**　コショウ　　**エ**　しょうゆ

カイロ空港でエジプトの国内線に乗り継ぎをして，南の隣国《りんごく》であるスーダンとの国境に近いアブ＝シンベルまで飛行機で２時間半かかりました。すっかり太陽は昇っており，気温は高くなり始めていました。

アブ＝シンベルには，有名なアブ＝シンベル神殿があります。神殿は紀元前13世紀に活躍《かつやく》した古代エジプト第19王朝のファラオ（王という意味）ラムセス２世が建設した現在のスーダン地方の勢力との戦勝記念碑《きねんひ》の１つでした。大きさは幅が38m，高さも33mあり，その入り口には高さ20mある巨大な像が４体もあります。神殿の一番奥には，太陽神ラーやラムセス２世をはじめとする４体の像があります。１年のうち10月22日と２月22日の２度だけ，太陽光線が神殿内部を通過してラムセス２世の像などに当たるようになっているそうです。アイコさんは，その仕組みに驚くと共に，今度エジプトに来るチャンスがあるなら，その時期に来ようと思いました。

また，1960年代にアスワン＝ハイ＝ダムが建設される際に，神殿が水没《すいぼく》することがわかり，国際的な救済活動がユネスコの呼びかけで始まりました。その結果，神殿を丸ごと約60m引き上げて，さらに200m以上離れた場所へ移動させました。そして実際に４年の月日をかけて現在の位置に移築されたことを聞き，アイコさんは再び驚きました。

問５　この救済活動をきっかけに，1972年に世界中の人類の宝とも言える遺跡や自然を保護しようという □ 条約が締結されました。□ にあてはまる言葉を漢字４字で答えなさい。

アイコさん一家がホテルに帰った後，お父さんから次のような話を聞きました。

古代エジプトのエラトステネスは，あるときエジプト南部のシエネという町では，夏至の日の正午に太陽の光が井戸の底まで届くこと，つまり太陽と地面の角度が90°となることを知りました。またシエネから800km離れているエジプト北部のアレクサンドリアでは同じ時，井戸の底に太陽の光が届かないことを知りました。そしてこのことから地球の大きさを計算できるかもしれないと思い付きました。そこで，次のページの図のように地面に垂直の棒を立てる実験をしました。その結果，アレクサンドリアでは棒と太陽光の作る角度は7.2°でした。これを計算して地球の円周の大きさを求めたということです。

アイコさんは，お父さんの話を聞いて，そんな大昔の人にも算数の知識があったことにまたまた驚かされました。

問６　お父さんの話と次のページの図をもとに，地球の円周を計算して求めなさい。

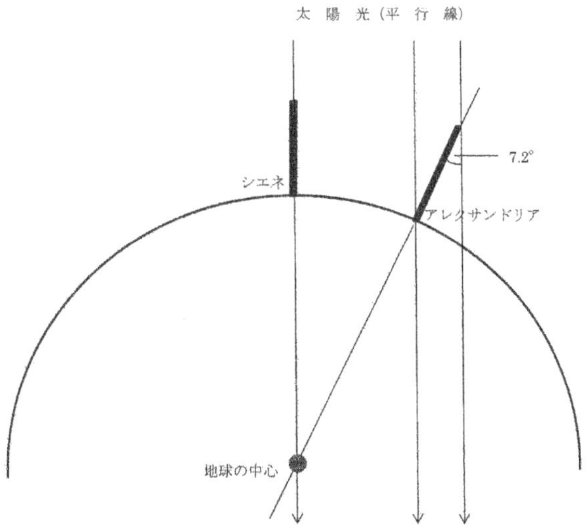

次の観光地アスワンには，バスで３時間半かけて移動しました。着いたアスワンの町から船に乗り，豊穣《ほうじょう》の女神をまつったイシス神殿のあるフィラエ島に向かいました。この神殿は有名なクレオパトラの父プトレマイオス12世がエジプトを支配していた紀元前１世紀に建設した神殿で，水没の危機にあったものを1980年に現在の島に移築したものだそうです。10分で船着き場に着き，島へ上陸します。神殿の保存状態は大変良く，様々な王や神々を描いたレリーフや，古代エジプトの文字である②ヒエログリフなどが綺麗《きれい》に残っていました。

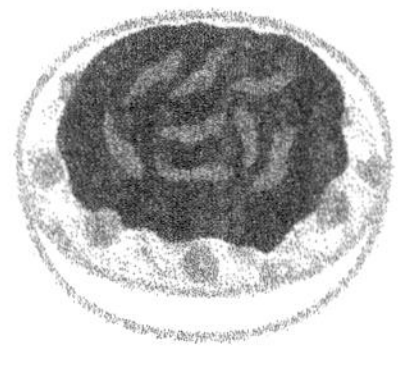

ホテルでの夕食は，エジプトの国民食ともいえる「コシャリ」と「サマック・マシュウィー」です。コシャリは，米・マカロニ・スパゲティ・レンズ豆といったたくさんの③炭水化物の上に，トマトソースをかけてオーブンで焼いた料理で，よくかきまぜて食べます。とてもおいしくて兄のシュンタ君はおかわりをしたくらいでした。サマック・マシュウィーは，白身魚とトマトやピーマンなどの野菜をホイルの上で焼いた料理です。アイコさんは，お母さんが作ってくれる魚のホイル焼きのようで，とても気に入りました。

問７　下線部②のヒエログリフや漢字のように，ものの形をかたどって描かれた文字のことを何というか，漢字４字で答えなさい。

問８　下線部③の炭水化物は食品に含まれる栄養素の１つとして，主にどのような働きをするか，次の**ア**～**ウ**より１つ選び，記号で答えなさい。

ア　主にエネルギーになる
イ　主に体（筋肉・骨・歯・血）を作る
ウ　主に体の調子を整える

３つ目の観光地は，ルクソールです。アスワンからルクソールまでの距離250㎞を42時間かけて，川下りのクルーズ船で移動しました。途中下船して２時間半をかけてワニの神セネトを祀ったコムオンボ神殿など２カ所の遺跡を見学して川岸にいる④ワニが鳥を捕って食べるのを見たり，船内では日本語ガイドによるヒエログリフのレクチャーが行われたり，エジプトの民族衣装を着て行われるパーティーなどもあって，全く退屈《たいくつ》することはありませんでした。

さらに興味深かったのは，途中のエスナというところで船が「⑤水門」を通過することでした。もともと滝があった場所を船で通過できるようにするために水門が造られたということです。通過時間は混雑次第で大幅に変わるということでしたが，アイコさん一家が乗船したクルーズ船は運良く，もう一隻と一緒に20分ほどで通過することができました。6ｍある水位の差をゆっくりと水門が調整して船が下がっていく風景は，とても面白く感じました。

問9　アスワンからルクソールまでの船での移動速度はどのくらいであったか。四捨五入して小数点第一位まで求めなさい。

問10　下線部④のワニが鳥を捕って食べるのように，食べる食べられるという生物同士の関係を何というか。

問11　下線部⑤のエスナの水門について，長さ200m，幅10m，20分で水位調節ができるとした場合，この水門が1分間に調節できる水の量を計算しなさい。

ルクソールの町の中心には，紀元前14世紀のファラオであるアメンホテプ3世が建設したルクソール神殿があります。神殿の入り口には，かつて2本のオベリスクがありましたが，1819年に当時のエジプト国王が⑥フランスとの友好の印として寄贈《きぞう》したため，現在は1本だけが残されています。

川をはさんで町の対岸である西岸の岩山地域には，有名な「王家の谷」があります。古代エジプトの王たちの墓など64もの墓が見つかっていることから，そのように名付けられたそうです。多くの墓が盗掘《とうくつ》されてしまっていたのですが，唯一盗掘されていない状態で1922年に発見されたのが「ツタンカーメン」の墓です。ツタンカーメンの墓は見学することができ，地下にある墓に入ると，屋外の暑さに比べ空気がひんやりとして感じられ，気が付くと持っていた⑦ペットボトルの周りには水滴《すいてき》がついていました。

とても有名な「黄金のマスク」をはじめとする副葬品《ふくそうひん》の数々は，現在カイロにある考古学博物館で完全な形で見ることができます。王家の谷の墓でも，発見当時の姿が精巧《せいこう》な模造品によって再現されていて，ファラオの権力の大きさを知ることができました。また，副葬品にはたくさんの使用された痕跡《こんせき》のある杖《つえ》が発見されており，彼のミイラのＤＮＡ分析《ぶんせき》などから⑧脚の病気をわずらっていたと考えられています。

アイコさんは，ファラオといえども病気には勝てず，杖を使いながら歩き，若くして亡くなった姿を想像して，少し心が痛くなりました。

問12　下線部⑥のフランスに関連して，このオベリスクは現在フランスの首都のコンコルド広場に設置されているが，その首都の名前を**カタカナ**で答えなさい。

問13　下線部⑦のように気温の差によってペットボトルの周りに水滴がつく現象を何というか。

問14　下線部⑧の脚の病気に関連して，昨年の夏に東京で開催された「パラリンピック」の「パラ」とは何という言葉の略であるか，また，「パラリンピック」とはどのような意味になるか，あわせて30字程度で説明しなさい。

最後の観光地はいよいよカイロです。ルクソールからカイロまでは飛行機を使って1時間の距離でした。カイロに着いて最初に訪れたのは，今回の旅の最大の目的であるギザ地区にある⑨ピラミッドです。有名な3大ピラミッドは紀元前2500年ころに築造され，大きいものから順にそれぞれクフ王，カフラー王，メンカウラー王のものとされています。最大のものがクフ王のピラミッドで，高さは146.6m，底辺の長さは1辺が約230mもあります。アイコさんがピラミッドの真下に立つと，視界が全てピラミッドでふさがれてしまいました。ピラミッドを見たいと言っていた兄のシュンタ君は興奮が隠《かく》しきれないようです。

幸いなことにクフ王のピラミッドの内部に入ることができました。本来の入口は封鎖《ふうさ》されていますが，観光客は後の時代に造られた盗掘用の穴から内部に入れるようになっています。入り口からしばらくは頭をぶつけるかもしれないほどの低い通路が続いた後に，急に天井が高くなり，傾斜《けいしゃ》した大回《だいかい》廊《ろう》を上っていくと，中央部に位置する王の玄室《げんしつ》に通じます。玄室には棺《ひつぎ》がありますが，中には何もありません。玄室の天井には1つ60トンもの重さがある巨大な石が何段にも積み重ねられていて，玄室にかかる重さを軽減しているそうです。

ピラミッドから出たところで，ラクダを連れたエジプト人が待っており，ラクダに乗ってピラミッドの周りを一周できると言うので，家族で2頭に分かれて乗ることにしました。ラクダに乗りながら，クフ王のピラミッドやカフラー王のピラミッドの前にあるスフィンクスの写真を撮《さつ》影《えい》すると同時に，この⑩暑さの中でこれらを造った古代エジプトの人々の莫大なエネルギーを感じました。

問15 下線部⑨のピラミッドに関して，次の問題を解きなさい。

ピラミッドは約23年で造られた。それを造る工程を①石を切り出す②石を運ぶ③石を積み上げるの3つの工程に分ける。この時，次の①～③の情報をもとに，ピラミッドを造るには1日に何人必要か，答えなさい。

① 23年で造るには，1日に324個の石を切り出す必要がある。32人で1日9個の石を切り出す。

② 切り出した石を，ピラミッドまで約300m運ぶ必要がある。石は1個2.5トンあり，20人のチームで1個運ぶ。1チームは1日に5個運ぶ。
23年で造るには1日340個運ぶ必要がある。

③ 石1個を持ち上げて，位置や形を調節するのに20人が必要である。この作業は石1個につき1時間かかる。1日の作業時間を10時間として，1時間あたり34個の石が運ばれてくる。

問16 下線部⑩の暑さに関して，エジプトの首都カイロにおける月別平均気温と月別平均降水量をまとめた次の表をもとに，気温を折れ線グラフで降水量を棒グラフで作図しなさい。

月	1	2	3	4	5	6	7	8	9	10	11	12
気　温	14.0	15.0	17.6	21.5	24.9	27.0	28.4	28.2	26.6	23.3	19.5	15.4
降水量	5.0	3.8	3.8	1.1	0.5	0.1	0.0	0.0	0.0	0.7	3.8	5.9

（世界気象機関）

問17 下線部⑩の暑さに関して，次にあげる東京の月別平均気温と月別平均降水量をまとめた表を，上のカイロの表と比べ，1年を通じての共通点を１つ以上あげて書き出しにつづくように40字程度で説明しなさい。また異なる点を１つ以上あげて書き出しにつづくように30字程度で説明しなさい。

月	1	2	3	4	5	6	7	8	9	10	11	12
気　温	7.1	8.3	10.7	12.8	19.5	23.2	24.3	29.1	24.2	17.5	14.0	7.7
降水量	135.0	15.0	131.0	296.5	118.0	212.5	270.5	61.5	117.5	205.0	14.5	13.0

（気象庁2020）

2月1日午前

2022年度

解　答　と　解　説

《2022年度の配点は解答欄に掲載してあります。》

＜算数解答＞《学校からの正答の発表はありません。》

1 (1) 7187　(2) 2524　(3) 1　(4) $1\frac{13}{15}$　(5) 20　(6) 1.5　(7) 39
(8) 5　(9) 53　(10) $1\frac{1}{6}$　(11) 65：36　(12) 82.9g　(13) $\frac{2}{3}$
(14) 0.25　(15) $\frac{1}{3}$

2 (1) 2，3　(2) 83点　(3) 最大公約数　4　最小公倍数　72　(4) 960円
(5) 5時間20分　(6) 8人　(7) 28%　(8) $68cm^2$　(9) 45°　(10) 7cm

3 (1) 900m　(2) 解説参照　(3) 24分後　(4) 分速75m　(5) 8分後

4 (1) ① $4cm^2$　② $2cm^2$　(2) 解説参照　(3) ア　3　イ　2
(4) 解説参照　(5) (たて9，横2)と(たて7，横6)

○推定配点○

1(1)～(14)　各2点×14　他　各3点×24(2(1)・4(3)各完答)　計100点

＜算数解説＞

1 (四則計算，割合と比，単位の換算)

(1) 8014－827＝7187
(2) 2603－79＝2524
(3) 1.5－0.5＝1
(4) $\frac{2}{3}+1\frac{1}{5}=1\frac{13}{15}$
(5) 10×2＝20
(6) $\frac{37}{13}\times\frac{39}{74}=1.5$
(7) 13×3＝39
(8) 15－10＝5
(9) 28＋51－26＝53
(10) $1+\left(\frac{1}{2}\times12-5\right)\times\frac{1}{6}=1\frac{1}{6}$
(11) 6×13をかけると，65：36
(12) 80＋2.9＝82.9(g)
(13) $\square=42\div63=\frac{2}{3}$
(14) $\square=0.9-0.65=0.25$
(15) $\square=\frac{5}{6}-\frac{3}{6}=\frac{1}{3}$

2 (数の性質，平均算，割合と比，速さの三公式と比，単位の換算，集合，平面図形)

(1) $1\frac{1}{19}$より大きく，$3\frac{22}{23}$より小さい整数は2，3
(2) 65×10－63×9＝650－567＝83(点)
(3) 8＝4×2，12＝4×3，36＝4×3×3より，最大公約数は4，最小公倍数は4×2×3×3＝72
基本 (4) 1200×(1－0.2)＝960(円)
基本 (5) $320\div60=5\frac{1}{3}$(時間)すなわち5時間20分

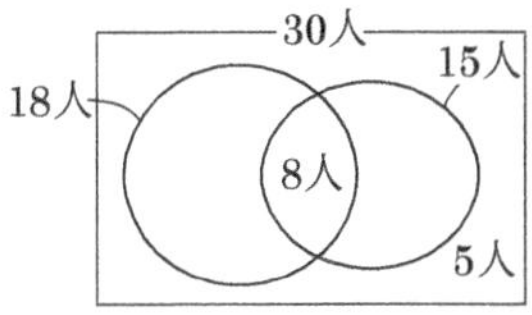

重要 (6) 18＋15－(30－5)＝8(人)
重要 (7) (200×0.1＋50)÷(200＋50)×100＝28(%)
【別解】 200g：50g＝4：1より，(4×10＋1×100)÷(4＋1)＝28(%)

重要 (8)　右図1より，$(7\times12+4\times13)\div2=68(cm^2)$

重要 (9)　正八角形の1つの外角は$360\div8=45$(度)

基本 (10)　下図2より，$\square=64\div(5+29\div7)=64\div(64\div7)=7$(cm)

図1

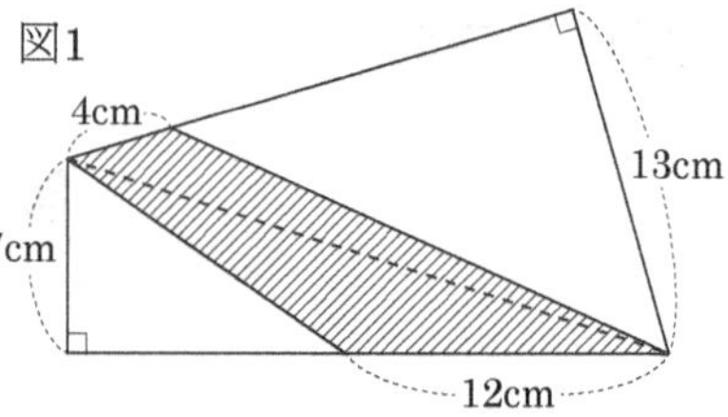

3　(速さの三公式と比，グラフ，割合と比)

基本 (1)　右図3のグラフより，マンションからお店までは900m

基本 (2)　説明例：熊野さんが買い物のためにお店にいた時間

基本 (3)　グラフより，帰りに600m離れた位置にいるのは24分後

基本 (4)　グラフより，歩く分速は$300\div4=75$(m)

図2

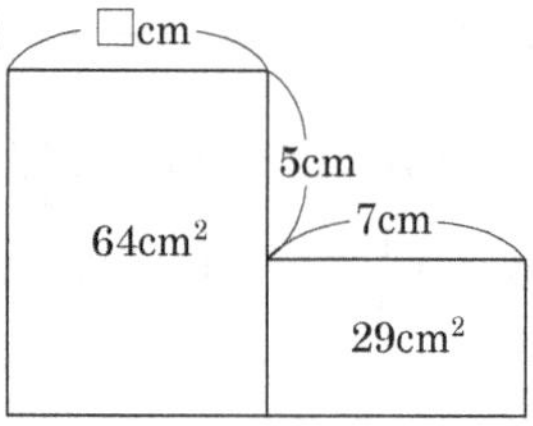

図3

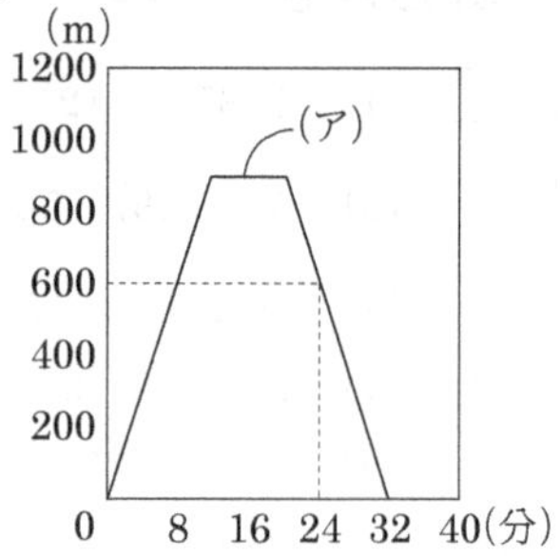

重要 (5)　高野くんの行きの時間…(1)より，$900\div225=4$(分)　高野くんがお店にいた時間…グラフより，$(20-12)\times1.5=12$(分)　高野くんの帰りの時間…$4\times2=8$(分)　したがって，高野くんがマンションを出発したのは，グラフより，熊野さんが出発してから$32-(4+12+8)=8$(分後)

4　(平面図形，数の性質)

基本 (1)　①　$2\times2=4(cm^2)$　②　$2\times2\div2=2(cm^2)$

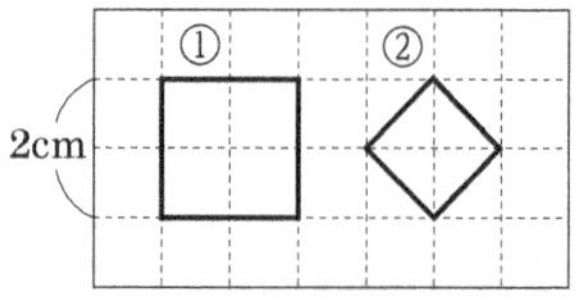

基本 (2)　③　(説明例)正方形の内部を直角三角形4つと正方形1つに分けると，$1\times2\times2+1\times1=5(cm^2)$になるから。

重要 (3)　図カより，面積が$13cm^2$になるのは(たて3，横2)のとき

やや難 (4)　面積が$25cm^2$になる「ななめの正方形」は，図キのようになる。

(5)　面積が$85cm^2$になる「ななめの正方形」は，下図クのように(たて9，横2)と(たて7，横6)がある。

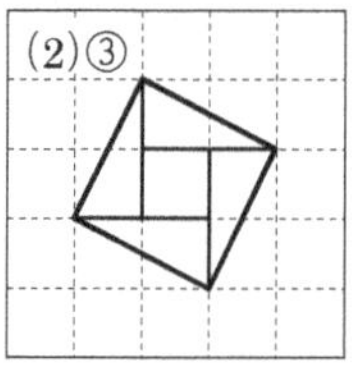

図カ

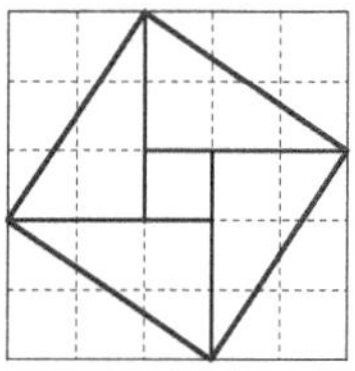

図キ

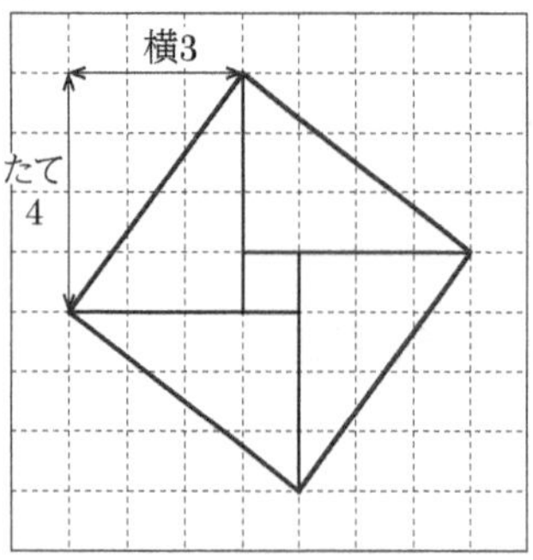

図ク

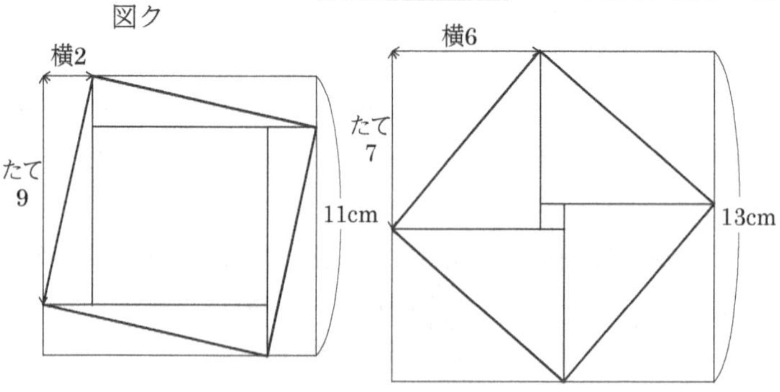

★ワンポイントアドバイス★

3(2)「グラフの太線部分」についての説明は，「買い物のためにお店にいた」ことが前提になる。4(3)「$13cm^2$のななめの正方形」，(4)「$25cm^2$のななめの正方形」，(5)「$85cm^2$のななめの正方形」に注意が要る。

＜国語解答＞《学校からの正答の発表はありません。》

一　①　みやげ　②　あまおと　③　はんぎ　④　ふなたび　⑤　おやこうこう
⑥　我先　⑦　包装　⑧　班長　⑨　看護師　⑩　視線

二　①　仏　②　棒　③　牛　④　花　⑤　耳

三　(例)　人間社会をどうしたいか，何を実現したいかといったようなことに対する強いモチベーションを持つ

四　ウ・オ

五　問一　Ⅰ　人工　Ⅱ　人工　Ⅲ　自然　問二　腸内の生態系のバランスが崩れる
問三　(例)　われわれの身体に棲みついている一億以上の生物も死ぬから。
問四　イ　問五　(例)　身体の消化管や気道などに棲んでいるさまざまな生き物や細菌
問六　④　自然環境　⑤　人間社会　問七　ウ

六　問一　ウ　問二　自ら意地悪を作り出す人　問三　彼らの発言～てしまう。
問四　目　問五　(例)　白いところだけを歩かないと，悪いことが起こるとほのかに言われたから。　問六　(例)　勝手な決まりを作ったことで，みちるの行動を制限してしまったから。　問七　エ　問八　(例)　くつを右足からはいたら運動会で速く走れたので，良いことが起きるかもしれないと思って，くつは必ず右足からはくようにしている。

○推定配点○

一　各2点×10　二　各1点×5　三　6点　四　5点(完答)
五　問三・問五　各5点×2　問四　2点　問七　4点　他　各3点×6
六　問二・問三　各3点×2　問五・問六　各5点×2　問七　4点　問八　6点
他　各2点×2　計100点

＜国語解説＞

基本　一　(漢字の読み書き)

①は熟字訓なので読み書き合わせて覚える。②の「雨」の読み方に注意。③の「半信半疑(はんしんはんぎ)」は半分信じて半分疑っている状態。④の「船」の読み方に注意。⑤は親を大切にし，真心をもってつくすこと。⑥は人を押しのけて自分が先になろうと争うさま。⑦は物品を包むこと。⑧は複数人で構成される班のリーダー。⑨は看護を行う者を指す名称で，以前は女性の看護師を「看護婦」，男性を「看護士」と呼び分けていたが，2002年の法改正で「看護師」に統一された。⑩は他人が見る目付き。

二　(ことわざ・慣用句)

①のaは知れば腹も立つが，知らないから仏のように平静でいられるという意味。bはどんなに温和な人でも，無礼をくり返せば怒るということのたとえ。②のaは歩き過ぎや立ち続けで，足が棒のようにこわばるほど疲れること。bは何かをしようとすれば，何かと災難に遭うことも多いというたとえだが，出歩けば思わぬ幸運に出会うことのたとえにも用いられる。③のaは思ってもいなかったことや他人の誘いによって，よいほうに導かれることのたとえ。bはある団体や組織などの中心人物となり，その活動の行方を支配することのたとえ。④のaは親が子供をこの上なく可愛がり，大切に育てるさま。bは見た目や品位よりも実質を重視することのたとえ。⑤のaは相手の発言を聞く気がないこと。bはかくし事をしようとしても，どこでだれが見たり聞いたりしているかわからないということ。

重要 三 **(要旨の読み取り，記述力)**

設問の空らんに当てはまる内容は，本文で述べている「モチベーション」の説明になるので，「システムには…」で始まる段落内容を中心に，人間だけにある「モチベーション」＝「人間社会をどうしたいか，何を実現したいかといったようなモチベーション」をしっかり持つ，という内容を指定字数以内にまとめる。

四 **(資料の読み取り)**

資料①の日本の高齢者の就業率は，2009年＝19.6％，2019年＝24.9％で増えているので「低下していく」とあるアは不適切。資料①で上昇率が最も高いのはフランスなのでイも不適切。上昇率は「(2019年の就業率—2009年の就業率)÷2009年の就業率×100」で計算し，各国のおよその上昇率は韓国9.6％，日本27％，アメリカ21.7％，カナダ43％，イギリス40％，ドイツ95％，イタリア56.2％，フランス153.8％。ウは資料②から読み取れるので適切。エの「高齢者の職業」，カの「総人口」は具体的に示していないので不適切。資料②の1965年の15歳未満の割合は25.6％で全体の約四分の一なのでオは適切。

五 **(論説文－要旨・大意・細部の読み取り，指示語，接続語，空欄補充，記述力)**

問一　空らんⅢのある段落直前で，身体は意識的につくったものではないから，人間の体は自然に属している，と述べていることをふまえる。空らんⅠは，化粧や服を始終取り替えて「人工」ではないことを「意識させない」，ということ。空らんⅡは，もっと徹底して美容整形でもすれば「人工」だという印象はさらに強くなる，ということ。空らんⅢは，化粧や美容整形をするのは身体という「自然」を意識が思うようにできると思っているからである，ということ。

重要 問二　——線①直前で「腸内の生態系のバランスが崩れる(15字)」と，大抵の人は腹の具合が悪いという，と述べている。

問三　——線②の「一億」は②前で述べているように，身体に棲みついているといわれる「一億以上の生物」のことを指しているので，このことをふまえて理由を説明する。

基本 問四　空らんⅣ・Ⅴいずれも直前の内容とは相反する内容が続いているので，逆接のイ「しかし」が当てはまる。

問五　——線③は，われわれの身体の消化管や気道に棲んでいるさまざまな生きものを指し，これより前で，多くの細菌も棲んでいることも述べているので，これらの内容を指定字数以内にまとめる。

問六　——線④・⑤は同段落で述べているように環境問題を考える姿勢のことで，本文冒頭で述べている「『自然環境』対『人間社会』という図式」のことなので，④は「自然環境」，⑤は「人間社会」を指している。

やや難 問七　——線⑥は直前で述べているように，人間が自然の一部である以上，生きているだけでも自然に影響を与えているに違いないからなので，ウが適切。⑥直前の内容をふまえていない他の選択肢は不適切。

六 **(小説－心情・情景・細部の読み取り，空欄補充，ことばの意味，慣用句，記述力)**

基本 問一　——線①は，いらいらして腹が立っている様子なのでウが適切。

問二　——線②の「意地悪を言う人」は決して多くはないことにほのかが気づいたことの説明として，②直後の段落で「自ら意地悪を作り出す人(11字)」は実は少ないことに気づいた，と描いている。

問三　——線③は教室で意地悪を言う人と周りの人たちの様子のことで，具体的には③直前の「彼らの発言は，強い吸引力と刺激を伴うため，教室の空気を引っ張ってしまう。」様子のことである。

問四　――線④は誰かが意地悪なことを言っているときのほのかの様子で，「多くの人は，わざわざ人に意地悪なことを言わない」ことに気づいていることから，よく注意して周りをじっと観察するという意味で「目」があてはまる。

問五　みちるが――線⑤のようにするのは「『白いところだけを歩くんだよ』『(茶色いところである)そこ三回踏んだら，悪いことが起こるから』」とほのかに言われたからなので，ほのかの言葉を参考にして，みちるの行動の理由を指定字数以内にまとめる。

やや難　問六　――線⑥前で，ほのかが言った「決まり」に対して「『嘘だ』『そんな決まり，ないもん。……茶色いとこ踏んでたけど，悪いことなんか起こってないもん』」と言いながらも，みちるは白いとこだけを歩こうとしていたことが描かれていることから，みちるが決まり通りの行動しかできなくなってしまったため，「とりかえしのつかないことをしてしまった」＝後悔しているのである。⑥前のみちるの行動から，ほのかが何を後悔しているのかを具体的に説明する。

重要　問七　「分厚い指先で自分の心臓が摘ままれているかのように」という比喩でほのかの心情を表現しているので，アは当てはまる。「……空の色が綺麗だ。……緑が眩しく見下ろせる」という情景描写で学童に行くために外に出た場面を描いているので，イも当てはまる。意地悪を言う人のことや，学童で問題児扱いをされているみちるの言い分を訊いたときのことをほのかが思い返している場面が描かれているので，ウも当てはまる。「久留米さんや町田さん」「中谷くんや後藤くん」といった名前が出てくるが，登場人物はほのかとみちるの姉妹だけなので，エは当てはまらない。

重要　問八　解答例では「良いことが起きるかもしれない」という理由で，自分だけのおまじないのような「決まり」を紹介している。「『ほのか』のように，あなた自身が持つ『決まり』」なので，個人的に心がけている「決まり」を具体的に説明していこう。

★ワンポイントアドバイス★

小説では，現在なのか，過去なのか，それぞれの場面の時間を確認しながら，時間経過を追っていこう。

2月1日午後

2022年度

解答と解説

《2022年度の配点は解答欄に掲載してあります。》

<適性検査Ⅰ解答>《学校からの正答の発表はありません。》

問1 (読み方) エスディージーズ (日本語) 持続可能な開発目標

問2 (正式名称) 国際連合 (設立の理由) 世界平和のため,国際連盟に代わる国際組織が必要とされたから。

問3 温室効果ガスの排出量が増え、宇宙に逃げるはずの熱が放出されないことで地球全体の気温が上昇する。

問4 日本における二酸化炭素排出量の割合のグラフでは,産業部門にはおよばないが,家庭部門も多くの割合をしめること,また,家庭からの二酸化炭素排出量の割合では照明・家電製品などからが最も多いことから,家庭内での節電が二酸化炭素の削減につながると考えられる。具体的な方法としては,家庭内の消費電力の内訳のグラフより、キッチンを中心に照明や家電製品などが多く電気を消費しているため,使わない照明を消したり,使わない家電製品はコンセントを抜いておくことなどがあげられる。これにより,人間の行動により1850年から2020年で上がった気温は下げられないが,今後の上げ幅をおさえることができると予想できる。

○推定配点○

問1 各5点×2　問2 名称 5点　理由 15点　問3 20点　問4 50点

計100点

<適性検査Ⅰ解説>

基本 問1 知識問題である。SDGsの読み方はカタカナでという指示を見のがさないようにする。日本語での名称については会話文のナオトさんの発言などから持続可能な社会を目指すための目標であることを読み取ることができる。これらをヒントに思い出したい。

問2 国連の正式名称は国際連合である。第一次世界大戦後に設立されたものは国際連盟であるため,混同しないように気を付けたい。国際連盟は第一次世界大戦を受け,平和の糸口として設立されたが,実際は第二次世界大戦を防ぐことはできなかった。それをふまえて国際連合は同じ過ちをくり返さぬように設立されたのである。世界平和を実現するためにつくられた組織であることを30字程度でまとめる。

やや難 問3 温室効果ガスは,熱を吸収する特ちょうをもつ気体のこと。代表的なものに二酸化炭素やメタンなどがある。地球の気温は,太陽から地球に届く熱と同じだけの熱が地球から放出され,宇宙ににげることで正常に保たれている。しかし,近年の工業の発達により人間の手で多くの二酸化炭素などの温室効果ガスが放出されるようになったことによって,地球に届いた熱と地球から放出される熱とのバランスが変化してきている。地球の気温が保たれているメカニズムを理解したうえでまとめたい。字数指定に気をつける。

重要 問4 このような問題では,まず始めに問題文を整理し,何を書かなければいけないかをまとめる。

今回は「二酸化炭素の削減の方法」と「それを行った結果，どのような変化がおとずれると予想できるか」の2点である。資料が与えられているため，きちんと読み取って，解答に利用する。1つ目の資料は世界の平均気温がどのように変化してきたのかが折れ線グラフによって表されている。1850年から2020年の期間で約1度上昇したという内容である。細かく見ると戦後の1950年ごろから急激に上昇していることがわかる。2つ目の資料は日本で二酸化炭素を多く排出している部門がわかる資料である。産業部門が二酸化炭素排出量の多くをしめていることや，家庭部門も14.4%とかなりの割合であることがわかる。3つ目の資料は家庭からの二酸化炭素排出の内訳である。照明・電化製品などからの排出と自動車からの排出が多いことが示されている。最後に4つ目の資料は家庭の電化製品ごとの二酸化炭素排出量の内訳が具体的にわかるグラフである。様々あるものの，総合して加熱・冷却機器の割合が多いことがわかる。これらの資料を参考にすると，家庭での節電が具体的方法として考えられる。また，その結果，二酸化炭素排出量が減るため，平均気温の上しょうが抑えられ，地球温暖化の進行防止になると予想ができる。ここで，1850年から2020年で上がった平均気温を下げる効果はないことに注意をする。この2点を300字程度でまとめられればよい。

★ワンポイントアドバイス★

会話の中にちりばめられた正答やヒントをどれだけ正確に拾えるかを問う問題が多い。自身の知識を日頃から増やすとともに，文章問題を多くこなし，文章中から正答やヒントを発見する力を身につけるとよい。

＜適性検査Ⅱ解答＞《学校からの正答の発表はありません。》

問1 (1) アフリカ　(2) ナイル　(3) 地中　問2 9918(万人)

問3 13時間20分　問4 ウ　問5 世界遺産

問6 40000km　問7 象形文字　問8 ア

問9 時速6.3km　問10 食物連鎖　問11 600m³

問12 パリ　問13 結ろ

問14 パラレルオリンピックの略で，もうひとつのオリンピックという意味。

問15 3192(人)　問16 右図

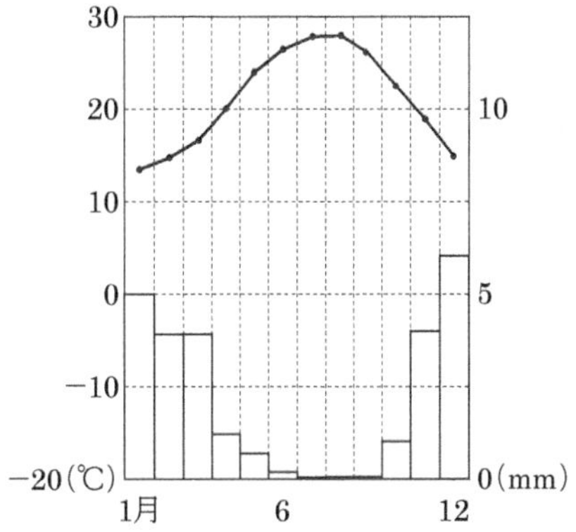

問17 (共通点は)夏の6月から9月頃は気温が高く，冬の12月から2月頃に気温が低くなっていること。(異なる点は)カイロの降水量が，どの月も東京に比べてとても少ないこと。

○推定配点○

問1(1)(2)(3)・問4・問5・問7・問8・問10・問12・問13　各3点×10

問2・問3・問9・問11　各5点×4　問17(共通点)　10点　他　各8点×5　計100点

＜適性検査Ⅱ解説＞

基本 問1　エジプトは，アフリカ州の北東に位置する国で，世界一長い河川であるナイル川が流れており，紅海《こうかい》と地中海に面している。エジプトの基本的な地理情報をおさえる。

問2　人口は，人口密度×面積(km^2)で求められるので，エジプトの人口は，98.2×1010000＝99182000(人)。千の位で四捨五入するので，答えは9918万人。

やや難 問3　経度が15度違うと，1時間の時差が発生する。東京(成田)とカイロの時差は，(135－30)÷15＝7でカイロの方が7時間遅れている。よって，カイロ空港に着陸したカイロ時間午前3時20分は，東京では午前10時20分となる。東京の成田空港を離陸《りりく》したのは夜の9時なので，成田空港～カイロ空港の飛行時間は，13時間20分。

問4　香辛料《こうしんりょう》は，植物から採取される調味料の一種である。調理の際に，香り・から味・色付けやくさみ消しに使われる。塩・砂糖・しょうゆは調味料であるが香辛料ではない。

問5　世界遺産条約は，1972年，人類の宝ともいえる遺跡や自然を保護・保存することを目的にユネスコ総会で採択《さいたく》された。

問6　地球を図のような円と仮定して考える。平行な2つの直線のさっ角は等しいので，図より，シエネとアレクサンドリアを結ぶ弧の中心角は7.2°となる。360÷7.2＝50より，このおうぎ形は地球の50分の1の大きさであると分かる。シエネとアレクサンドリアの間，つまりこのおうぎ形の弧の長さは800kmなので，地球の全周は，800×50＝40000(km)である。

問7　ヒエログリフや漢字の「日」「木」「水」のように，ものの形をかたどって描かれた文字を象形文字という。

問8　炭水化物は，主にエネルギーになる。イの主に体(筋肉・骨・歯・血)を作る栄養要素はタンパク質，ウの主に体の調子を整える栄養素はビタミンやミネラルである。

基本 問9　文中より，アスワンからルクソールまでの距離は250kmであり，走行していた時間は，42時間から途中下船した2時間半を引いて39時間30分。よって，船の移動速度は，250÷39.5＝6.32…より，四捨五入して小数点第一位まで求め，時速6.3km。

問10　「食べる・食べられる」という生物同士の関係を，食物連鎖という。

問11　水門は長さ200m，幅10mで，20分で6mの水位の差を調節した。水門が調節した水の量は，200×10×6＝12000(m^3)。よって，1分で調節できる水の量は，12000÷20＝600(m^3)である。

基本 問12　フランス共和国の首都は，パリである。

問13　空気の温度が下がると，空気中に存在できる水分量が減る。ペットボトルの周りの空気が冷やされることにより，空気中に存在できなくなった水分が水滴《すいてき》となりペットボトルの表面に表れることを結ろという。

やや難 問14　「パラリンピック」の「パラ」は「パラレル」の略で，これは平行という意味である。つまり，パラリンピックはオリンピックと平行して行われるもうひとつのオリンピックという意味になる。1964年の東京大会からこの名称が使用された。

問15　条件から必要な情報を正確にとらえる必要がある。

①から，32人で1日9個の石を切り出す。1日に324個の石を切り出す必要があるので，(324÷9)×32＝1152(人)より，石を切り出す作業には1日1152人必要であると分かる。

②から，20人で1日に5個の石を運ぶとして，1日に340個の石を運ぶ必要があるので，(340÷5)×20＝1360(人)より，石を運ぶ作業には1日1360人必要であると分かる。

③から，石1個を調整するのに20人で1時間かかる。1時間に運ばれてくる石の数は34個なので，34×20＝680(人)より，石の積み上げ作業には1日680人必要であると分かる。

以上より，ピラミッドを約23年で造るのに1日の作業に必要な人数は，1152＋1360＋680＝3192

(人)。

問16　表をもとに，気温を折れ線グラフで，降水量を棒グラフで表す。気温(℃)は左側，降水量(mm)は右側の数字に従ってデータを記入する。

問17　問16の表と，問17の表をよく見比べる。カイロも東京も北半球にあるので，夏と冬の時期は同じである。異なる点としては，カイロの方が気温が高い，降水量が少ないことなどがあげられる。解答らんの書き出しにつづくように，答えをまとめる。

★ワンポイントアドバイス★

基本的な知識をしっかり身につけよう。大きい数の計算をしなければならない問題もあるが，一つ一つ，落ち着いて取り組むようにしよう。

MEMO

大切なことはメモしておこうネ！

2021年度

★★★★★★★★★★★★★★★★★★★★★★★★

入　試　問　題

2021年度

2021年度

横浜隼人中学校入試問題（２／１午前）

【算　数】（50分）　＜満点：100点＞

【注意】 定規，コンパス，分度器は使用してはいけません。

1　次の計算をしなさい。ただし，(11)～(15)は□に当てはまる数を答えなさい。

(1)　$9000-6979$

(2)　$2.31-0.69+1.38$

(3)　$512\div36\times9$

(4)　1.25×3.2

(5)　$0.56\div0.4$

(6)　$\frac{7}{6}-\frac{3}{4}+\frac{1}{3}$

(7)　$\frac{49}{81}\div\frac{7}{27}$

(8)　$1.25\times\frac{1}{4}\div0.2$

(9)　$2+4\div6\times8$

(10)　$\left(12-\frac{7}{2}\right)\times1.5-1.75\div\frac{1}{2}$

(11)　0.2cmは □ mである。

(12)　$\frac{1}{6}+$ □ $=2$

(13)　$\frac{5}{6}\div$ □ $=\frac{8}{9}$

(14)　0.8：1.2＝２：□

(15)　底辺が６cm，高さが □ cmの三角形の面積は24cm^{2}である。

2　次の問いに答えなさい。

(1)　０以上，$3\frac{1}{2}$以下の整数をすべて答えなさい。

(2)　隼人くんが国語，算数，理科，社会のテストを受けた。結果は，国語が66点，理科が68点，社会が56点であった。４科目の平均点が67.5点のとき，算数の得点は何点か求めなさい。

(3)　長さが88cmのテープを，長さの差が10cmとなるように２本に切り分けるとき，長い方のテープの長さは何cmになるか求めなさい。

(4)　700円の品物を30％引きで買ったとき，代金は何円になるか求めなさい。ただし，消費税は考えないものとする。

(5)　時速36㎞で走っている自動車は，20分間に何㎞進むか求めなさい。

(6)　１から100までの整数のうち，３でも５でも割り切れる整数は何個あるか求めなさい。

(7)　３％の食塩水250ｇに９％の食塩水を500ｇ加えると，何％の食塩水になるか求めなさい。

(8)　上底が６㎝，下底が10㎝，高さが12㎝の台形の面積は何㎠か求めなさい。

(9)　右図の［　　］にあてはまる数を答えなさい。

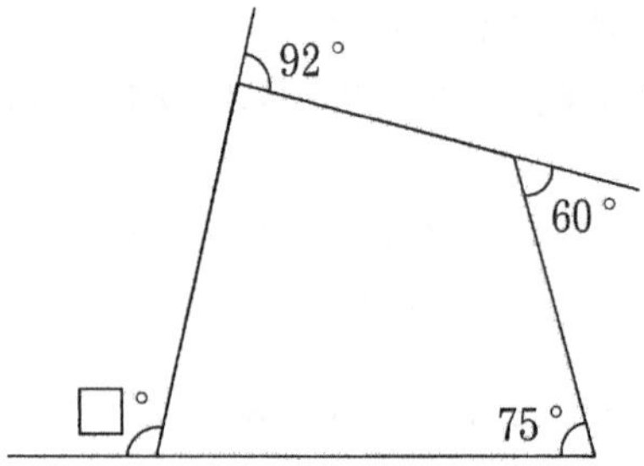

(10)　右図は，１辺が10㎝の正方形と半径10㎝の円の一部を組み合わせたものである。このとき，影をつけた部分の面積は何㎠か求めなさい。ただし，円周率は3.14とする。

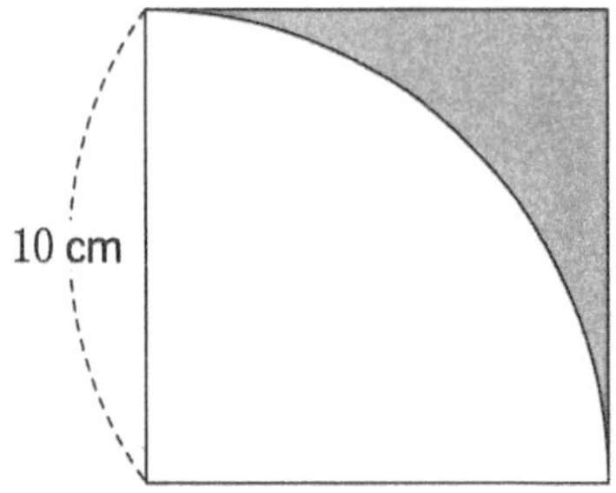

3　隼人くんは横浜くんの家へ遊びに行くのに，最初は時速３㎞の速さで向かった。２時間歩いたところで，このままでは遅くなりそうだったので時速５㎞の速さで横浜くんの家に向かった。横浜くんの家で２時間遊んだ後，帰りは横浜くんのお母さんに自動車で送ってもらった。隼人くんが帰宅したのは，自宅を出発してから５時間３分後だった。

次のグラフは，隼人くんが家を出てからの時間と，隼人くんの家からの道のりの関係を表したものである。このとき，次の問いに答えなさい。

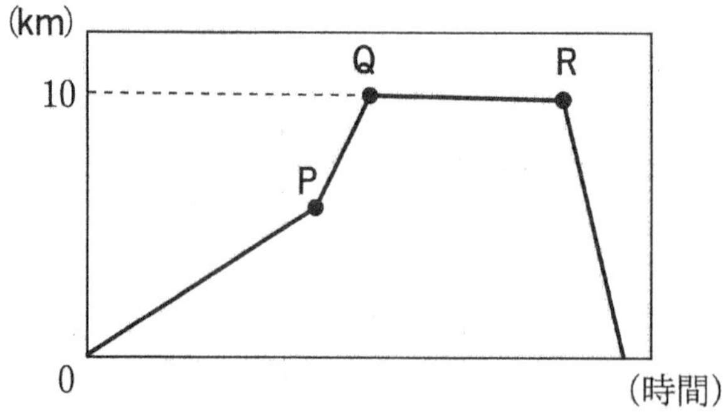

(1)　グラフ内の点Ｐからグラフのかたむきぐあいが変化している。これはどういうことなのか具体的に説明しなさい。

(2)　グラフ内のQR間はどういった状況なのか具体的に説明しなさい。

(3)　行きの速さを変えたのは，出発してから何時間後か答えなさい。

⑷　隼人くんが横浜くんの家に着いたのは，出発してから何時間何分後か答えなさい。

⑸　帰りに送ってもらった自動車の速さは時速何㎞か答えなさい。

４　右図のような１辺の長さが12㎝の立方体がある。立方体の表面上に対角線BD，DE，EBをひき，立方体の表面上の三角形ABD，三角形ADE，三角形ABEに色をぬった。このとき，次の問いに答えなさい。

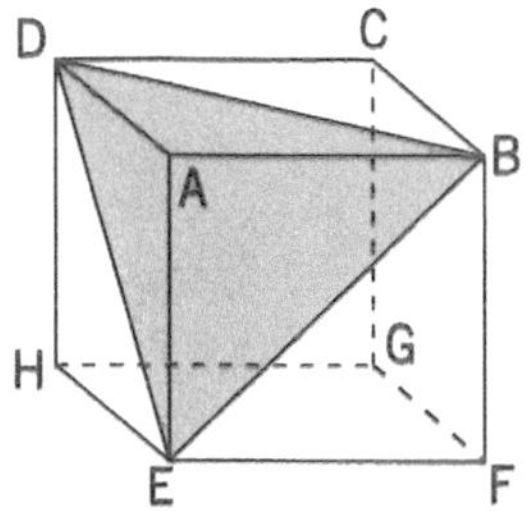

⑴　辺ABと平行な辺は何本あるか答えなさい。

⑵　対角線BDと平行でも垂直でもなく，交わってもいない辺は何本あるか答えなさい。

⑶　この立体の表面の色をぬっていない部分の面積は何㎠か求めなさい。

⑷　この立方体を解答用紙の図のように切り開いた。このとき，三角形ABD，三角形ADE，三角形ABEとなるところを黒くぬりつぶしなさい。

マイクを向けられたオデュッセウスが「まあ、私が居眠《いねむ》りしたのが敗因です。ただ、※クルーがそうとう非協力的だったともいえます。」など、Ｂをくいしばってコメントしている姿が目に浮かんだ。

そして、アメリカズカップで負けたチーム・ニュージーランドのスキッパーの言葉も思い出した。「クルーのことは全面的に信頼《しんらい》しています。チームを信じています。次のレースも全力で戦います。」と言っていたのだ。

おじいちゃんは、にやっとした。

「せっかく、風の神さんに助けてもらったのになあ。順風だけなんて、めったにないことだぞ。」

「だから、※ディンギーには、〝神頼み〟なんて名前をつけたの？」

おじいちゃんは笑いだして、これにも答えなかったが、ますますご機嫌《きげん》になったのだった。

（朽木　祥『風の靴』より　一部改）

※キャビン……船室のこと。
※マグ……マグカップのこと。
※デッキ……甲板《かんぱん》のこと。
※「アイオロス」……ディンギーよりも大きく、ヨットのなかでも、船室を持つ「おじいちゃん」のヨット。
※トロイの木馬……ギリシャ神話に登場する装置。
※セーリング……帆走《はんそう》。航海。
※クルーザー……ヨットのなかでも、船室を持つもの。
※スキッパー……船長のこと。
※クルー……乗組員のこと。
※ディンギー……四、五メートルの長さで、船室のないおじいちゃんのヨット。

問一　Ａ・Ｂにあてはまる漢字一字をそれぞれ答えなさい。

問二　――線①「お土産」と、――線③「贈り物」は、それぞれ具体的に何を表しますか。文中から三字以内でぬき出して答えなさい。

問三　――線②「□眠□休」について、□に入る同じ漢字一字を答えなさい。

問四　――線④「目におもしろそうな表情を浮かべた」とありますが、おじいちゃんは、なぜそのような表情になったのですか。理由を答えなさい。

問五　【⑤】の中には、もう一つの敗因が語られています。どのような言葉が語られたか。この後の文章を参考にして、「おじいちゃん」になったつもりで答えなさい。

問六　この文章の表現の特徴《とくちょう》として当てはまらないものを次の中から一つ選び、記号で答えなさい。

ア．余韻《よいん》を残したり強調するために、倒置《とうち》法が使われている。
イ．情景描写《びょうしゃ》を使いゆったりとした時間の流れを表現している。
ウ．おじいちゃんの思い出の物を使い、回想場面へと導いている。
エ．会話文を多用することで、テンポよく場面を展開している。

問七　この作品に出てくるおじいちゃんの「物」のように、「物」には本来もつ役割のほか、時には、人と人との思い出をつなぎ止める役割をします。

あなたが持っているそのような「物」を一つあげ、それにまつわる思い出（エピソード）を一つ紹介《しょうかい》しなさい。字数は、四十字以上で解答用紙に収まるように答えなさい。

の話を読んだばかりだったので、興味津々《しんしん》でおじいちゃんの話に[A]を傾《かたむ》けた。

日が暮れたら飲む〝色つき水〟で一杯やっていたおじいちゃんは、いつもより、おしゃべりだった。

「オデュッセウスという英雄が風の神様の島に吹《ふ》き流されたんだ。この神様の名前がアイオロスだ。アイオロスは、オデュッセウスを厚くもてなした上に、①お土産までくれてやったんだ。皮の袋《ふくろ》に入った風をな。」

「皮の袋に入った風？」

「順風以外の風を、全部その中に封《ふう》じこめてくれたんだ。オデュッセウスが無事に故郷にたどり着けるように。」

「ふうん。悪い風をぜんぶかあ……。」

「十日間、②□眠□休でオデュッセウスは舵《かじ》を取った。風は本当にすばらしくて、十日目に故郷の陸地が見えてきた。順風だけなら、※セーリングは、はなはだ楽だからな。」

海生はうなずいた。

「そこで、やつは、わずかに気がゆるんだ。つい、うとうとしてしまった。するとろくでもない部下たちが、大将ばっかり③贈《おく》り物をもらってずるいじゃないかと。あの皮の袋にはきっと金銀が詰《つ》まっているに違いないと、騒《さわ》ぎだしたんだ。」

「みんな、よくばりだったんだね。」

「……それで、とうとう皮袋を開けてしまった。すると、悪い風が全部解き放たれて、船は、あっという間に風の神の島に吹き戻《もど》された。」

おじいちゃんは、ここでまたグラスを干した。

日が沈《しず》んでいくのに合わせて色を濃《こ》くして飲む、というおじいちゃんは、夕焼けの色より心持ち濃い色の〝水〟をもう一杯作った。

海生はおとなしく話の続きを待った。

「オデュッセウスはアイオロスに事情を話して、もう一度助けてくれるよう頼《たの》んだが、全然相手にしてもらえなかった。それどころか、今度は島を叩《たた》き出されたんだ。そんなわけで、オデュッセウスと乗組員はほとんど手漕《こ》ぎで、はるかかなたの故郷をめざすことになったのさ。」

「百年くらい、かかりそう……。」

おじいちゃんは笑った。

「その神様が好きで、※クルーザーにアイオロスって、つけたの？」

おじいちゃんはそれには答えずに、④目におもしろそうな表情を浮かべたまま、逆に海生に尋《たず》ねた。

「オデュッセウスが敗因を聞かれたら、なんて言ったと思う？」

海生も笑った。ケーブルテレビでアメリカズカップのヨットレースが放送されると、レース後に、負けたチームの代表が敗因を尋ねられる。海生はいつも、そこのところをレースと同じくらい熱心に観ていたからだ。おじいちゃんはそれに気がついていたらしかった。

《 中略 》

憧《あこが》れの、男らしい※スキッパーたちを頭に浮かべながら、海生は答えた。

「敗因はね、最後に油断したことでしょ。はしごは最後の三段が危ない、っておじいちゃんもいつも言ってるじゃない。」

おじいちゃんは、ふむふむとうなずいた。

「確かにそのとおりだな。それとな、【　⑤　】。」

海生も、ふむふむとうなずいてみせた。

思う」と筆者が考える理由をまとめた次の文の Ⅰ ・ Ⅱ に入る言葉を、文中からそれぞれ漢字二字でぬき出して答えなさい。

鳥は Ⅰ によって自分と自分の生きている場所を分けて認識できないため、 Ⅱ の中に閉じこめられて生きていると言えるから。

問五　――線④「人間だけが持っている自由」とありますが、ここではどのような自由のことですか。文中の言葉を使って、二十字以内で答えなさい。

問六　――線⑤「自由に閉じこめられているともいえなくはない」とありますが、筆者がこのように考える理由として最も適切なものを、次の中から一つ選び、記号で答えなさい。

ア．人間は言葉によって分けられた世界の中を孤独に生きているようなものだから。

イ．人間は自分に合うように自由に作り上げた世界を生きているようなものだから。

ウ．人間は言葉によって手に入れた自由な世界の中に生きているようなものだから。

エ．人間は鳥や魚と同じように、大自然の中で自由に生きているようなものだから。

問七　文中の【⑥】には、次のア～ウの三つの文が入ります。言葉のつながりに注目して正しい順序に並び替え、記号で答えなさい。

ア．世界の仕組みを理解して記述するには、数学がなければならない。

イ．まず、言葉を知らなければならない。

ウ．物理学も工学も欠かせない。

問八　――線⑦「学校」とありますが、「学校」は何を学ぶための場所だと筆者は述べていますか。文中からぬき出して答えなさい。

六　次の文章を読んで、あとの問いに答えなさい。

誰《だれ》かが永久にいなくなったあとに、その人の持ち物が目にふれると、不思議な気持ちになる。

おじいちゃんの犬、天佑《てんゆう》が死んだあと、弁天島《べんてんじま》のロッカーでライフジャケットを見たときも、海生《かいせい》はそんなふうに感じたのだった。

そして、今も海生は※キャビンの中をぼんやりと見回した。

おじいちゃんの※マグ。おじいちゃんの長靴《ながぐつ》。おじいちゃんのウインドブレーカー。

裸足《はだし》の指の跡《あと》が残っているデッキシューズ。

片っぽうのつるが開いたままのサングラス。

それから本。

ふつうの人は船で読書なんかしないだろうが、おじいちゃんは船を出す余裕《よゆう》がない日には、※デッキに寝っころがって本を読んでいたのだ。

波の音を聞きながら。

海生が※「アイオロス」ってどういう意味？　と聞いたら、おじいちゃんは古くて大きな本、『オデュッセイア』を取り出した。

オデュッセウスという英雄《えいゆう》が、トロイ戦争のあとで国に帰るまでの苦労を描《えが》いた古代ギリシャの叙事詩《じょじし》だという。「アイオロス」という名前は、この本から取ったのだと、おじいちゃんは言った。

海生は、たまたま※トロイの木馬を掘《ほ》り当てたシュリーマンという人

いからだ。人間は言葉を用い、空を「空」と呼び、海を「海」と名づけた。いわば世界と自分を［B］と分けて認識《にんしき》している。その意味で人間は、世界に閉じこめられてはいない。言い換《か》えれば人間は、鳥や魚と同じような意味では「自然（＝世界）」の中に生きていない。おそらくこのことが、人間、とりわけ若い皆さんが世界と自分との間にズレを感じる理由だ。

　重要なことは、このズレがあるからこそ、人間はほかの動物のように※自足することができず、自分が生きる世界を絶えずつくり替《か》えていかなければならないということ。例えば、森を切り拓《ひら》き、田畑をつくる。これこそ④人間だけが持っている自由であり、人間が自由である証しなのだが、見方を変えれば、その⑤自由に閉じこめられているともいえなくはない。人間は、自分が生きている世界と自分との間に越《こ》えがたいズレを感じながら、（孤独ではあるけれども）自由に、世界を学び、世界を自分に合うようにつくり替える努力を積み重ねてきた。それが歴史ということ。私たちは今、その結果としての世界を生きているのだ。

　しかし現代において、人間が行っている世界のつくり替えは、あまりにも高度で複雑だ。例えば、地下鉄を通したり、ジェット機を飛ばしたりしているが、そのために何が必要かを挙げてみればわかる。

【　⑥　】いくつものことを積み重ねて、ようやくジェット機が一機、空を飛べる。

　そうした数学や物理学、工学は、自然そのものではなく、人間が自然を学びながらつくり出した体系であるから、学ぶことには二段階あることになる。星の運行から暦《こよみ》をつくり、めぐる季節の知識を生かした耕作や狩猟《しゅりょう》を行うなど、自然を学ぶことが第一段階だとすれば、自然を学んだ人間がつくり出したものを学ぶことが第二段階だ。現代を生きる我々には、この「二重の学び」が宿命づけられており、この第二段階のために特に必要とされているのが⑦学校ということになる。

（桐光学園＋ちくまプリマー新書編集部『中学生からの大学講義1　何のために「学ぶ」のか』小林康夫「学ぶことの根拠」より）

※路傍……道のほとり。

※自足……必用なものを自分で間に合わせること。

問一　文中の［A］・［B］に入る言葉として適切なものを、次の中からそれぞれ一つずつ選び、記号で答えなさい。

ア．くっきり　イ．はっきり　ウ．ぼんやり　エ．のびのび

オ．だらだら

問二　――線①「自分と世界の関係が、……ぴったりと感じられない」とありますが、その理由が書かれている部分を、「～から。」に続くように、《人間は自由だからこそ学ぶ》の文中から三十五字でぬき出し、最初と最後の五字を答えなさい。

問三　――線②「この感覚」が指していることとして適切なものを、次の中から二つ選び、記号で答えなさい。

ア．青い空を自由に飛ぶ鳥に対するあこがれ。

イ．自分と世界の関係に感じる宿命的なズレ。

ウ．周りに家族や友達がいるという不思議さ。

エ．緑豊かな風景が眼に入ったときの安心感。

オ．自由に生きられないことに対する絶望感。

カ．自分一人で生きているという強い孤独感。

問四　――線③「鳥は、本当に自由なのだろうか。私はそうではないと

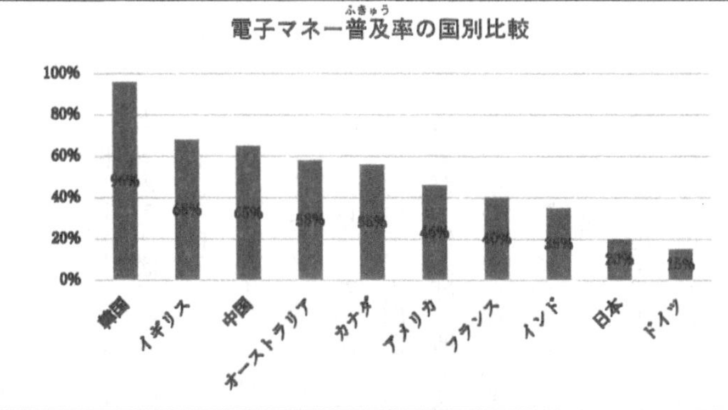

資料①

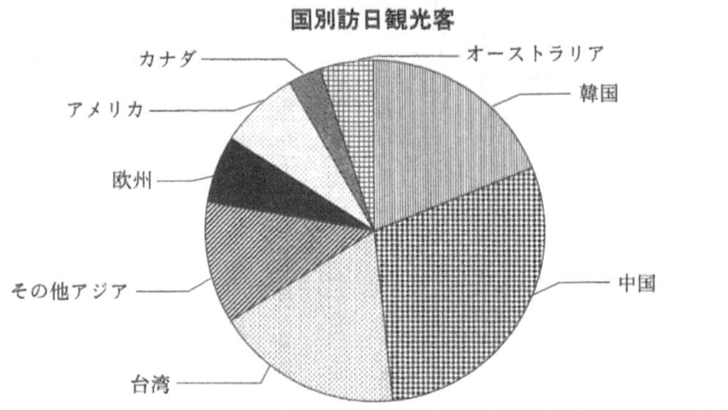

資料②

五　次の文章を読んで、あとの問いに答えなさい。

《すべての「種」は、世界と自分とのズレに》

皆さんは毎朝、皆さんの学校までの道のりを歩いてくる。大抵《たいてい》は友達と一緒《いっしょ》ににぎやかに歩いてくるのかもしれない。だが遅刻《ちこく》して一人で登校する日もあるだろう。「自分はなぜこの学校に通っているのだろう。どうして勉強しなければならないのだろう」なんて思いながら。立ち止まって振《ふ》り返ると、遠くに拡《ひろ》がる緑豊かな風景が眼に入ってきたりする。青空が広がっていたり、鳥が[A]と飛んでいたりする。耳を澄《す》ませば、※路傍《ろぼう》の草むらから虫たちの声が聞こえてくるだろう。その光景の中で一人、皆さんはこんなふうに思ったかもしれない。

「世界があり、その中で僕は生きている。けれども、あの鳥と僕はどこか違《ちが》う。鳥は、だれにも妨《さまた》げられず自由に空を飛んでいる。しかし自分は制服を身にまとい、学校へ向かわなければならない。どうしてあの鳥のように、自由に生きられないのだろう」と。

①自分と世界の関係が、鳥が空を飛んでいるようにはぴったりと感じられない。ほんのわずかな、しかし自分ではどうしようもない宿命的なズレ。自分がこの世界にいるということがとても不思議な、奇妙《きみょう》なことに思えてくるのだ。同時に強い孤独《こどく》感が押し寄せてくる。周りには家族も友達も、学校の先生たちもいるが、「自分一人でここに生きている」という感覚だ。知らないふりをしていてはいけない。よく思い出してほしい。感じた覚えがきっとあるはず。こうした感覚は大人になると失われてしまう。けれども実は②この感覚こそ、学ぶことの根拠《こんきょ》に触《ふ》れている証《あか》しであり、あらゆる未来の「種」を生み出す起点にほかならない。

《人間は自由だからこそ学ぶ》

③鳥は、本当に自由なのだろうか。私はそうではないと思う。鳥はいわば空の中に閉じこめられている。魚も同様で、水の中に閉じこめられている。鳥は空を「空」とは呼ばず、魚も水を「水」と名づけることはない。人間がするように自分の住む世界を対象として捉《とら》えることがな

【国　語】（五〇分）〈満点：一〇〇点〉

【注意】　句読点等も字数にふくめなさい。

一　次の――線部の漢字はひらがなに、カタカナは漢字に直しなさい。

① 誤った情報を見きわめる。
② 私が一切の責任をとる。
③ 同じ間ちがいがないように留意する。
④ 彼の様子から見るに復調してきたようだ。
⑤ この坂道は足に負担がかかる。
⑥ 草木がミッシュウして生えている。
⑦ 素早くタイオウできた。
⑧ エンチョウ戦に入った。
⑨ 歩行者をユウセンする。
⑩ 新しいルールをドウニュウする。

二　次の□に入る語として適切なものを【語群】の中から一つずつ選び、記号で答えなさい。

① 今年の夏は□ような暑さが続く。
② 命からがら島に□。
③ 問題を解決できずに兄に□。
④ 外は□ような寒さだ。
⑤ 仲直りをしようと思ったが□島もなかった。

【語群】
ア．なきつく
イ．とりつく
ウ．やけつく
エ．いてつく
オ．たどりつく

三　次の文章の内容を、五十五字以内でまとめなさい。

情報と言っても、速度が情報の価値に大きく関わるものと、そうではないものの二種類があることを忘れてはならない。

例えば、台風やそれに伴《ともな》う交通の混乱の情報は、※タイムラグがなければないほど価値が高く、速度はこの種の情報にとっては本質的である。そして昨日出された台風情報は今日の我々には何の価値も持たない。これに対して、文学や思想の古典的資料などは、伝達速度や時間的経過で価値が極端《きょくたん》に変化することはない。

この両者はもちろん、従来、情報と知識という形で明確に区別されてきたものである。しかし、あらゆるものが情報化され、ネットワーク上に蓄積《ちくせき》・開示されてしまう今日にあっては、すべては〈情報〉として処理され、この区別は忘却《ぼうきゃく》のかなたに追いやられてしまったようだ。

（黒崎政男『デジタルを哲学する』より　一部改）

※タイムラグ……互《たが》いに関連する事柄《ことがら》の間に起こる、時間のずれ。

四　次の資料①は経済産業省が、資料②は国土交通省観光庁がそれぞれ二〇二〇年一月に行った調査をもとに作成したものである。二つの資料を見て、今後多くの外国人を受け入れていくだろう日本の問題点を挙げなさい。

MEMO

大切なことはメモしておこうネ！

2021年度

横浜隼人中学校入試問題（２／１午後）

【適性検査Ⅰ】（45分）　＜満点：100点＞

【注意】　字数の指定のある問題は，指定された字数や条件を守り，わかりやすくていねいな文字で書きましょう。最初のマスから書き始め，文字や数字は１マスに１文字ずつ書き，文の終わりには句点〔。〕を書きます。句読点〔。，〕やかっこなども１文字に数え，１マスに１つずつ書きます。

次の文章を読んで，あとの問いに答えなさい。

史上初めてオリンピックの延期が決まり，今年東京で開催《かいさい》されることになりました。

小学校６年生のハルコさんは学校から出された夏休みの宿題「オリンピックについての調べ学習」の参考のために，近所にある祖父母の家に家族で遊びに行ったときに「オリンピック」の話題を出してみました。以下はその時の会話の様子をまとめたものです。

ハルコ　夏休みの宿題で「オリンピック」について調べることになっているんだけど，何か，ちょうどいい話題はないかな。

父　それだったら，今回の東京オリンピックは，史上初めての延期されたオリンピックとなったのだから，その「延期」が決まるまでを調べたら面白いんじゃないか。

母　そうかしら。「延期」のことだったら，ほかの子も調べてくるんじゃない。内容が重なってしまって面白くはならないでしょう。

祖父　だったら，「延期」ではなくて「中止」になったオリンピックについて調べた方がいいと思うよ。㋐過去，オリンピックは何度か「中止」になっているからね。

祖母　でも，「中止」というのはあまり縁起《えんぎ》が良くない話題ね。最終的に東京オリンピックも「中止」になってしまいそう…。もう少し前向きな話題の方が小学生らしくていいと思うけどね。

兄　折角，日本で行われる４回目のオリンピックなんだから，これまで３回実施された「日本でのオリンピック」について調べるのはどうかな。夏と冬のオリンピックの違いもあるだろうし，結構興味深い切り口が見つかるかも知れないよ。

ハルコ　そもそも「オリンピック」って，どんな目的で始まったのかな？

父　それは別名「平和の祭典」と呼ばれるくらいだから，世界平和を願っていることは間違いないな。古代ギリシャでも，戦争が続いていたんだけど，「オリンピック」期間だけは戦争を止めたっていうことだし。

兄　「スポーツの祭典」でもあるから，やっぱり「人類のすばらしさ」を確かめることにもつながっているよね。「地上最速の男」を決める陸上男子100m決勝なんか，見ているだけで鳥肌《とりはだ》が立つもんね。

祖母　私は，マラソンが一番感動するよ。42.195㎞を走りきってゴールする瞬間《しゅんかん》の姿がとても美しいと思う。そもそも人類は長い距離《きょり》を走り続けて，獲物《えもの》が疲《つか》れるのを待ってから，仕留めていたと昔読んだ本に書いてあったしね。

母　そう考えていくと，「オリンピック」に採用されている競技って，どれも見ていて美しいと思うし，「競技」のことを調べていってもいいんじゃない。

祖父　いろいろな「競技」について調べるのも面白いと思うよ。例えば日本では人気の「野球」とかはどうかな。野球が始まったアメリカで今のルールになるまで，いろいろな変化があったようだよ。㋑科学の進歩によって，競技ごとに道具や使用する素材も変化して，練習方法がより効果的になったしね。昔の練習といったら，「根性でやれ」「できないのは気持ちが弱いからだ」とか，「水を飲むな」とか言われてたからな。

ハルコ　変化と言えば，オリンピックで正式採用されている競技の種類も変化しているよね。野球やソフトボールも，正式競技から一度はずされたけど，今回の東京オリンピックで復活することになったよね。

兄　ちょっと違うな。「野球」は1992年のバルセロナから正式競技になっていたけど，2012年のロンドンから正式競技からはずされた。そして，今回の東京オリンピックでは東京が提案して追加種目に認められたんだけど，次のパリオリンピックでは正式種目にも追加種目にもならないことが決定しているんだよ。

ハルコ　なるほど，とても複雑なんだね。てっきり今回から正式競技に復活したんだと思っていた。追加種目っていうのもあるんだ。

兄　追加種目には，他にも「空手」や「スポーツクライミング」など日本選手が金メダルの有力候補になっているものが，全部で競技18種目があるんだよ。

ハルコ　追加種目だけで，そんなにあるんだ。そもそも，正式種目っていくつあるんだろう。

父　確か「オリンピック憲章」にオリンピック種目に採用される基準が定められていて，「夏のオリンピック競技は男子で４大陸75か国以上，女子は３大陸40か国以上で広く行われていること」などの制限があるんだ。仮にその基準に達していても自動的に正式種目になれるわけではなく，最終的には国際オリンピック委員会の総会で承認されないと，正式種目には採用されないんだよ。

母　国際オリンピック委員会は，ＩＯＣとも呼ばれていて，2009年には国連の総会オブザーバーにもなっているから，国際機関だと思われているけれど，国際赤十字連盟と同じ非営利団体なのよ。だから，オリンピックをテレビ中継する各国の放送局からの放映権料とさまざまな企業から集めるスポンサー料が主な収入源なんだって。それで，今回の東京オリンピックも，1番の収入源であるアメリカのテレビ局の放映権料を得るために，暑い夏に行うことにしているのよね。

祖母　前回の東京オリンピックの開会式は10月10日で快晴の秋空だったね。

ハルコ　最初から選手のことを第一に考えているわけではないんだ。マラソンの会場を札幌にしたのは，そういう理由だったんだ。少しがっかりしたな。

祖父　昔のオリンピックは今ほどお金をかけずに実施できていたんだ。もともとはアマチュアリズムといって,「スポーツをするものはアマチュアでなくてはならない」という考え方に基づいて，オリンピックも行われていたんだよ。1925年の総会では「いかなるスポーツであってもプロフェッショナルはいけない」と参加者の資格を制限していた。しかし，スポーツのレベルが次第に向上し，アマチュアが自分の仕事の合間の片手間に行う練習ではとてもではないけどついて行けないレベルになってしまったことや，かつてのソ連などの社会主義国を中心にプロ並みの練習を積んだ選手が国家に養成されてオリンピックに出場するようになったため，1974年の総会でオリンピック憲章からアマチュアでなければいけないという規定が外されたんだ。

ハルコ　確かにオリンピックに関して「参加することに意義がある」という言葉があるけれど，実際に参加出来るレベルになるには，とてつもない練習量が必要だものね。

祖母　そうよね。今ではオリンピック選手になるというのは，その道のプロになることよりも難しいものね。もし選ばれたら，それだけでとても名誉なことだよね。

兄　1992年のバルセロナオリンピックの時は，アメリカのＮＢＡのスーパースターが参加して「ドリームチーム」と呼ばれたのは大きな話題になってたらしいね。

父　あの時は，ＮＢＡ選手の参加がバスケットボールで初めて認められて，アメリカ中が「ドリームチーム」の金メダル獲得《かくとく》に熱狂したからね。プロが参加出来るようになってからは，オリンピックが世界一を決めるスポーツの大会であるという認識が世界中に大きく広まったように思うよ。

ハルコ　㋒名実共に「スポーツの祭典」になったのね。

母　でも，費用がかかりすぎるのは問題ね。1984年のロサンゼルス大会からテレビ放映権やスポンサーが取り入れられて開催収支がプラスになったのよ。その一方で，テレビ局やスポンサーの意向で競技時間が変更されたり㋓アスリートファーストの原則もくずれてしまったのよね。最近のオリンピックは，競技数が増えたこともあって会場や設備を整えるために莫大《ばくだい》な費用がかかるようになってしまい，東京のあとのオリンピックは，立候補する都市が減ってしまっているようね。

祖父　確か東京の次は2024年のパリで，その次がロサンゼルスだったかな。2004年のアテネ大会の際にオリンピック施設建設のために莫大な国債《こくさい》を発行して，それが，現在も続いているギリシャの景気の悪さの原因の一つになっているって事だしな。

ハルコ　オリンピックって，国の景気に影響するくらい費用がかかるのね。オリンピックを開催するのって，とても大変なんだね。

兄　費用の問題以外にも，大きな問題があるよね。

父　勝つことを優先するあまり，危険な薬物等を使用するドーピングの問題だな。

祖母　1960年のローマ大会で自転車競技の終了後に死者がでたのよ。調べた結果その選手は興奮《こうふん》剤を投与されていたことがわかったのよ。それ以降，ドーピングが問題視されだしたの。

父　確か，1988年のソウル大会で陸上の男子100m走で世界新記録を出しながら，競技後のドーピング検査で禁止薬物が発見されて失格になってからは，ドーピングの問題がとても大きくクローズアップされることになったよね。1999年には，世界アンチ・ドーピング機関（ＷＡＤＡ）が設立されて，ドーピングへの取り締まりが強化されたんだ。一方では，科学技術の進歩とともにドーピング検査に引っかからない薬物等の開発とその薬物を検出することのできる検査法の開発というイタチごっこの状態が続いていて，前回のリオデジャネイロ大会の直前には，ロシアが国家主導で過去の大会でドーピングを行ったとＷＡＤＡが発表したことで，ロシア選手団389人のうち118人もが出場できないという事態にまで発展したんだ。

兄　それはオリンピックに限った問題ではないよ。今では日本の国内大会や学生スポーツでもドーピング検査は実施されているし，アメリカのメジャーリーグや日本のプロ野球などのプロスポーツでも禁止薬物の問題は発生しているよね。

ハルコ　科学の進歩は，いい意味でも悪い意味でもオリンピックに影響を与えているんだね。みんな，いろいろな意見をありがとう。今日はとても参考になったよ。お陰様《かげさま》で宿題もいいものができると思う。

問１　文中の下線部㋐に関して，過去の夏季オリンピックが中止になった理由は何か，次のオリンピック開催地一覧（今後の予定を含む）を参考にして10字程度で説明しなさい。

回	開催年	**開催地**（開催国）	回	開催年	**開催地**（開催国）
1	1896	アテネ（ギリシャ）	18	1964	東京（日本）
2	1900	パリ（フランス）	19	1968	メキシコシティ（メキシコ）
3	1904	セントルイス（アメリカ）	20	1972	ミュンヘン（西ドイツ）
4	1908	ロンドン（イギリス）	21	1976	モントリオール（カナダ）
5	1912	ストックホルム（スウェーデン）	22	1980	モスクワ（ソ連）
6	1916	ベルリン（ドイツ）中止	23	1984	ロサンゼルス（アメリカ）
7	1920	アントワープ（ベルギー）	24	1988	ソウル（韓国）
8	1924	パリ（フランス）	25	1992	バルセロナ（スペイン）
9	1928	アムステルダム（オランダ）	26	1996	アトランタ（アメリカ）
10	1932	ロサンゼルス（アメリカ）	27	2000	シドニー（オーストラリア）
11	1936	ベルリン（ドイツ）	28	2004	アテネ（ギリシャ）
12	1940	東京（日本）中止	29	2008	北京（中国）
13	1944	ロンドン（イギリス）中止	30	2012	ロンドン（イギリス）
14	1948	ロンドン（イギリス）	31	2016	リオデジャネイロ（ブラジル）
15	1952	ヘルシンキ（フィンランド）	32	2021	東京（日本）
16	1956	メルボルン（オーストラリア）	33	2024	パリ（フランス）
17	1960	ローマ（イタリア）	34	2028	ロサンゼルス（アメリカ）

問２　文中の下線部㋑に関して，「科学の進歩」がオリンピックに与えた「良い影響」について述べている部分を文中から30字程度で，「悪い影響」について述べている部分を文中から20字程度

で，それぞれ抜き出して書きなさい。

問3　文中の下線部㋒に関して，**ハルコ**さんは，なぜそう感じたのか。その理由を自分の言葉で説明しなさい。

問4　文中の下線部㋓に関して，「アスリートファースト」を日本語で述べている部分を文章から15字程度で抜き出して書きなさい。

問5　「科学の進歩」に関して，次の３つのテーマの中から１つを選び，その「良い影響（良い面)」と「悪い影響（悪い面)」の具体的な例をそれぞれ１つあげ，300字程度で説明しなさい。選んだテーマの番号も書くこと。

①インターネットまたはＳＮＳ　②ロボット　③原子力エネルギー

【適性検査Ⅱ】（45分）　＜満点：100点＞

【注意】　字数の指定のある問題は，指定された字数や条件を守り，わかりやすくていねいな文字で書きましょう。最初のマスから書き始め，文字や数字は１マスに１文字ずつ書き，文の終わりには句点〔。〕を書きます。句読点〔。,〕やかっこなども１文字に数え，１マスに１つずつ書きます。

問題　次の文章を読んで，それぞれの問いに答えなさい。

隼人君は，横浜市立の小学校に通う６年生の元気な男の子です。父・母・姉の４人家族で，姉の陽子さんは横浜隼人中学校の３年生です。

隼人君の家族は，毎年夏休みに家族で海外旅行に出かけていますが，今年は㋐世界中で感染症が流行しているため，国内の旅行に変更することにしました。どこに行こうか家族で相談していると，姉の陽子さんが「１年生の時に行った黒姫高原にもう一度行きたい」と言ったため，㋑長野県へ２泊３日で行くことにしました。

旅行に行く前に，隼人君は社会科の夏休みの宿題の１つとして，長野県についていろいろと調べてみました。

長野県の人口は約204万人で，面積は日本の都道府県で４番目に広く約１万3500km^{2}です。海に面していない内陸県ですが日本で１番多くの都道府県と接しています。朝晩の気温差が大きく，高原野菜や果物の栽培も行われています。先史時代の遺跡《いせき》や戦国時代の城跡《しろあと》などもたくさんあります。現在では，数多くある山の斜面を利用したスキーやスノーボードなどの㋒ウィンタースポーツが盛んで，隼人君や陽子さんが生まれる以前に20世紀最後の冬のオリンピックも開催されました。さらに2015年現在の都道府県別平均寿命でも男性で２位，女性で１位の長寿県であることもわかりました。隼人君は調べたことによって，今回の旅行がますます楽しみになりました。

問１　下線部㋐について，次の問いに答えなさい。

①　この感染症の原因となるウイルスの名前を書きなさい。

②　このように感染症が世界中で流行していることを何といいますか。カタカナで答えなさい。

問２　下線部㋑長野県について，次の問いに答えなさい。

①　長野県は日本を７つの地方に分けたとき，何地方に属しているか，答えなさい。

②　長野県より面積が広い都道府県３つの名前を，面積が広い順に答えなさい。

③　文中の数字を用いて長野県の人口密度を小数第１位まで求めなさい。

④　長野県のように海に面していない内陸県を１つ漢字で答えなさい。

問３　下線部㋒に関して，ウィンタースポーツの１つであるカーリングは，長野県が日本初の開催《かいさい》地であると言われています。カーリングは，「ハウス」と呼ばれる，次のページの図のような円の中心にストーンを近づける競技です。

この「ハウス」は，中心が同じで大きさが異なる４つの円が重なってできており，円の直径の比は，小さいほうから順に１：４：８：12になると決められています。２番目に大きい円の直径が120cmのとき，色が塗られている部分の面積を求めなさい。ただし円周率は3.14とし，小数第１位まで求めること。

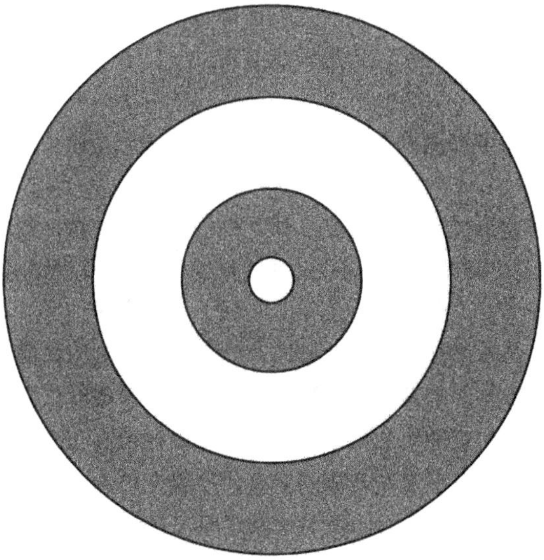

問４　20世紀最後の冬のオリンピックである長野オリンピックが開催された年を西暦《せいれき》で答えなさい。

問５　次の表は長野県で生産される野菜のうち，レタスの主要県別出荷量全国上位４位までを表したものである。この表を参考にして「レタスの都道府県別出荷量」を表す帯グラフを書きなさい。

都道府県名	出荷量(t)	都道府県名	出荷量(t)
全　国	545,600	群　馬	48,600
長　野	191,500	長　崎	32,600
茨　城	83,300	その他	189,600

（令和元年度農林水産省統計）

８月12日，いよいよ黒姫高原への旅行に出発です。横浜から新潟との県境に近い黒姫高原までの距離は約330㎞で，父の運転する自動車で６時間かかりました。安全運転や昼食･トイレのために途中２カ所のサービスエリアで，それぞれ15分と１時間の休憩《きゅうけい》をとりました。

問６　隼人君の父が運転する自動車はハイブリッド車です。ハイブリッド車がガソリン車に比べて環境に優しいといわれている理由を30字程度で答えなさい。

問７　横浜から黒姫高原まで自動車は時速何㎞で走行したか，計算し，小数第一位を四捨五入して求めなさい。

１回目の休憩では，途中で唯一通過する県の特産品であるぶどうのアイスクリームを食べました。２回目の休憩では，昼食をかねておそばを食べました。どちらもとてもおいしかったため，隼人君は旅行から帰ったら，様々な土地の特産品についてもっと調べてみたいと思いました。

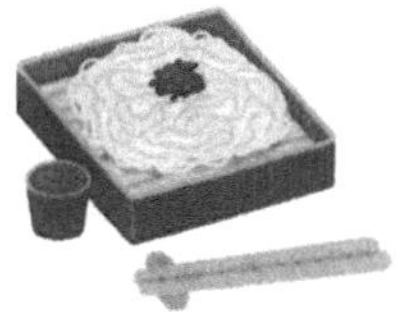

問８　横浜から長野へ向かう途中で通過するぶどうが特産品である県の名前を答えなさい。

問９　家族で食べた昼食代は合計で3,500円でした。そのうち隼人君の食べたおそばの代金がしめる割合は28％でした。おそばの代金を求めなさい。ただし消費税は考えないものとする。

旅行の目的地は黒姫高原のある信濃《しなの》町です。妙高戸隠連山《みょうこうとがくしれんざん》国立公園に属する北信五岳《ほくしんごかく》に囲まれた標高約700mの高原の町でもあり，澄《す》んだ空気・清らかな水・有機質に富んだ火山灰土の三拍子が揃《そろ》ったトウモロコシの産地です。宿泊する黒姫高原のホテルは標高2053mの黒姫山の中腹にあり，冬になると黒姫高原スキー場ゲレンデとなる場所からすぐ近くにあります。

ホテルに着いたのは，午後２時頃でした。受付を済ませて部屋に荷物を置くと，すぐにホテルから５分ほど坂を上ったところにある散歩コースを，スタッフの案内で姉と２人で歩くことにしました。陽子さんが中学１年生で研修に来たとき，ここを歩いてとても気持ちがよかったと聞いていたため，自分も歩きたくなった隼人君が旅行先が決まったときにホテルに頼んでいたのです。貴重な動植物もたくさん見ることもできました。

問10　外国からもたらされた外来種に対し，日本固有の動植物をまとめて何と呼ぶか，漢字で答えなさい。

坂の途中に見えるスキー場のゲレンデには，とても美しいコスモスが一面に咲《さ》き誇《ほこ》り，ピンクや赤の絨毯《じゅうたん》のようにも見えました。森林浴のコースを歩いて行くと，途中に池があったり，細い小川が流れていたりします。また，ニジマスのつかみ取りができる生け簀《す》もあり，別の家族づれが挑戦していました。その家族の父親は，生け簀の水につけた赤色リトマス紙が青色になるのを見せながら，魚の特性を子供に説明していました。隼人君は㋓リトマス紙の色の変化を遠目に見て，不思議に思いました。

問11　下線部㋓に関連して，次のア～エの水溶液のうち，赤いリトマス紙を青色に変えるものを１つ選び，記号で答えなさい。

ア　食塩を溶かした水
イ　りんご果汁を溶かした水
ウ　お酢を溶かした水
エ　アンモニアを溶かした水

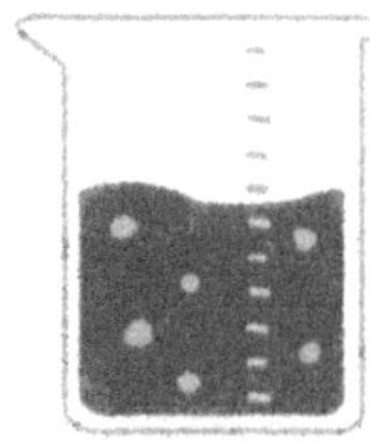

ホテルに戻ると夕食です。りんごを食べて育ったＡ５ランクの信州牛など地元の食材を生かした創作料理がとてもおいしく，満腹になりました。

ホテルでの夕食後は，外に出て，㋔星空を観察しました。横浜で見る夜空と違い，天の川をはっきりと見ることができました。また，この日はペルセウス座流星群が１番良く見えるということで，それに合わせて出発日も決めていました。そのため，この夜は１時間ほどでたくさんの流星を見ることができ，とても幸せな気分で眠りにつくことができました。

問12　下線部㋔の星空に関して，次の問いに答えなさい。

①　このとき最も目立って見えたのが「夏の大三角形」でした。次のページの**ア**～**エ**のうち「夏の大三角形」として正しいものを１つ選び，記号で答えなさい。

ア

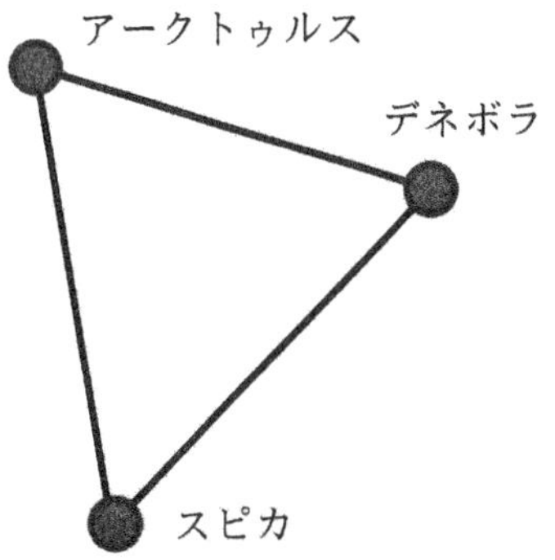

イ

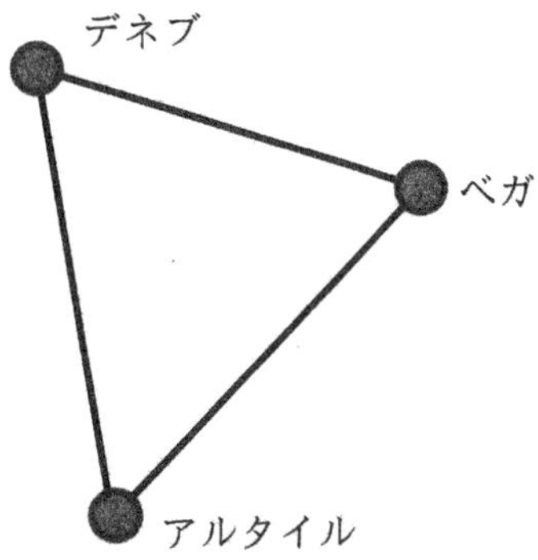

ウ

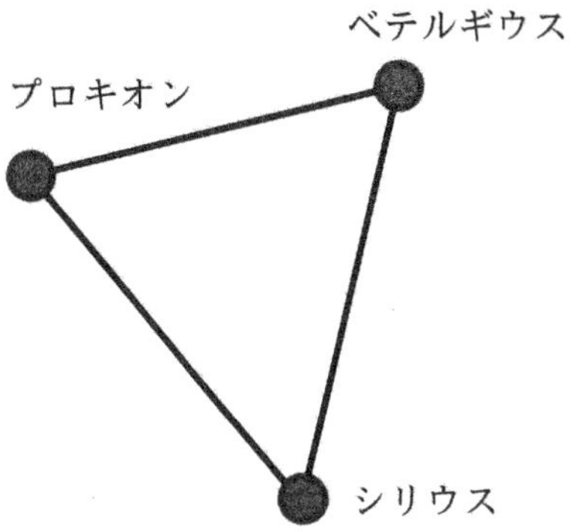

エ

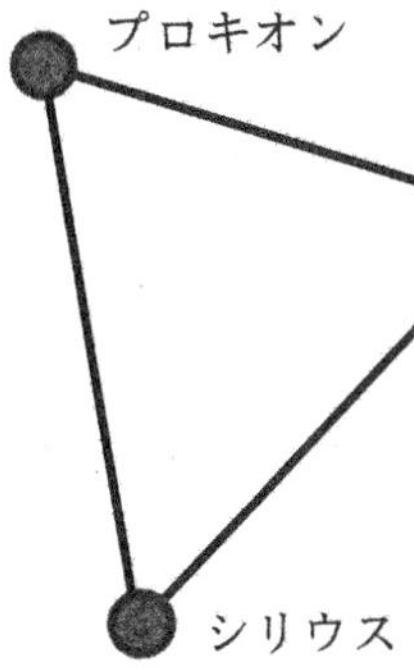

② この時，「夏の大三角形」の近くに見えた星座を，次の**ア**～**オ**の中から２つ選び，記号で答えなさい。

ア しし座　**イ** いて座　**ウ** さそり座　**エ** おとめ座　**オ** オリオン座

翌日は，家族そろって，ホテルから坂道を下って野尻湖《のじりこ》方面に観光へ行きます。野尻湖は長野県で２番目に大きな湖です。

隼人君は，家族と一緒にカヌー体験を湖でしました。最初は，乗り込むのにも不安定で怖《こわ》い感じがしましたが，インストラクターの指示通りにしっかり姿勢をとると，意外に安定して湖の上をゆっくりですが進んでいくことができました。湖の上を渡る風はとても心地よく，姉は１年生の時にこの野尻湖の周りを歩いて一周したと言っていましたが，途中にかなり急な上り坂なども見え，自分は歩くことにならなくて良かったと思いました。

カヌー体験が終わると，もろこし街道という名の直売所で，地元で採れた焼きトウモロコシを食べました。直売所には，トマト・キュウリなどの野菜も売られていました。

問13 トウモロコシの切り方で，バーベキューなどでよく見られる右のイラストのような切り方を何というか，答えなさい。

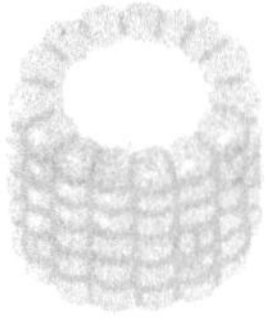

最終日は，ホテルのおいしい和食を食べてから出発です。その前にホテルのお土産《みやげ》コーナーで，隼人君はサッカーチームの仲間へお土産を買いました。

問14　6年生の仲間には1個150円のチューイングキャンディーを，5年生の仲間には1個130円のガムを，それぞれ1つずつ買いました。あわせて25人の仲間がおり，合計金額は3,510円でした。仲間のうち，6年生と5年生はそれぞれ何人いるか，求めなさい。ただし，消費税は考えないものとする。

帰りは途中で松本に立ち寄りました。

最初に訪れたブルーベリー農園では，無農薬で育てた大粒で甘いブルーベリーをたくさん食べました。ブルーベリーはもともとカナダやアメリカが原産で，20世紀初めから品種改良がすすめられ，ここでも安曇野《あづみの》ブルーやチャンドラーなどのたくさんの品種が栽培されていました。

次に訪れた松本城は，武田信玄などが活躍した戦国時代の永正年間に造られた深志《ふかし》城が始まりとされ，標高590メートルめ松本盆地内の平地に位置している，平地に築かれた平城です。黒と白のコントラストが山々に映えて見事な景観となっていました。

問15　1575（天正3）年，武田信玄の子である武田勝頼《かつより》を長篠《ながしの》の戦いでやぶった武将はだれか，またその戦いの特徴を20字程度で説明しなさい。

松本城見学を終えると，隼人君一家は横浜へ帰りました。

問16　隼人君一家の今回の旅行のみちのりは，どのようなものであったと考えられるか，解答欄の地図に書き込みなさい。

2月1日午前

2021年度

解　答　と　解　説

《2021年度の配点は解答欄に掲載してあります。》

＜算数解答＞《学校からの正答の発表はありません。》

$\boxed{1}$　(1)　2021　(2)　3　(3)　128　(4)　4　(5)　1.4　(6)　$\frac{3}{4}$　(7)　$2\frac{1}{3}$

(8)　$1\frac{9}{16}$　(9)　$7\frac{1}{3}$　(10)　$9\frac{1}{4}$　(11)　0.002　(12)　$1\frac{5}{6}$　(13)　$\frac{15}{16}$

(14)　3　(15)　8

$\boxed{2}$　(1)　0，1，2，3　(2)　80点　(3)　49cm　(4)　490円　(5)　12km

(6)　6個　(7)　7％　(8)　$96cm^2$　(9)　103度　(10)　$21.5cm^2$

$\boxed{3}$　(1)　解説参照　(2)　解説参照　(3)　2時間後　(4)　2時間48分後

(5)　時速40km

$\boxed{4}$　(1)　3本　(2)　6本　(3)　$648cm^2$　(4)　解説参照

○推定配点○

$\boxed{1}$(1)・(2)　各2点×2　他　各3点×32($\boxed{2}$(1)完答)　計100点

＜算数解説＞

$\boxed{1}$　(四則計算，割合と比，単位の換算)

(1)　9021－7000＝2021

(2)　3.69－0.69＝3

(3)　512÷4＝128

(4)　1.25×4×0.8＝4

(5)　5.6÷4＝1.4

(6)　$\frac{3}{2}-\frac{3}{4}=\frac{3}{4}$

(7)　$\frac{7}{81}\times 27=\frac{7}{3}$

(8)　$\frac{5}{16}\times 5=\frac{25}{16}$

(9)　$2+\frac{16}{3}=7\frac{1}{3}$

(10)　$\frac{17}{2}\times\frac{3}{2}-\frac{7}{4}\times 2=\frac{51}{4}-\frac{7}{2}=\frac{37}{4}$

(11)　0.2cm＝0.002m

(12)　$\square=2-\frac{1}{6}=1\frac{5}{6}$

(13)　$\square=\frac{5}{6}\times\frac{9}{8}=\frac{15}{16}$

(14)　8：12＝2：□　□＝3

(15)　□＝24×2÷6＝8(cm)

基本 $\boxed{2}$　(数の性質，平均算，和差算，割合と比，速さの三公式と比，単位の換算，平面図形)

(1)　0以上，3.5以下の整数は0，1，2，3

(2)　67.5×4－(66＋68＋56)＝270－190＝80(点)

(3)　(88＋10)÷2＝49(cm)

(4)　700×(1－0.3)＝490(円)

(5)　$36\times\frac{20}{60}=12$(km)

(6)　3，5の最小公倍数は15，100÷15＝6…10より，3でも5でも割り切れる整数は6個ある。

(7)　250g：500g＝1：2より，(1×3＋2×9)÷(1＋2)＝7(％)

図1

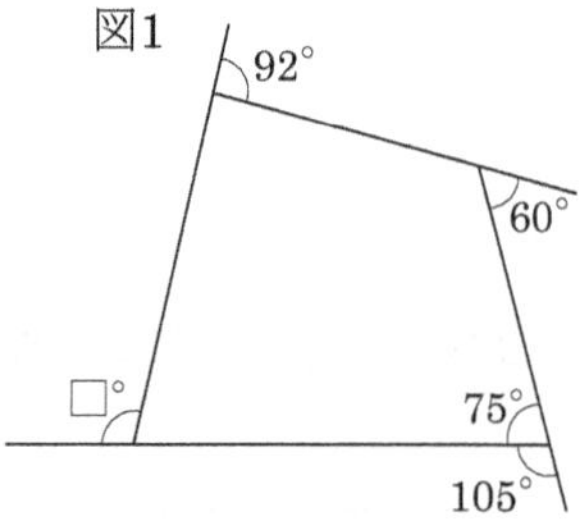

図2

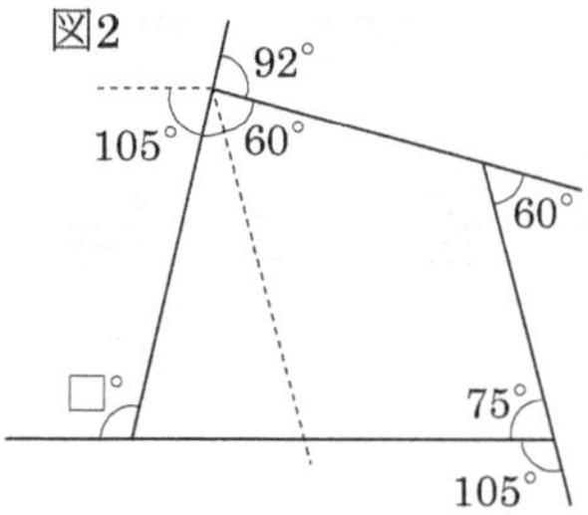

図3

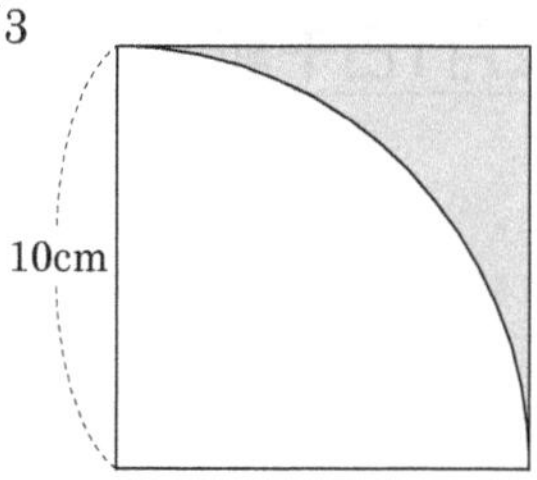

(8)　(6＋10)×12÷2＝96(cm²)

(9)　図1において，外角の和は360度であり，□＝360－(92＋60＋105)＝103(度)

　【別解】　図2を利用する。

(10)　10×10－10×10×3.14÷4＝21.5(cm²)(図3参照)

3　**(速さの三公式と比，グラフ，単位の換算)**

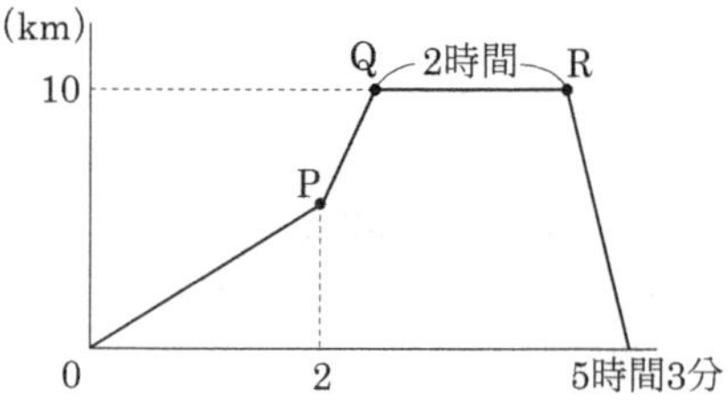

基本　(1)　説明例：時速3kmから時速5k mに変わった。

(2)　説明例：横浜くんの家で2時間，遊んだ。

(3)　問題文より，速さが変わったのは出発してから2時間後である。

重要　(4)　グラフより，2＋(10－3×2)÷5＝2.8(時間後)

すなわち，2時間48分後

重要　(5)　グラフと(4)より，帰りの時間は$5\frac{3}{60}$－(2.8＋2)＝0.25(時間)　したがって，帰りの時速は10÷0.25＝40(km)

4　**(平面図形，立体図形)**

基本　(1)　辺ABと平行な辺…DC，HG，EFの3本

重要　(2)　対角線BDについて「ねじれ」の位置にある辺…図アにおいて，太い辺の6本がある。

(3)　12×12×6－12×12×1.5＝12×12×4.5＝648(cm²)(図イ参照)

(4)　平行な辺の位置関係にもとづいて，または，AとG，BとHのように最も離れた頂点の組の位置関係にもとづいて各頂点を定め，3つの三角形をぬりつぶす。(図ウ参照)

図ア

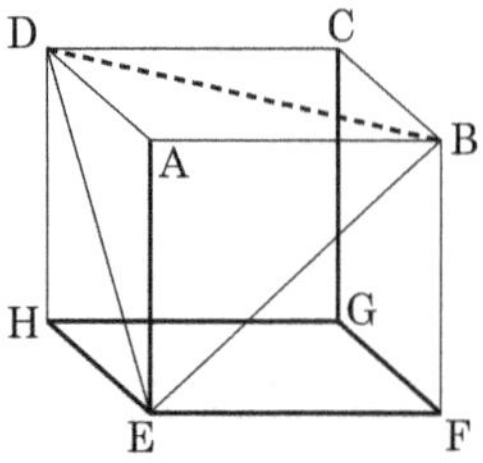

図イ

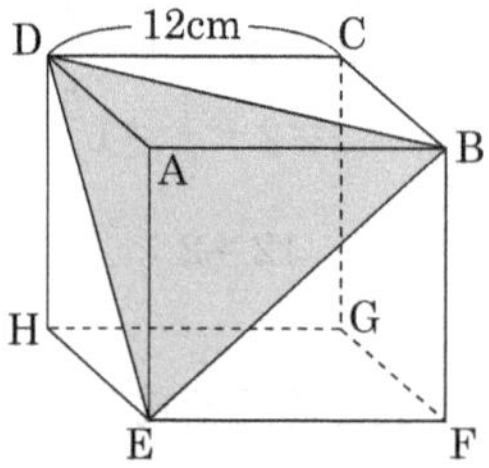

図ウ

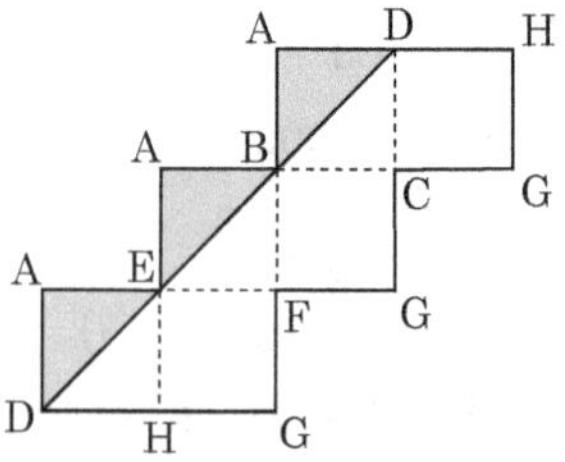

★ワンポイントアドバイス★

2(7)「食塩水の濃度」は，食塩の重さ÷食塩水の重さを利用するよりも，「平均」の計算法を利用するほうが速く，(9)「角度」は，外角を利用する。4(2)「平行でも垂直でもなく交わってもいない辺」の位置に注意しよう。

＜国語解答＞《学校からの正答の発表はありません。》

一　①　あやま　②　いっさい　③　りゅうい　④　ふくちょう　⑤　ふたん
⑥　密集　⑦　対応　⑧　延長　⑨　優先　⑩　導入

二　①　ウ　②　オ　③　ア　④　エ　⑤　イ

三　(例)　速度に価値がある情報と速度で価値が変化しない知識は区別されてきたが，すべてが情報として処理されるようになった。

四　(例)　日本は電子マネーの普及率が低いので，訪日観光客が電子マネーを使えず不便に感じる可能性がある。

五　問一　A　エ　B　イ　問二　人間は，鳥～きていない(から。)　問三　イ・カ
問四　Ⅰ　言葉　Ⅱ　世界[自然]　問五　(例)　世界を自分に合うようにつくり替えること。　問六　イ　問七　イ→ア→ウ　問八　自然を学んだ人間がつくり出したものを学ぶ

六　問一　A　耳　B　歯　問二　①　悪い風　③　皮の袋[皮袋]　問三　不
問四　(例)　ヨットレースの放送で，チームの代表が敗因を尋ねられるのを熱心に観ていた海生に，同じことを聞いてみようと思ったから。　問五　(例)　仲間がいなかったことだろうな。あいつは，そんなずるい奴じゃない，信じてやれ，って言ってくれる仲間がな。
問六　イ　問七　(例)「物」　祖母がくれたにおい袋　思い出(エピソード)　祖母が旅行先で買ってきてくれたにおい袋は，とても優しい香りがする。緊張する場面では，その香りとともに祖母が見守ってくれているようで，とても安心できる。

○推定配点○

一　各2点×10　二　各1点×5　三・四　各6点×2
五　問一・問四　各2点×4　問五　5点　他　各4点×5(問三・問七各完答)
六　問四・問五　各5点×2　問六　4点　問七　6点(完答)　他　各2点×5
計100点

＜国語解説＞

基本　一　(漢字の読み書き)

①の音読みは「ゴ」。熟語は「誤解(ごかい)」など。②は，全部，すべて。③は，物事に心をとどめて気をつけること。④は，調子がもとの状態にもどること。⑤は，力量をこえた仕事などのこと。⑥は，すきまなくぎっしりと集まること。⑦は，状況に応じて物事を行うこと。⑧は，決まった期間や長さをのばすこと。⑨は，他より先にあつかうこと。⑩は，選んで取り入れること。

重要　二　(ことばの意味)

①の「やけつく」は，焼けてくっつく，こげつくという意味。②の「たどりつく」は，苦労してやっと目的地に行き着くこと。③の「なきつく」は，泣くようにして頼みこむこと。④の「いてつく」は，すっかりこおりつくこと。⑤の「とりつく島もない」は，全く相手にせず，話を取り合おうとしないさま。「島」は，頼れるもの，助けになるものという意味。

やや難　三　(要旨の読み取り，記述力)

本文では，情報には速度が大きく関わるものと，そうではないものの二種類あり，その二種類は，速度に価値がある情報と速度で価値が変化しない知識で，情報と知識は区別されてきたが，すべてが情報として処理されるようになった，ということを述べている。情報と知識の違い，この二つが

すべて情報として処理されるようになったことを，指定字数以内に端的にまとめる。

重要 四 **(資料の読み取り，記述力)**

「国別訪日観光客」の割合を示す資料②にある国の中で，韓国・中国・アメリカ・カナダ・オーストラリアは「電子マネーの普及率の国別比較」を示す資料①では，いずれも40%をこえているのに対し，日本は20%である。このことから，問題点として，電子マネー普及率が低い日本では，訪日観光客が電子マネーを使えず不便に感じる可能性がある，ということが挙げられる。

五 **(論説文ー要旨・大意・論理展開・細部の読み取り，指示語，空欄補充，記述力)**

基本 問一　空らんAは「だれにも妨げられず自由に空を飛んでいる」「鳥」の様子なので，自由でゆったりしているさまを表すエが適切。空らんBは「空」や「海」といった世界と自分を分けて認識していることなので，明確に区別できるさまという意味のイが適切。アは，物の姿や形がきわだっているさま。ウは，ぼやけて見えるさま。オは，しまりなく続くさま。

問二　《人間は自由だからこそ学ぶ》の最初の段落で，「人間は，鳥や魚と同じような意味では『自然(＝世界)』の中に生きていない(35字)」ことが，「人間，とりわけ若い皆さんが世界と自分との間にズレを感じる理由だ」と述べている。

問三　傍線部②は同段落内で述べているように，「自分がこの世界にいるということがとても不思議な，奇妙なことに思えてくる」という「自分ではどうしようもない宿命的なズレ」であると同時に「『自分一人でここに生きている』という感覚」である「強い孤独感」のことなので，イ・カが適切。

重要 問四　傍線部③のある段落で，人間は「言葉」を用いて空を「空」，海を「海」と名づけて「世界」と自分を分けて認識しているのに対し，鳥や魚は人間がするように自分の住む「世界」を対象として捉えないので，鳥は空を「空」と呼ばず，魚も水を「水」と名づけることはなく，人間は鳥や魚と同じような意味では「自然(＝世界)」の中に生きていない，ということを述べている。これらの内容から，Ⅰには「言葉」，Ⅱには「世界」あるいは「自然」が入る。

やや難 問五　傍線部④は直前で述べているように，「人間は……自分が生きる世界を絶えずつくり替えていかなければなら」ず，「例えば，森を切り拓き，田畑をつくる」ことである。このことを④後で「人間は……世界を自分に合うようにつくり替える」努力を積み重ねてきた，とも述べているので，これらの内容をふまえて指定字数以内にまとめる。

問六　傍線部⑤前で述べているように，人間は自分が生きる世界を絶えずつくり替えていくことが，人間が自由である証しであるが，その世界＝自由に作り上げた世界の中で生きていることを⑤のように述べているので，イが適切。「自分に合うように」作り上げた世界を説明していない他の選択肢は不適切。

問七　ひとつ目は「はじめに，最初に」という意味の「まず」で始まっているイが入る。ウの「物理学も工学も」は，アの「数学が」につけ加える意味を表しているので，イ→ア→ウの順序になる。

重要 問八　傍線部⑦は「第二段階」すなわち，「自然を学んだ人間がつくり出したものを学ぶ」ために必要とされていることを述べている。

六 **(小説ー心情・情景・細部の読み取り，空欄補充，慣用句・四字熟語，記述力)**

問一　空らんAの「耳を傾ける」は，熱心に聞くこと。空らんBの「歯をくいしばる」は，くやしさなどを必死にこらえること。

問二　傍線部①は直後で話しているように「皮の袋に入った風」のことで，このことを海生が「悪い風」と話している。傍線部③は直後で話しているように「皮の袋」(あるいは皮袋)のことである。

基本 問三　「不眠不休」は，眠りも休みもしないこと。

問四　傍線部④後で「『オデュッセウスが敗因を聞かれたら，なんて言ったと思う？』」とおじいちゃんが海生に尋ねたのは「ケーブルテレビでアメリカズカップのヨットレースが放送されると，レース後に，負けたチームの代表が敗因を尋ねられる」のを「海生はいつも……熱心に観ていたから」であることが描かれている。ヨットレースの放送でチームの代表が敗因を尋ねられるのと同じことを海生に聞いてみようとおじいちゃんは思い，④のような表情になっているので，これらの内容を理由としてまとめる。

問五　空らん⑤の後で，⑤を聞いた海生は「『……クルーが非協力的だったともいえます』」とオデュッセウスがコメントしている姿が目に浮かんだ，と描かれていることから，⑤には，オデュッセウスを信じてくれる仲間がいなかった，というような内容が語られていることが読み取れる。「おじいちゃん」になったつもりで，話し言葉で説明する。

重要　問六　普通の文とは順序を逆にする倒置法として，「ふつうの人は……読んでいたのだ。」の後に「波の音を聞きながら。」，「『順風以外の……くれたんだ。』」の後に「『オデュッセウスが……たどり着けるように。』」といった描写がされているので，アは当てはまる。「日が暮れたら飲む〝色つき水〟で一杯やっていた」「日が沈んでいくのに合わせて色を濃くして飲む……夕焼けの色より心持ち濃い色の〝水〟」というように，おじいちゃんが飲んでいるものの描写はあるが，風景や景色といった「情景描写」はないので，イは当てはまらない。冒頭は「誰かが永久にいなくなった」＝おじいちゃんが亡くなった今の場面が描かれ，おじいちゃんのさまざまな持ち物から「海生が『アイオロス』……」で始まる回想場面へとつながっているので，ウは当てはまる。本文はおじいちゃんと海生の会話で物語が進んでいるので，エも当てはまる。

やや難　問七　解答例では，祖母からもらった「物」と，それにまつわる思いを述べている。設問では，「人と人との思い出をつなぎ止める役割」をする「物」を紹介するので，誰かからもらった物，何かの記念の物，誰かのために作った物などを思い返してみよう。どのような思い出か，具体的に述べていくことが重要だ。

★ワンポイントアドバイス★

小説では，主人公，作者など誰の視点で描かれているかにも着目しよう。

2月1日午後

2021年度

解　答　と　解　説

《2021年度の配点は解答欄に掲載してあります。》

＜適性検査Ⅰ解答＞《学校からの正答の発表はありません。》

問1　世界大戦が起きていたため。

問2　良い影響：競技ごとに道具や使用する素材も変化して，練習方法がより効果的になった
　　悪い影響：ドーピング検査に引っかからない薬物等の開発

問3　1974年の総会でオリンピック出場選手はアマチュアでなければならない規定が外されたことにより，競技における世界一を決める祭典であるという認識が世界中に広まったため。

問4　選手のことを第一に考えている

問5　選んだテーマ　②
　　科学の進歩の中でロボットは社会に様々な影響を与えている。良い影響としては，ロボットの技術が進化し，人間だけでは足らない，また不可能である仕事をロボットがこなせるようになったことがあげられる。それにより，災害時の人命救助や，かい護の場面などで活やくし，ロボットは社会の役に立っている。悪い影響としては，ロボットは，単純でくり返し作業を正確に行うことが得意であるため，受付や案内，掃除などといった仕事で活やくする反面，その仕事をしている人間の仕事を奪ってしまうことがあげられる。さらに，ロボットに頼りっきりになってしまうと，人間が楽をするようになり，今以上に社会に良い影響も悪い影響も与えることになってしまいそうだ。

○推定配点○

問1　10点　　問2　各5点×2　　問3　20点　　問4　10点　　問5　50点　　計100点

＜適性検査Ⅰ解説＞

問1　中止となった1916年には第一次世界大戦，1940年と1944年には第二次世界大戦が起こっていた。開催地だけでなく，世界中で戦争が行われていたことに着目し，記述する。

問2　祖父の発言に注目する。④部分の文章を読むと，昔の練習と比較しながら科学の進歩による良い影響について述べている。そこから，文字数に合うように抜き出す。他に，科学の進歩と同じ意味の発言を探していくと，父の発言の中に「科学技術の進歩」という言葉がある。その発言内ではドーピングの問題に関して述べている。よって悪影響はドーピングであるということがわかるので，簡潔にドーピング問題を述べている言葉を見つけ出し，抜き出す。

問3　名実共にスポーツの祭典になった原因を明らかにする。ハルコさんの発言以前をたどると，一つ目はオリンピック出場選手がアマチュアでなければならない規定が外されたこと，二つ目はアメリカの「ドリームチーム」により，オリンピックが世界一を決めるスポーツの大会であるという認識が世界中に大きく広まったことが，原因ではないかと予測できる。よって，この二点をまとめ，記述する。

問4　アスリートファーストとは，選手を一番に優先するという意味合いである。文字数に合う同じ意味の言葉を探す。

重要 問5　自分が選んだものに対して，良い影響を与える具体例，悪い影響を与える具体例をそれぞれ書き出し，骨組みを作ってから，文章という肉付けを行っていくとよい。あくまで科学の進化による影響について考えることに注意する。①については，良い影響は「連絡が取りやすくなったこと」「情報を得やすくなったこと」，悪い影響は「依存しやすいこと」「うその情報が簡単に流れてしまうこと」などが考えられる。③については，良い影響は「環境にやさしい」，悪影響は「発電に伴う危険物質の廃棄処理」などが考えられる。いずれも自分の身のまわりの生活から，どのような影響が与えられているのか考えるのが良い。

★ワンポイントアドバイス★

会話の中にちりばめられた正答やヒントをどれだけ拾えるか問われている問題が多い。文章を多くこなし，文章中から発見する力を身につけるとよい。

＜適性検査Ⅱ解答＞《学校からの正答の発表はありません。》

問1　①　新型コロナウイルス　②　パンデミック

問2　①　中部地方　②　北海道・岩手県・福島県　③　151.1人/km^2　④　埼玉県

問3　16779.4(cm^2)

問4　1998年

問5　右図

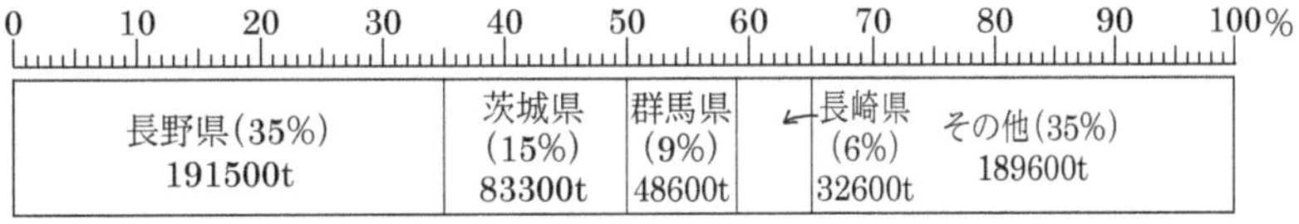

問6　地球温暖化の原因の1つである，二酸化炭素の排出量が少ないから。

問7　(時速)69(km)　問8　山梨県

問9　980(円)　問10　在来種　問11　エ

問12　①　イ　②　イ，ウ　問13　輪切り

問14　6年生　13(人)，5年生　12(人)

問15　(武将名)　織田信長　(特徴)　戦いで初めて大量の鉄砲が用いられた。

問16　右図

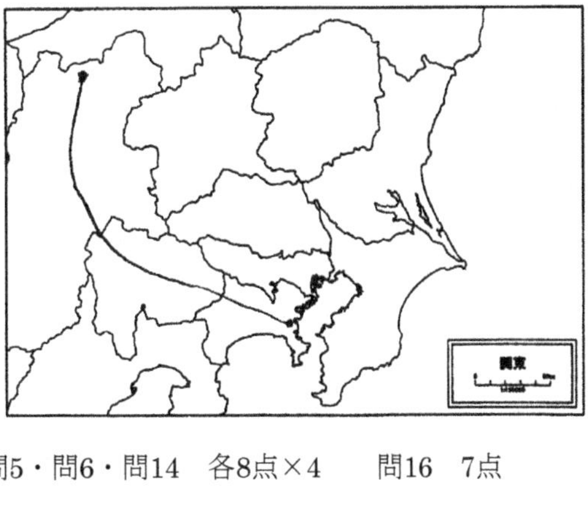

○推定配点○

問2③・問7・問9・問15　各5点×5　問3・問5・問6・問14　各8点×4　問16　7点

他　各3点×12　計100点

＜適性検査Ⅱ解説＞

問1　①　新型コロナウイルス感染症(COVID－19)は，新型コロナウイルス(SARS－CoV－2)を病原体とする感染症で，2019年12月に初めて確認され，世界各地に広がっていった。　②　感染症などが世界的に流行することをパンデミックという。

問2　①　中部地方に属する都道府県は，新潟県，石川県，富山県，福井県，長野県，岐阜県，山梨

県，静岡県，愛知県の9県である。　②　面積が広い都道府県上位5つは，北海道，岩手県，福島県，長野県，新潟県の順である。　③　人口密度の求め方は，人口(人)÷面積(km^2)である。文中より，長野県の人口は約204万人，面積は約1万3500km^{2}であるため，2040000÷13500＝151.11　　よって，151.1人/km^2。　④　海に面していない内陸県は，長野県，岐阜県，山梨県，栃木県，群馬県，埼玉県，奈良県，滋賀県の8つのみである。これらのうち1つを答えればよい。

やや難 問3　円の直径の比が1：4：8：12で，2番目に大きい円の直径が120cmということから，それぞれの円の直径は小さいほうから，15cm，60cm，120cm，180cmとなる。半径は直径の半分なので，小さいほうから，7.5㎝，30cm，60cm，90cmである。　よって，色が塗られている部分の2つの部分の小さいほうの面積は，(30×30×3.14)－(7.5×7.5×3.14)＝2826－176.625＝2649.375
また，同様に大きいほうの面積は，(90×90×3.14)－(60×60×3.14)＝25434－11304＝14130
この2つをたすと，2649.375＋14130＝16779.375　　よって，16779.4cm^2。

問4　長野オリンピックは1998年2月7日から2月22日に開催された。

基本 問5　各都道府県の出荷量を全国の出荷量でわって百分率で表すと，(長野)　191500÷545600＝0.350よって，35％　(茨城)　83300÷545600＝0.152よって，15％　(群馬)　48600÷545600＝0.089よって，9％　(長崎)　32600÷545600＝0.059よって，6％　(その他)　189600÷545600＝0.347よって，35％となる。これらを帯グラフにする。帯グラフをかくときは，割合が大きい県から順に左からかき，その他は最後にかく。

問6　ハイブリッド車とは，動力源をもつ車のことで，ガソリンで動くエンジンと電気で動くモーターを動力源として組み合わせているものが多い。ガソリンを使って動く場合には，地球温暖化の原因の1つである二酸化炭素をふくむ排気ガスが排出されるが，電気を使って動く場合には排気ガスが出ないため，環境に優しいと言われているのである。

問7　文中より，横浜から黒姫高原までの距離は約330km，走行していた時間は，6時間－1時間15分＝4時間45分　　これを時間になおすと，4.75時間。よって時速は，330÷4.75＝69.47より，小数第一位を四捨五入すると時速69kmとなる。

問8　横浜から長野へ向かう途中で通過する山梨県は，昼と夜の寒暖差が大きく，また，降水量が少なく，日照時間が長いという気候と扇状地で水はけがよいという地形の特徴を生かした果樹栽培が盛んである。特にぶどうとももの生産量は全国1位である。

基本 問9　昼食代の合計が3500円で，隼人君の食べたおそばの代金がしめる割合が28％より，3500×0.28＝980　　よって，隼人君が食べたおそばの代金は980円である。

問10　外国からもたらされた種を外来種，日本固有の動植物を在来種という。近年，人間の活動によって入ってきた外来種が在来種を食べたり，在来種のすみかを犯したりすることによる国内の生態系への影響が問題となっている。

問11　酸性の水溶液は青いリトマス紙を赤色に変え，アルカリ性の水溶液は赤いリトマス紙を青色に変えるという性質がある。この問題では，赤いリトマス紙を青色に変えるものを選ぶため，アルカリ性の水溶液を選べばよい。　ア　中性　　イ　酸性　　ウ　酸性　　エ　アルカリ性より，答えはエ。

問12　夏の大三角形は，こと座のベガ，わし座のアルタイル，はくちょう座のデネブの3つの一等星を結んだものである。よって，答えはイ。また，アはおとめ座の一等星スピカ，うしかい座の一等星アークトゥルス，しし座の二等星デネボラを結んだ春の大三角形，ウはオリオン座のベテルギウス，おおいぬ座のシリウス，こいぬ座のプロキオンの3つの一等星を結んだ冬の大三角形である。

問13　問題のトウモロコシのように，切り口が円形になるように切る切り方を輪切りという。また，にんじんやだいこんなどの野菜でよく使われる切り方として，輪切りをした後それを半分に切ると半月切り，半月切りをしたものを半分に切るといちょう切りである。

問14　25人の仲間全員が6年生だとすると，150×25＝3750(円)　隼人さんが勝ったお土産の合計金額は3510円より，実際は，3750－3510＝240(円)安い。ここで，6年生へのおみやげ1個と5年生へのおみやげ1個の値段の差は，150－130＝20(円)なので，6年生が1人減って5年生が1人増えると，20円ずつ合計金額が増える。よって，5年生の人数は，240÷20＝12(人)　また，全員で25人より，6年生の人数は，25－12＝13(人)　したがって，6年生13人，5年生12人である。

問15　長篠《ながしの》の戦いで武田勝頼《かつより》をやぶった武将は，織田信長である。この戦いは初めて大量の鉄砲が使われた戦いだといわれており，織田信長は鉄砲によって，当時最強といわれていた武田軍の騎馬隊をやぶることができたのである。この鉄砲の登場により，戦いのあり方が大きく変わっていくこととなった。

問16　隼人さん一家は横浜→黒姫高原・野尻湖→松本→横浜というルートで旅行しており，問題から，横浜から長野に向かう途中に山梨を通過することが書かれている。よって，新潟と長野の県境に位置する黒姫高原を出発地点，横浜を到着《とうちゃく》地点として，長野県の真ん中あたりに位置する松本を通り，山梨県を通過するルートを書けばよい。

★ワンポイントアドバイス★

基本的な知識で解けるものも多いが，大きい数の計算をしなければならない問題もある。時間は十分にあるので，落ち着いて取り組むようにしよう。

MEMO

大切なことはメモしておこうネ！

2020年度

★★★★★★★★★★★★★★★★★★★★★★★★

入　試　問　題

2020年度

横浜隼人中学校入試問題（2/1午前）

【算　数】（50分）　＜満点：100点＞

【注意】 定規，コンパス，分度器は使用してはいけません。

1　次の計算をしなさい。ただし，⑾～⒂は □ に当てはまる数を答えなさい。

⑴ $1389-27+658$

⑵ $12.34-9.87$

⑶ $10.24\div0.32$

⑷ $6\times\frac{2}{3}\times\frac{1}{8}$

⑸ $\frac{64}{81}\div\frac{8}{9}\times\frac{3}{4}$

⑹ $1.75\div\frac{5}{4}\div0.2$

⑺ $10-10\div10+10\times10$

⑻ $100-(20-16\div4)\times5$

⑼ $2.3-\frac{3}{5}\times3-4\div8$

⑽ $(12\div2-4.5)-2\times3\div(8+4)$

⑾ $2020-\square=111$

⑿ $\frac{1}{\square}+\frac{1}{4}=\frac{7}{12}$

⒀ $\square\times4\div2=\frac{1}{4}$

⒁ 50分は □ 時間である。

⒂ $1.5:\square=6:5$

2　次の問いに答えなさい。

⑴ $\frac{19}{20}$ より大きく，４以下の整数をすべて答えなさい。

⑵ 隼人くんは，国語と理科と社会の３教科の平均点は77点であった。算数の得点が89点のとき，４科目の平均は何点か求めなさい。

⑶ 横96㎝，たて56㎝の長方形の紙がある。この紙をあまりが出ないように，できるだけ大きい正方形に切り分けるためには，１辺の長さを何㎝にすればよいか求めなさい。

⑷ 800円の品物を40％引きで買ったときの代金は何円か求めなさい。

⑸ 時速42㎞で走っている自動車は，40分間に何㎞走るか求めなさい。

⑹ ある中学校の生徒200人に算数のテストを２問行った。その結果，１問目に正解した人は160人，２問目に正解した人は120人であった。両方とも正解出来なかった人が誰もいなかったとき，両方とも正解だった人は何人か求めなさい。

⑺ 10％の食塩水300ｇに水を加えて６％の食塩水にするためには，何ｇの水を加えれば良いか求めなさい。

⑻ 昨年，日本でラグビーのワールドカップが行われた。参加チームは全部で20チームであった。最初に５チームずつ４グループで総当たりの予選リーグを行い，１位から５位までの順位を決める。次に，各リーグの上位２チームによる決勝トーナメントを行い優勝チームを決める。この大

会の総試合数は何試合になるか求めなさい。
ただし，3位決定戦も行い，引き分けはないものとする。

⑼　右の図は正六角形である。
□ にあてはまる数を答えなさい。

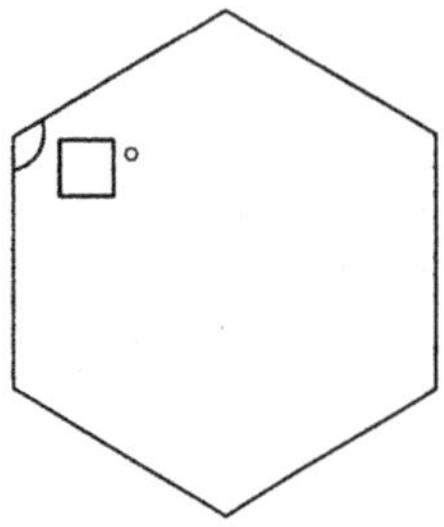

⑽　次の立体は，直方体を2つ組み合わせた立体である。この立体の表面積（表面の面積）は何cm^2か求めなさい。

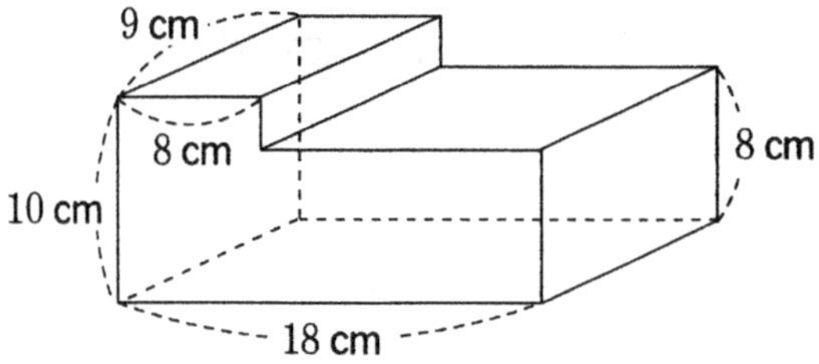

3　下の図のような直方体を組み合わせた水そうに一定の割合で水を入れる。下のグラフは水を入れ始めてからの時間と水そうの底面から水面までの高さの関係を表したものである。水そうの深さが50cmであるとき，次の問いに答えなさい。

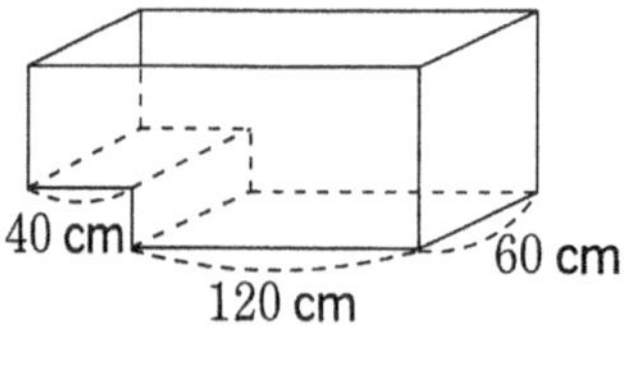

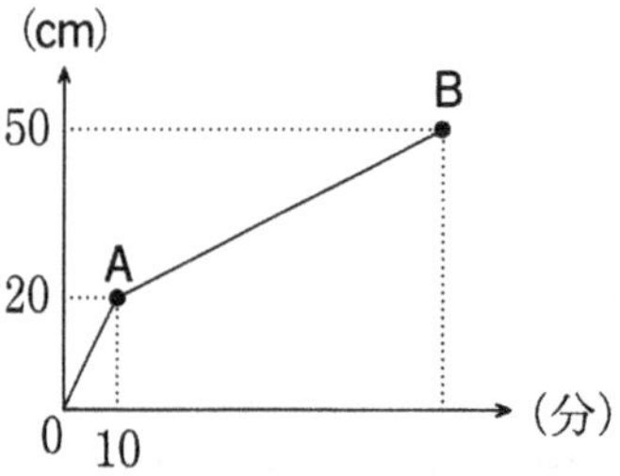

⑴　グラフの点A，点Bは水そうの中では，どのような状態であるか説明しなさい。

⑵　この水そうについて，アの長さは何cmか求めなさい。

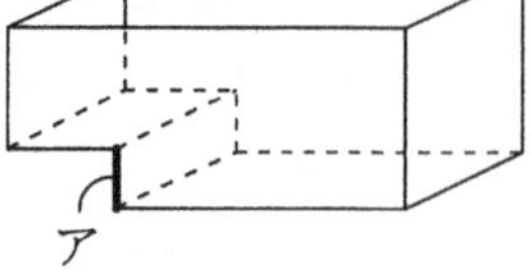

⑶　毎分何cm^3の割合で水を入れるか求めなさい。

⑷　水を入れ始めてから15分後の水面の高さは何cmになるか求めなさい。

⑸　水を入れ始めて何分後に水そうの水がいっぱいになるか求めなさい。

4　隼人くんの家では，以下の料理を作るのに必要なじゃがいも，にんじん，たまねぎの個数は次の表通りである。このとき，以下の問いに答えなさい。

ただし1/2は，にんじん1本または，たまねぎ1個の半分を表している。

	じゃがいも	にんじん	たまねぎ
カレー（2人前）	2個	1/2本	1個
コロッケ（2個）	3個	(使わない)	1/2個
ビーフシチュー（2人前）	1個	1/2本	1個

(1)　じゃがいも8個，にんじん4本，たまねぎ4個があるとき，カレーは何人前作れるか答えなさい。

(2)　コロッケ4個とビーフシチュー4人前を作るときに必要なじゃがいも，にんじん，たまねぎの個数はそれぞれ何個になるか答えなさい。

(3)　じゃがいも120個を　2：3：1　に分け，カレー，コロッケ，ビーフシチューを作る。このとき，カレーとビーフシチューはそれぞれ何人前，コロッケは何個できるか求めなさい。ただし，にんじんとたまねぎは豊富にあるものとする。

(4)　じゃがいも156個，にんじん26本，たまねぎ65個を1つも残さずすべて使うとき，カレー，ビーフシチューはそれぞれ何人前，コロッケは何個作れるか求めなさい。

日差しは今日もじりじりと熱く、体中から汗が止《と》め処《ど》なく流れる。どこまでも続くかに思える鉄塔群の遥《はる》か先の空には、要塞《ようさい》みたいな白い雲がゆっくりと動いている。

僕は遥《はる》か遠くを眺めながら、いつかちゃんと帆月の手を握《にぎ》ってみたいな、なんて考えていた。

（賽助《さいすけ》『君と夏が、鉄塔の上』より）

問一　――線①「Ａ往Ｂ往」について、Ａ・Ｂにあてはまる漢字一字をそれぞれ答えなさい。

問二　――線②「帆月一人で公園内の気温を一、二度は上げている気がする」とありますが、帆月のどのような様子を表していますか。文中の言葉を使って二十五字以内で答えなさい。

問三　――線③「帆月は、実際に見なくてもどんな感じなのか分かるんだっけ」とありますが、僕がそのように言った理由として適切なものを次の中から一つ選び、記号で答えなさい。

ア．不思議な力を持つ帆月に対して、尊敬の念を抱《いだ》いているから。

イ．鉄塔に興味のない帆月を連れて行くことに、気が引けたから。

ウ．僕と比奈山の鉄塔への強い関心を、帆月に理解させたいから。

エ．僕の言葉に呆れている帆月を見て、いやみを言いたくなったから。

問四　――線④「頬を膨らませていた」とありますが、これと同じ気持ちを表す言葉を文中から六字でぬき出して答えなさい。

問五　――線⑤「赤と白の縞模様をした背の高い紅白鉄塔」とありますが、なぜ紅白なのか。その理由が書かれている部分を、文中からぬき出して答えなさい。

問六　僕は帆月に対して好意を持っています。そのことが分かる部分を、文中から二つぬき出して答えなさい。

問七　私達は、多くの建造物と共に生活をしています。この物語は、「鉄塔」という建造物を中心にして、子ども達の心の交流を描《えが》いています。あなたの周りにある建造物を一つあげ（「鉄塔」はのぞく）、それにまつわる思い出（エピソード）を一つ紹介《しょうかい》しなさい。字数は、四十字以上で解答用紙に収まるように答えなさい。

「伊達くんじゃあるまいし、そんなわけないでしょ」と帆月は呆《あき》れ声だった。

「鉄塔を建ててるのか？」

「うん。もうちょっとしたら、古い鉄塔は壊《こわ》されちゃうだろうね」

「へぇ……」

「土手に登れば見れるよ。見に行ってみようか」

「あのねえ」帆月は呆れている。そんな彼女をよそに「見てみるか」と比奈山は公園の出口へと向かった。

「ちょっと、本気？」

「③帆月は、実際に見なくてもどんな感じなのか分かるんだっけ」

僕はわざとらしく言ってみせる。

「伊達くん……嫌《いや》な子になったね」

帆月はぐいと口を尖《とが》らせた。

茶色のマンションと鉄塔の間の細い道を通り、土手へとぶつかると、「競走！」と帆月が駆《か》け出し、しかし僕と比奈山はそれに従うことなくゆっくりと土手を登っていく。あっという間に駆け上がった帆月は僕らを見下ろして④頰《ほお》を膨《ふく》らませていた。

土手を登りきると、とんがり帽子《ぼうし》を被《かぶ》った小さな93号鉄塔が窺《うかが》える。その真後ろで、新しい鉄塔の組み上げ工事が行われている真っ最中だった。前回は鉄塔の足首くらいしか建っていなかったけれど、今は腰《こし》のあたりまで組み上げられている。クレーンで赤い色をした鉄骨を吊《つ》り上げ、コンクリートの土台の上に少しずつ組んでいく。今はまだ、ただの四角錘《すい》といった形で、送電鉄塔と呼べるようなものではないけれど、もう少ししたら⑤赤と白の縞模様《しまもよう》をした背の高い紅白鉄塔が建つことだろう。

「うーん、何が見えるというわけでもないなあ。貯水池見たってしょうがないし」

そう言いながらも、土手を吹《ふ》き抜《ぬ》ける風を受けて帆月は気持ちよさそうだ。

「あの鉄塔、色が変だぞ」

比奈山が遠くに建つ90号鉄塔を指差す。水色に塗《ぬ》られたその鉄塔は、下に伸《の》びている木々と相まって実に美しい形をしている。

「うん。あれは多分、景観を重視してああいう色なんだろうね」

「へぇ、鉄塔ってそんなことも考えてるんだ」

帆月は意外とばかりに少し目を丸くする。

「環境調和型鉄塔っていって、円柱型のもあるんだよ」

「ふぅん……」帆月も比奈山も、感心したように頷《うなず》いた。

「ちなみに、手前の鉄塔が紅白なのは、背の高い建造物は紅白に塗らなきゃいけないって、航空法で決まっているからなんだ」

「伊達くん、活《い》き活《い》きしてるね。聞いてないことまでスラスラと」

「あ、ごめん」

「いいんだけどね」

帆月はそう言って、不意に僕の手首を摑《つか》んだ。急に彼女と触れ合ったので、思わずドキリとしてしまったけれど、帆月は比奈山の手首も同時に摑んでいて、僕ら三人は並んで鉄塔の子供を見上げた。

「何を見てるんだろう」

帆月は子供の気持ちに成り代わるみたいに、ぐいと首を後方に向けた。僕も比奈山も同じように首を後ろに捻《ひね》る。

※シックハウス……新築の住居などで起こる体調不良の症状。
※そしり……文句を言うこと。

問一　――線①「その内容」の指している部分を文中からすべてぬき出し、最初と最後の七字を書きなさい。

問二　文中の A ～ C に入る語として適切なものを次の中から一つずつ選び、記号で答えなさい。
ア．さらに　イ．ところが　ウ．つまり　エ．ところで

問三　――線②「湯の華」とは、どのようなものですか。文中の言葉を使って二十五字以内で答えなさい。

問四　――線③「それ」の指す内容を、文中の言葉を使って二十五字以内で答えなさい。

問五　――線④「わが国のインテリアの設計図と称するもの」とありますが、これを別の言葉で言い換えた部分を、文中から十字でぬき出して答えなさい。

問六　――線⑤「本当の設計図」とありますが、筆者が「本当の設計図」に必要だと考えていることとして当てはまらないものを次の中から一つ選び、記号で答えなさい。
ア．音、光、熱、空気などの要素が加わっていること。
イ．人間工学的な配慮や安全性が考えられていること。
ウ．人間の健康に役立つ効果が三割以上であること。
エ．建て替えるときの廃棄物処理まで考えていること。

問七　この文章からは、次の一文がぬけています。文中に補うとすると、【ア】～【エ】のどこに入れるのがよいですか。記号で答えなさい。
〈**そこに現れたのが環境工学だったのである。**〉

問八　文中の□に入る言葉として適切なものを次の中から一つ選び、記号で答えなさい。
ア．建築工学　イ．感性工学　ウ．社会工学　エ．情報工学

六　次の文章を読んで、あとの問いに答えなさい。

同級生三人（僕・帆月《ほづき》・比奈山《ひなやま》）は、今日も公園に集まり鉄塔《てっとう》の天辺《てっぺん》に座っている子供について話をしている。三人のうち帆月だけがその子供を見ることができるが、帆月が他の二人に触《ふ》れることで他の二人もその子供を見ることができる。

そんな夏休みの終了が刻一刻と近づき、台風もまた①A往B往しながら接近している。あまりに足が遅《おそ》いので、帆月や比奈山は勝手に「伊達《だて》台風」と名付けていた。
鉄塔の子供は相変わらず変化がなく、帆月は憤懣《ふんまん》やるかたないといった感じだった。近所迷惑《めいわく》も顧《かえり》みず何度も子供に呼びかけてはみるけれど、子供は一点を眺《なが》めたままでピクリとも反応しない。
「子供なのに耳が遠いんじゃないの！」
帆月が悪態をついた。②帆月一人で公園内の気温を一、二度は上げている気がする。
「だいたい、何を見てるの？　ここからじゃ、荒川が見えるわけでもないだろうし」
「確かに」と比奈山が言い「何もないよね」と帆月が賛同する。
「鉄塔があるよ」僕は反論した。
「93号鉄塔は建て替《か》え工事の真っ最中なんだ。それを見てるんじゃ」

とにもっともな説である。それでは全く効果がないのかと念を押したら、彼は私のがっかりしたのに同情したのか、溶けないカスの間に有効成分の何程《なにほど》かが付着しているから、まあ三割程度の効果はあると期待してよかろうという答えであった。

以上の話を聞いて私は、④わが国のインテリアの設計図と称《しょう》するものの実態は、湯の華の段階ではないかと思うようになった。その理由は、設計図を一見したところでは、いかにも美しくて快適そうな空間に見えるが、果たしてこれが本当に人間の健康に役立つ住空間だろうか、と疑問を持つことがしばしばあるからである。

その理由は設計図の中で音、光、熱、空気についてのチェックはあまりされていないらしく、特に空気汚染《おせん》と換気《かんき》の関係のチェックはないし、人間工学的な配慮《はいりょ》や安全性、［C］施工性《しこうせい》のチェックも欠けているように思われるからである。設計図が見掛《みか》けだけの奇麗《きれい》な絵でしかないとすれば、実質効果が三割の湯の華のお風呂と同じではないか。その家庭温泉にもっともらしい理屈《りくつ》をつけて、施主《せしゅ》に高価で売り込んでいるのが、実態の多くかも知れないと、いささか気になり始めたのであった。

私の上述の雑文は、インテリア学会会報の片隅《かたすみ》に載《の》せてもらったが、それはインテリアデザインを軽視する偏見《へんけん》だと非難を受けた。だが私は設計図はさらに※リフォームのしやすさや、建て替《か》えるときの廃棄物《はいきぶつ》処理のことまで考慮《こうりょ》されたものこそ⑤本当の設計図であろうと思う。以前からインテリアの設計図をそのように考えていたとすれば、最近大きな話題になった※シックハウスの問題も、社会問題になる前に住宅産業界なりインテリア学会なりの中から、すでに提案されているべき問題であったはずで、怠慢《たいまん》の※そしりを受けてもやむを得ないというのが、私の答えである。

さてここでインテリアの歴史を振り返ってみよう。今日のインテリアといわれる分野に相当するものは、昭和時代の初期までは洋家具の生産を指していて、木材工芸と呼ばれていた。そして洋家具を並べた洋風の部屋を設計することを室内装飾《そうしょく》と呼んでいた。だが木材工芸も室内装飾も、それはまだ技能の段階であって、技術とは認められていなかった。学問的裏付けが乏《とぼ》しかったからである。

戦後になって家具の分野に学問的らしい理屈を持ち込んだのは人間工学であった。これによって家具の分野は少しだけ地位が向上して、室内計画と呼ばれるようになり、その後インテリアという言葉の普及《ふきゅう》に伴《ともな》って、インテリア計画という称呼《しょうこ》が定着したのであった。【ア】

しかしそれから三〇年経って、いまでは人間工学はもはや常識になった。【イ】そこで次の理論武装になるものが要求されていた。【ウ】これまで抜けていた音、光、熱、空気という目に見えない要素が計画に加わって従来の弱点を補うことにより、インテリアは第二の段階を昇《のぼ》って、やや学問的らしい体制を整えたのであった。【エ】

以上に私はインテリアが学問らしくなっていくための一番目の段階は人間工学であり、二番目の段階は環境工学であったと書いた。それなら三番目の段階は何であろうか。私は［　　］がそれだと思う。いま私たちは感覚に頼《たよ》って住空間を設計しているが、その感覚を科学的な立場から裏付けする研究が、近い将来に注目されるようになっていくであろう。それによってインテリアはさらに学問的な完成度を増していくに違《ちが》いないと思う。

（小原二郎『木の文化をさぐる』より）

※リフォーム……居住の改築や改装のこと。

五　次の文章を読んで、あとの問いに答えなさい。

しばらく前に私は「インテリア湯の華《はな》論」という雑文を書いて、いささか物議をかもしたことがある。①その内容は次のようなことであった。

蒸留水は不純物を含《ふく》まないから、最高の水だと思いがちであるが、味がなくて飲み水にならないから実用的には価値がない。生水が美味しいのはミネラルを含んでいるためだが、普通には不純物を含んだものは下級だとみなされる。宇宙飛行をされた向井千秋さんから聞いた話だが、宇宙船では飛行中に蒸留水ができるが、それはまずいので塩と一緒《いっしょ》に飲み込んでいたそうである。

A 温泉は生水の約一〇倍のミネラルを含んでいて、それが健康に対して有効に働く。日本は資源小国といわれるが、温泉資源に関しては飛び抜《ぬ》けて豊富で、二三〇〇もの保養地がある。第二位のドイツは二三〇だから桁違《けたちが》いの豊富さである。

近ごろ家庭でお風呂に各地の有名な温泉の②湯の華を入れて楽しむことが流行している。その湯の華を入れるとお風呂の水は白く濁《にご》って硫黄《いおう》の臭《にお》いが強く鼻をつく。本物の温泉にそっくりだから、風呂好きの私は、それですっかり湯治《とうじ》の効果があると信じて満足していた。

B そのことを友人の専門家に話したら、③それは錯覚《さっかく》だったことに気がついてがっかりした。彼の論拠《ろんきょ》は次のようである。

温泉のお湯の中にはいろいろなミネラルが溶け込んでいて、それが健康に有効なわけだが、その成分の中で水に溶けないカスがある。それの沈澱《ちんでん》したものが湯の華だ。温泉で溶けないカスが、君の家の浴槽《よくそう》の中で溶けるはずがないではないかというのである。理路整然としていてまこ

【国語】（五〇分）〈満点：一〇〇点〉

【注意】 句読点等も字数にふくめなさい。

一　次の漢字はひらがなに、カタカナは漢字に直しなさい。

① 個人の尊厳を守る。
② 彼のピアノは音色がよい。
③ 丁重な態度でもてなす。
④ 新内閣を発足する。
⑤ 愛しい人を思う。
⑥ 世界キロクを目指す。
⑦ 朝晩で気温の差がイチジルしい。
⑧ キョクチテキな大雨。
⑨ 機械をソウサする。
⑩ フッコウに向けて支援《しえん》を続ける。

二　次の熟語に合う適切な否定語を「非・不・未・無」の中から選び、それぞれ答えなさい。

①（　　）発見
②（　　）合法
③（　　）都合
④（　　）関心
⑤（　　）公式

三　次の文章の内容をまとめたとき、「環境破壊を防ぐには、□という理念に変えないといけない。」の形になるように、□にあてはまる言葉を四十五字以内で答えなさい。

近代の理念のままで行ったら、環境破壊はますますひどくなって、地球には人間が住めなくなる。それはもう、はっきりしています。

これを防ぐにはどうしたらいいか。

理念を変えないといけないですね。人間が自然を征服《せいふく》するという考え方をやめないといけない。

自然には、人間以外にもたくさんの命があります。近代の考え方は、そのたくさんの命を軽視して、人間だけが偉いものだという。ほかの命は、人間の利益のために滅《ほろ》ぼしても構わないというんです。

そういう考え方を変えなくてはいけない。人間以外のたくさんの命と共生しなくてはいけないという、そういう時代にきたわけです。

（梅原猛『学ぶよろこび―創造と発見―』より）

四　次のページの絵は、隼人君が春休みに桜の名所である山梨県新倉《あらくら》山浅間公園《やませんげんこうえん》にある忠霊塔《ちゅうれいとう》（五重塔）を訪れ、そこから見える風景を写生したものです。春休みの課題として学校へ提出したところ、先生によく描けているとほめられました。隼人君はとてもうれしかったので、そのことを広島に住んでいる祖父母へ電話で報告をすることにしました。

あなたがこの絵を見ることができない電話の向こうの相手に、この風景を伝えるとしたらどのように説明しますか。その内容を簡潔にまとめなさい。

MEMO

大切なことはメモしておこうネ！

2020年度

横浜隼人中学校入試問題（2/1午後）

【適性検査Ⅰ】（45分）　＜満点：100点＞

【注意】　字数の指定のある問題は，指定された字数や条件を守り，わかりやすくていねいな文字で書きましょう。最初のマスから書き始め，文字や数字は１マスに１文字ずつ書き，文の終わりには句点［。］を書きます。句読点［。，］やかっこなども１文字に数え，１マスに１つずつ書きます。

次の文章を読んで，あとの問いに答えなさい。

小学校の卒業式を１ヵ月後にひかえたある日のことです。ここ６年２組の教室では，「中学校の制服」の話で盛り上がっています。クラスの児童の約７割は，地元の公立中学校に進学し，約３割の児童はすでに受験を終え，それぞれが合格した私立中学校に進むことになっています。地元の公立中学校の制服は，白いワイシャツの上に紺色《こんいろ》のブレザーというものです。それでは，その会話の内容を少し聴いてみましょう。

みゆき　私は４月から私立の女子校に進学するんだけど，その学校を選んだ本当の理由は「制服」なんだ。このことは親には言わなかったけど，実は小さい頃からのあこがれだったんだ。

けいた　じゃあ，親には何て言ったの？

みゆき　この学校なら一生懸命勉強できそうと言ったわ。あの学校の制服を着ればテンションが上がって，勉強をがんばれそうなのは事実だからね。

はるこ　確かにまだ幼かった頃，アイドルグループが制服で歌ったり踊ったりしているのを見て，同じ制服を着てみたいと思ったことはあるけど，今はみんなが同じ服装をしているのを見ても，あまり魅力《みりょく》を感じないな。

けいた　僕は**はるこさん**と同じ地元の中学に通うけど，できることなら制服は着たくないな。学校のルールだからちゃんと制服を着るけど，できるだけ早く生徒会の役員になって，「制服をなくして自由服（私服）に変える」活動をしたいと思う。

ゆうじ　それはすごい意気込みだね。僕も制服が嫌《きら》いだから，制服のない私立学校に行くんだ。みんながそれぞれその日の気分に合う服を選ぶ。暑い日・寒い日，晴れの日・雨の日，四季のある日本にはいろいろな日があるから，その気候に合わせた服選びがしたい。どんな天気の日でも同じ服を着るなんておかしいと思う。

あきら　ちょっと待って。僕は早く中学生になって制服を着たいと思ってる。だって，制服を着ると気持ちが引きしまる感じがするんだよね。もし，**けいた君**が生徒会役員になって「制服改革」

をしようとしたら，申し訳ないけど僕は反対票を投じると思う。制服に着替えると「さあこれから学校へ行くんだ，頑張るぞ！」なんて，そんな気持ちになるように思う。もちろん**けいた君**とは争いたくないけど。

よしお　僕も制服には大賛成。僕は将来弁護士になるという夢を叶《かな》えるために，小学校４年生から塾に通って，第１志望の私立男子校に合格できたんだ。僕はずっとこの学校で先輩《ぱい》たちと同じ制服を着ることを夢見ていたよ。今もそれを考えるだけでわくわくする。それと，僕は制服を着ることで学校への愛着がますます深まると思う。そこが制服のいいところだね。

あきら　つけ足しだけど，制服を着ると仲間意識も強くなるような気がする。僕らは同じ学校に通う仲間なんだってね。それって大事だと思わない？

けいた　別に制服を着なくたって仲間意識はちゃんとあるでしょう。今だって僕らはそれぞれ私服を着ているけど，みんなのことを大切な仲間だと思っているよ。それよりも僕は，何でも強制されるんじゃなくて，生徒の「自由」を大切にするべきだと思う。

みゆき　私は毎日の服選びがめんどくさいから制服がいいな。制服だったら毎日の洋服選びに悩まされずに，勉強に集中できると思う。授業中に周りの生徒の服装が気になったり，自分がどう見られているのかを気にしたり，それを考えただけで何だか気が重くなるわ。

はるこ　さっきも言ったけど，私は制服だと個性が育たないと思うんだよね。みんなが同じだということに慣れてしまって，何も考えなくなるのはどうかしら。あと，制服を着ていると自分に「学校名」をはり付けられている感じで嫌《いや》だな。なんだか自分の行動を周囲から監視されているみたい。

あきら　それはどうかな。僕は逆に制服を着ていることで安全が守られると思う。もしも制服を着ているときに困っていたら，地元の人が気軽に手をさしのべてくれると思う。それと，制服を着ていると悪いことができないから，日々の生活を正すという面でも効果的だと思う。

けいた　確かに安全面や風紀面ではそうかも知れないけど，衛生面ではどうかな。僕はすごく汗っかきだから，できれば毎日洗濯《せんたく》された服が着たい。だけど制服は，特に冬服の場合は毎日同じものを着るんだよね。制服は値段が高いから，何着も用意するのは経済的に大変だし，成長したらその度に買い換えないといけないのは大きな問題だよ。

アリサ　私は幼い頃から父の転勤で，世界中のいろんな国で生活してきたんだけど，どこの国でもほとんどの児童や生徒は制服を着ていたよ。父から聞いた話だけど，そもそも制服は，①家庭の経済状況の差が出ないように考えられて始まったそうよ。

みゆき　私もテレビでアフリカの子どもたちが制服姿で笑っている映像を見たことがあるけど，すごく似合っていて楽しそうだったよ。やっぱり制服を着ていると一体感が生まれるし，勉強しようというスイッチが入ると思う。制服で勉強して私服でくつろぐみたいな，オンとオフの切り替えはとっても大切だよね。

アリサ　ただ，日本の制服はすごく高価だと思う。数年前に，高級ブランドの制服を公立小学校で採用したというニュースには驚いたわ。元々の意味からずいぶん変わってきてしまっているの

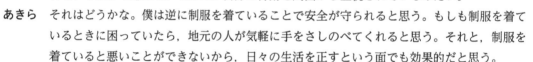

ね。最近は服の値段が安くなってきたように感じるけど，相変わらず制服の値段が下がらないのはちょっとおかしいと思う。

ゆうじ　確かにそうだね。制服を買える店は限られているから，値段が下がらないのかもしれない。僕は，「かた苦しくて調節しづらい制服」よりも，「快適で過ごしやすい私服」の方が，機能的にも経済的にもいいと思うな。制服に何万円も使うなんて意味がわからないよ。

よしお　なんだかお金の話になってきたけど，最近は「制服リサイクル」をやる学校が増えて，先輩たちが寄付してくれた制服を安く買うこともできるらしいよ。お金の問題はあるけど，僕はやっぱりあこがれの学校で同じ制服を着て，６年間も過ごせるのが楽しみだな。

はるこ　**よしお君**は自分の学校を自慢《じまん》したいだけでしょ。なんだかそういうの好きじゃないな。ただし，同じ制服でも警察官や客室乗務員の制服にはちょっとあこがれるし，レストランのおしゃれな制服も統一感が感じられる。気を引き締めて仕事をしてる感じが，見ている方にも伝わってくる気がするわ。

アリサ　そうか。それも同じ制服だね。私は看護師の制服が優しそうだから一番好き。もしも病院で私服の看護師に世話されたとしたら，なんか違和感があるよね。私もあんな制服が着られるお仕事がしたいな。そう考えるとみんなと同じ地元の中学校の制服を早く着たくなってきたわ。

ゆうじ　ねえみんな。ちょっと論点が変わってしまっているよ。僕らが話していたのは中学校の制服の話でしょ。「職業の制服」の話と一緒《いっしょ》にすると，話が複雑になる気がする。

よしお　でも，中学校の制服について考える上で，参考にはなると思うよ。制服のことを英語で「ユニフォーム」って言うんだよ。サッカーでも野球でも，「ユニフォーム」を着ると一体感が高まるでしょう。

あきら　さあ，そろそろ授業が始まるよ。今日はみんなで議論ができて楽しかったね。またひとつ，小学校のいい思い出ができたよ。あと１ヶ月，よろしくね！

問１　この文章には７人の登場人物がいますが，その中で「私立中学校に進学する児童の名前」をすべて答えなさい。

問２　下線部①について，なぜ「制服」があると「家庭の経済状況の差」が出にくいのか。30字以内で説明しなさい。

問３　**あきら君**が考えている「中学生が制服を着ることのメリット（制服に賛成する理由）」を整理して，４点にまとめなさい。

問４　11ページ目にある**けいた君**の「制服をなくして自由服（私服）に変える」という意見に対するあなたの考えを300字以内で述べなさい。ただし，自分の立場（「賛成」か「反対」か）を明確にした上で，「具体的な理由」を３点以上入れること。

【適性検査Ⅱ】（45分）　＜満点：100点＞

【注意】 字数の指定のある問題は，指定された字数や条件を守り，わかりやすくていねいな文字で書きましょう。最初のマスから書き始め，文字や数字は1マスに1文字ずつ書き，文の終わりには句点［。］を書きます。句読点［。，］やかっこなども1文字に数え，1マスに1つずつ書きます。

問題 次の文章を読んで，それぞれの問いに答えなさい。

隼人君は，横浜市立の小学校に通う6年生の元気な男の子です。父・母・妹の4人家族で，妹の陽子さんは小学4年生です。隼人君は毎年，家族で海外旅行に出かけていますが，今年は「ニューカレドニア」に行くことになりました。隼人君にとって，初めての南半球旅行なので，今回の事前学習には気合いが入っているようです。

ニューカレドニアは，日本の南南東約7000km，シドニーの北東約1970kmに位置し，約50年前に作家の「森村桂」が書いた旅行記『天国に一番近い島』の舞台になったことがきっかけで，日本人に親しみのある場所になりました。

8月のある日，4人は成田空港を昼の12時15分に離陸し，中心都市のヌメアにあるトントゥータ国際空港に到着したのが現地時間で夜の23時でした。飛行時間は8時間45分だったので，日本とニューカレドニアの時差は（　A　）時間ということがわかります。

また，離陸してから着陸するまでの「平均時速」を計算すると，およそ（　B　）kmになりました。陽子さんはそれを聞いて，飛行機の速さに驚いていました。

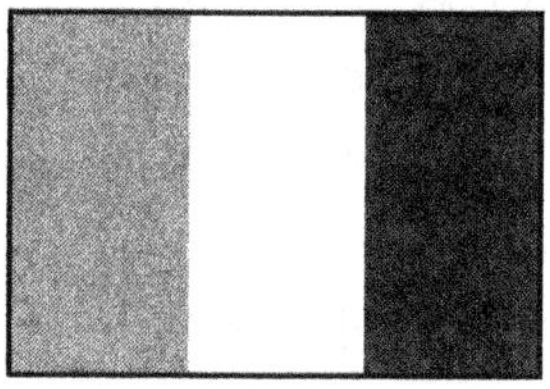

ニューカレドニアは，1853年からフランスの海外領土であるため，国旗もフランスと同じ，通称「トリコロール」と呼ばれるものです。配色は左から青・白・赤で，それぞれ順に（　C　）を意味しています。

隼人君の事前学習によると，ニューカレドニアがフランスの植民地になった当初は，罪を犯した人の流刑地《るけいち》として使われましたが，1863年に「ニッケル（携帯電話や医療《りょう》機器などに用いられる金属）」が発見され，世界でも有数の埋蔵《まいぞう》量があるということがわかると，フランス本土や中国，そして日本から多数の労働者がこの地に移住したそうです。日本からの移住者は，1892年から1920年の間で5575人にも及び，今でもワタナベやスズキのような日本人の姓が数多く残っているのですが，1941年頃から①移住していた日本人の数は急激に減ったそうです。

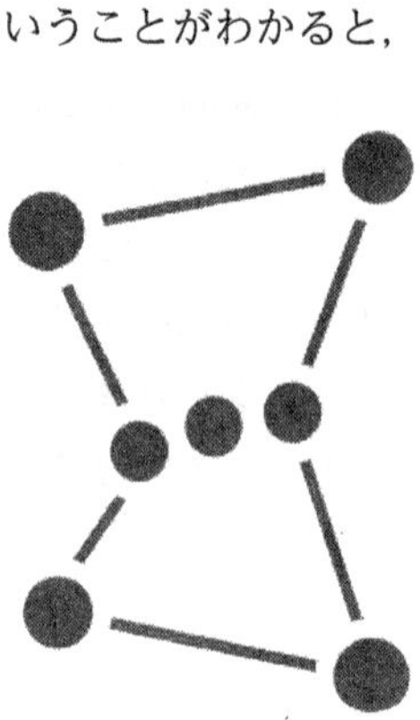
ベテルギウス↑

トントゥータ国際空港から迎えのバスに乗り，海岸沿いのホテルに向かう途《と》中で，隼人君が空を見上げると，右の図のように「②オリオン座」がきれいに見えました。赤く輝く星「ベテルギウス」が輝いています。しかし，よく見ると何か違います。

その理由をお父さんに尋《たず》ねると，「ここは南半球だから，星座の見え方が北半球とは違うんだよ」と教えてくれました。

次に隼人君は大好きな「③北極星」を時間をかけて探しましたが，この時はどこにも見つかりませんでした。

昨夜が遅かったので，翌日はゆっくり起きてヌメア中心部を散歩することにしました。ニューカレドニアは（　D　）地域に属していますが，冬のヌメアは平均気温20度で，過ごしやすい気候です。ヌメアの街中は歩道が広く歩きやすい上，道路を横断しようとするとすぐに車が止まってくれます。隼人君は今までいろいろな国を旅行して，外国人のマナーの悪さに④（　E　）消沈することもありましたが，ニューカレドニアの素晴らしいマナーに触れたことで⑤心機（　F　）し，勝手な思い込みをするのはやめようと心に決めました。

次の日はいよいよ楽しみにしていたシュノーケリングです。朝早く目が覚めた隼人君は，お父さんと「ラトリエ・グルマン」というパン屋へ買い物に行きました。ここは地元の人気店で，朝早くからにぎわっています。この店はホテルから北へ600メートルの距離にあるのですが，ちょうど朝日が昇る時間だったので，ホテルから北西に進んだところにある小高い丘でしばらく朝日を眺《なが》めて，そこから400メートル北へ進み，最初の交差点を右折して東に200メートル歩いてパン屋に行きました。パン屋からはまっすぐ南へ歩いてホテルに帰りました。部屋に戻って隼人君たちが歩いた道路を地図上に線で結び，その線で切り取られた四角い図形の面積を計算すると，約（　G　）ヘクタールでした。

ホテルでパンの朝食を済ませ，みんなで近くの船着き場へ行き，そこからタクシーボートに乗りました。恐いくらいのスピードで約５分，「カナール島」という小さな島に到着し，デッキチェアーとパラソルを借りると隼人君はさっそく海に入りました。初めてのシュノーケリングで，最初は恐怖感がありましたが，波がとても穏《おだ》やかで，海岸から10メートルほどの所に珊瑚礁《さんごしょう》が広がっていました。その中にはたくさんのカラフルな魚たちやウミガメなどが泳いでいて，見たことのないような光景でした。隼人君は水中の⑥生き物の呼吸の仕組みについて興味を持ち，日本に帰ったら調べようと思いました。

最終日にみんなで「マルシェ」に行きました。マルシェはフランス語で「市場」のことです。地元の野菜やフルーツ，そして近海で採れた「天使のエビ」という有名なエビなどの魚介類が所せましと並んでいます。野外にもテントが張られ，観光客向けの土産《みやげ》店が連なっています。

隼人君と陽子さんは両親と離れ，二人で⑦ケーキ屋に行きました。この日はお母さんの誕生日なのです。本当は大きなケーキが欲しかったのですが，予算が足りないので１辺が３㎝の正方形でできた「チョコケーキ」と「ホワイトケーキ」を６つずつ買い，それを組み合わせて作ることにしました。ケーキは１つ「240CFP」だったのですが，身振り手振りで交渉をした結果，「チョコケーキ」は２割引，「ホワイトケーキ」は３割引にしてもらえました。この「CFP」とは，ニューカレドニアの通貨の単位で，１CFPは約１円です。

その後それぞれお土産の小物をいくつか買ったのですが，お札ばかり使っていたので陽子さんの財布の中はコインでいっぱいになりました。その内容は次のページの通りです。

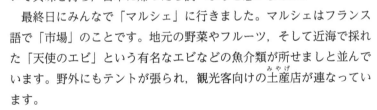

「50CFP」…3枚　「10CFP」…6枚　「5CFP」…3枚　「2CFP」…6枚

陽子さんはコインを使って100CFPのキーホルダーを買うことにしました。これらのコインを使って，**「ぴったり100CFP」**になるように支払う方法は，全部で（　H　）通りあるのですが，陽子さんは**コインができるだけ財布に残らないように**支払ったので，最終的に財布の中に残ったコインの数は（　I　）枚でした。

問1　（A）に入る数字を計算して答えなさい。また，（B）に入る数字を次の中から1つ選び，記号で答えなさい。

ア．700　　イ．800　　ウ．900　　エ．1000　　オ．1100

問2　（C）に入る言葉を次の中から1つ選び，記号で答えなさい。

ア．自由・平等・博愛　　イ．自由・友情・平和　　ウ．平等・博愛・平和

エ．平等・均等・親愛　　オ．博愛・平和・友情

問3　下線部①のように，移住していた日本人の数が急激に減った理由を20字以内で説明しなさい。

問4　下線部②の「オリオン座」は，同じ時間に日本で見たらどのように見えるか。
次の中から1つ選び，記号で答えなさい。

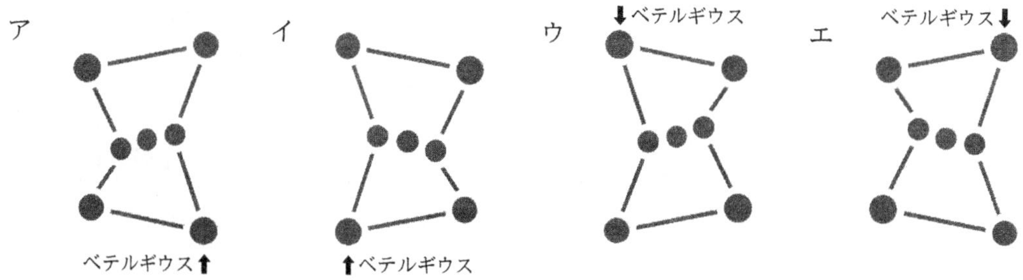

問5　下線部③の「北極星」はニューカレドニアではどのように見えるか。
次の中から1つ選び，記号で答えなさい。

ア．どんなときにも見ることができない。

イ．季節によって見えたり見えなかったりする。

ウ．距離が遠くなるため，天体望遠鏡を使えば見ることができる。

エ．昼間しか出ていないので，特殊《しゅ》な装置を使わなければ見えない。

問6　（D）に入る言葉を次の中から1つ選び，記号で答えなさい。

ア．熱帯　　イ．亜熱帯　　ウ．温帯　　エ．寒帯　　オ．乾燥《かんそう》帯

問7　下線部④と⑤は，それぞれ四字熟語であるが，（E）と（F）に入る言葉をそれぞれ漢字2文字で答えなさい。

問8　（G）に入る数字を計算して答えなさい。

問9　下線部⑥「生き物の呼吸の仕組み」について書かれた次の文章の（a）～（g）に入る言葉を語群から1つずつ選び，それぞれ記号で答えなさい。
ただし，同じ記号のところには同じ言葉が入る。

> 魚には人間や犬・猫のような（　a　）がなく，（　b　）で呼吸しています。
> （　b　）で水に溶けている（　c　）を取り入れ，体内の（　d　）を水中に放出して

います。血液中に取り入れられた（　c　）は細胞《ぼう》に運ばれ，養分から（　e　）を取り出すことに使われています。

また，（　f　）類は，子のときに水中で生活するため（　b　）呼吸をし，親になると（　a　）呼吸をするそうです。しかし，（　a　）がじゅうぶん発達していない時期には（　g　）呼吸もしています。そのため，（　g　）が常に湿っていなければならないので，（　f　）類は親になっても水辺で生活しています。

語群　ア．皮膚《ふ》　イ．肺　ウ．えら　エ．ほ乳　オ．エネルギー
　カ．は虫　キ．両生　ク．酸素　ケ．水素　コ．二酸化炭素

問10　下線部⑦について，隼人君が「ケーキ屋」に支払った金額は合計いくらか。

問11　（H）と（I）に入る数字を計算して答えなさい。

問12　ホテルに戻った隼人君と陽子さんは，マルシェで買った12個のケーキを，右の図のように「チョコケーキ」と「ホワイトケーキ」が，タテもヨコも互い違いになるように組み合わせて，お母さんの誕生日を祝うための「バースデーケーキ」を作った。

このバースデーケーキを，点Aと点Bを結ぶ直線で2つに切ったときの「断面図」を解答欄に書きなさい。線は多少曲がっても良いが，「チョコケーキ」の部分は，わかりやすく斜線で示しなさい。

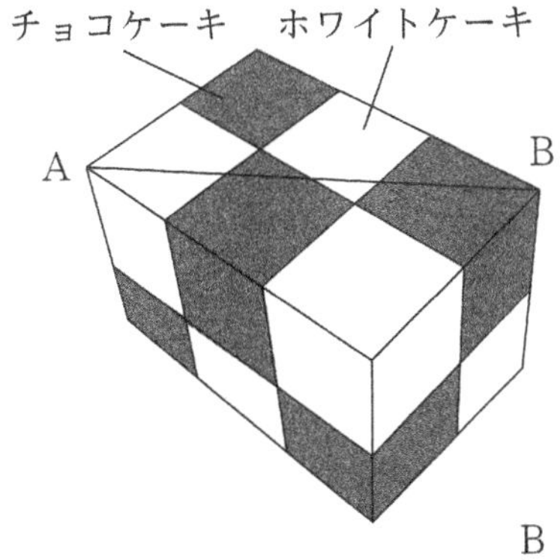

問13　右の図は，2つに切ったバースデーケーキの片方を真上から見た図である。この図の「チョコケーキ」部分の面積を合わせると何平方センチメートルになるか。計算して答えなさい。

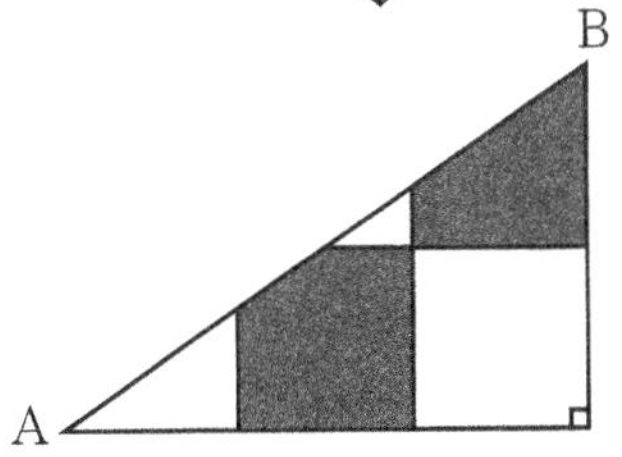

問14　帰りの飛行機の中で，隼人君は陽子さんと「4×4白黒ゲーム」をした。そのゲームのルールは以下の通りである。

①黒番が先手で，黒白交互に打つ。（今回は，黒番が隼人君，白番が陽子さん）

②自分の色の石で，縦・横・斜めに相手の石をはさんだとき，はさまれた石を自分の石の色に変える。（はさめない場所には石を置けない。）

③はさめる石が1つもないときには「パス」となり，続けて相手の番になる。

このゲームは，圧倒的に白番（後手）が有利であるが，右の図のような最終局面になり，黒番（先手）の隼人君にチャンスが訪れた。隼人君はよく考えた末，（　J　）の場所に石を置き，（　K　）対（　L　）で勝つことができた。このときの（J）に入る記号を **あ** と **い** のどちらかで答えなさい。

また，（K）（L）に入る数字を答えなさい。ただし，K＞L，とする。

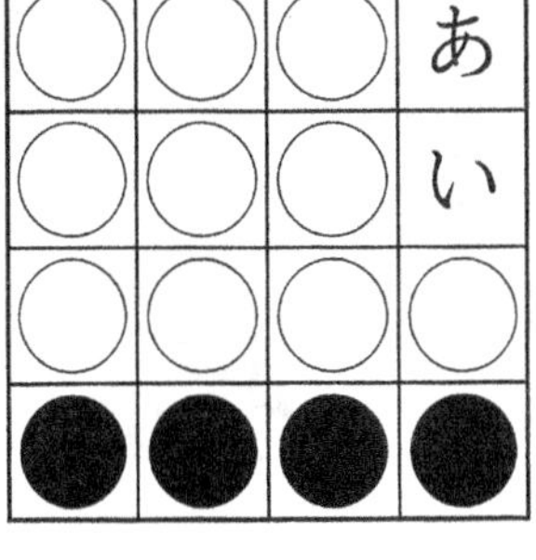

MEMO

大切なことはメモしておこうネ！

2/1午前

2020年度

解　答　と　解　説

《2020年度の配点は解答欄に掲載してあります。》

＜算数解答＞《学校からの正答の発表はありません。》

1　(1)　2020　(2)　2.47　(3)　32　(4)　$\frac{1}{2}$　(5)　$\frac{2}{3}$　(6)　7　(7)　109
(8)　20　(9)　0　(10)　1　(11)　1909　(12)　3　(13)　$\frac{1}{8}$　(14)　$\frac{5}{6}$
(15)　1.25

2　(1)　1，2，3，4　(2)　80点　(3)　8cm　(4)　480円　(5)　28km　(6)　80人
(7)　200g　(8)　48試合　(9)　120°　(10)　824cm^2

3　(1)　(点A)　解説参照　(点B)　解説参照　(2)　20cm　(3)　14400cm^3
(4)　27.5cm　(5)　30分後

4　(1)　8人前　(2)　じゃがいも　8個，にんじん　1本，たまねぎ　3個
(3)　カレー　40人前，コロッケ　40個，ビーフシチュー　40人前
(4)　カレー　52人前，コロッケ　52個，ビーフシチュー　52人前

○推定配点○
3・4　各5点×10(4(2)～(4)完答)　他　各2点×25(2(1)完答)　計100点

＜算数解説＞

1　(四則計算，単位の換算)

(1)　$1389+658-27=1389+631=2020$

(2)　$12.34-9.87=2.47$

(3)　$1024\div32=32$

(4)　$4\times\frac{1}{8}=\frac{1}{2}$

(5)　$\frac{64}{81}\times\frac{9}{8}\times\frac{3}{4}=\frac{2}{3}$

(6)　$\frac{7}{4}\times\frac{4}{5}\times5=7$

(7)　$10-1+100=109$

(8)　$100-80=20$

(9)　$2.3-1.8-0.5=0$

(10)　$1.5-0.5=1$

(11)　$\square=2020-111=1909$

(12)　$\frac{1}{\square}=\frac{7}{12}-\frac{1}{4}=\frac{1}{3}$，$\square=3$

(13)　$\square=\frac{1}{4}\div2=\frac{1}{8}$

(14)　$50\div60=\frac{5}{6}$

(15)　$\square=5\times1.5\div6=1.25$

基本　2　(数の性質，平均算，割合と比，速さの三公式と比，集合，場合の数，平面図形，立体図形)

(1)　$19\div20=0.95$より大きい，4以下の整数は1，2，3，4

(2)　$(77\times3+89)\div4=320\div4=80$(点)

(3)　$96=8\times12$，$56=8\times7$の最大公約数より，8cm

(4)　$800\times(1-0.4)=480$(円)

(5)　$42\div60\times40=42\div3\times2=28$(km)

(6)　$160+120-200=80$(人)

重要　(7)　食塩の量が一定であり，濃さが$\frac{6}{10}=\frac{3}{5}$(倍)になるので食塩水は$\frac{5}{3}$倍になり，$300\times\frac{5}{3}-300=200$(g)の水を加える。

【別解】 右図において，色がついた部分の面積が等しく$300\times(10-6)\div6=200$(g)の水を加える。

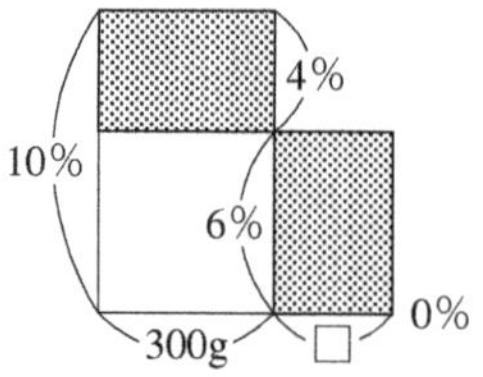

重要　(8)　5チームの総当たり(リーグ)戦の試合数…$5\times4\div2=10$(試合)

5チームずつ4グループの総当たり(リーグ)戦の総試合数…$10\times4=40$(試合)

$2\times4=8$(チーム)のトーナメント(勝ち抜き)戦の総試合数…$8-1=7$(試合)

3位決定戦…右図より，1試合

したがって，全部で$40+7+1=48$(試合)

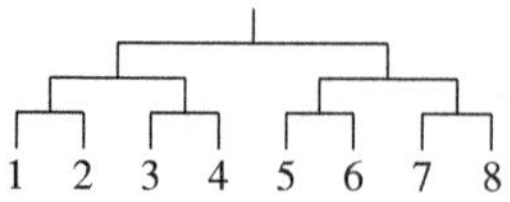

基本　(9)　図1において，□は$60\times2=120$(度)

【別解】 $180-360\div6=120$(度)…1つの外角が60度

重要　(10)　図2において，面アを底面とする。

底面積×2…$(10\times18-2\times10)\times2=320$(cm²)

側面積…$(10+18)\times2\times9=56\times9=504$(cm²)

表面積…$320+504=824$(cm²)

図1

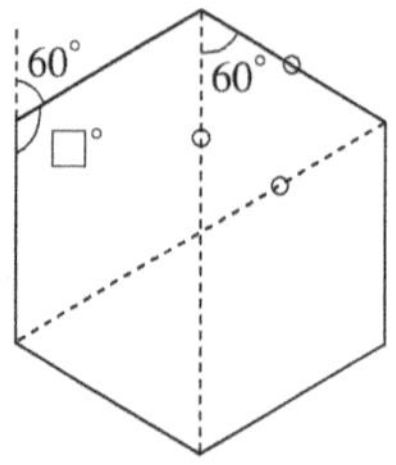

図2

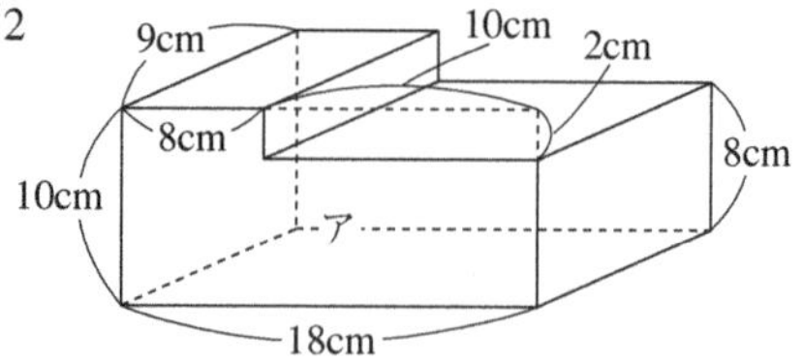

3　(立体図形，平面図形，グラフ)

基本　(1)　説明例

点A…水そうのなかの段の高さまで水がたまった。

点B…水そうが満水になった。

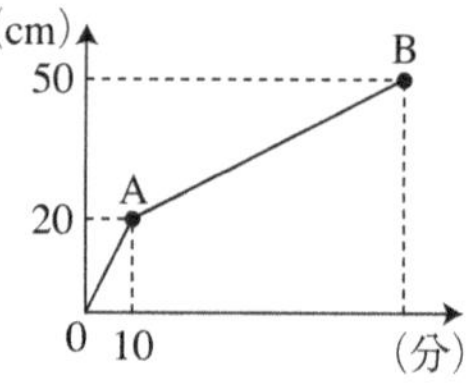

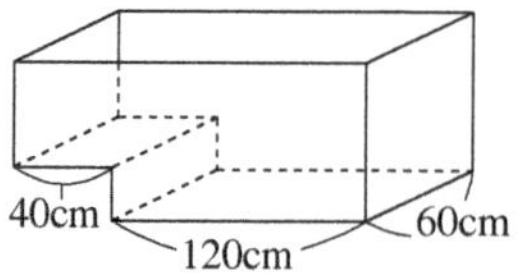

基本　(2)　グラフより，20cm

基本　(3)　10分で水面の高さが20cmになったので，水量は毎分$60\times120\times20\div10=14400$(cm³)

重要　(4)　(3)より，水そうのなかの段の上には毎分$14400\div\{60\times(40+120)\}=1.5$(cm)ずつ水がたまる。したがって，15分後の水面の高さは$20+1.5\times(15-10)=27.5$(cm)

(5)　(4)より，$10+(50-20)\div1.5=30$(分後)

4　(割合と比，統計と表，消去算)

カレー1人前の食材…じゃがいも1個・にんじん$\frac{1}{4}$本・たまねぎ$\frac{1}{2}$個

コロッケ1個の食材…じゃがいも$\frac{3}{2}$個・にんじん0本・たまねぎ$\frac{1}{4}$個

ビーフシチュー1人前の食材…じゃがいも$\frac{1}{2}$個・にんじん$\frac{1}{4}$本・たまねぎ$\frac{1}{2}$個

基本　(1)　各食材の数量が8個，4本，4個あるときは，カレーが8人前作られる。

重要　(2)　コロッケ4個分の食材…じゃがいも6個・にんじん0本・たまねぎ1個

ビーフシチュー4人前の食材…じゃがいも2個・にんじん1本・たまねぎ2個
したがって，合計の数量はじゃがいも8個・にんじん1本・たまねぎ3個

(3)　カレー…じゃがいもは120÷(2＋3＋1)×2＝20×2＝40(個)で40人前
コロッケ…じゃがいもは20×3＝60(個)で60÷$\frac{3}{2}$＝40(個)
ビーフシチュー…じゃがいもは20個で20÷$\frac{1}{2}$＝40(人前)

やや難

(4)　問題の数量で，カレー□人前，コロッケ○個，ビーフシチュー△人前が作れるとする。
にんじんの本数…$\frac{1}{4}$×□＋$\frac{1}{4}$×△＝26→□＋△＝26×4＝104(あ)
たまねぎの個数…$\frac{1}{2}$×□＋$\frac{1}{4}$×○＋$\frac{1}{2}$×△＝65→□×2＋○＋△×2＝65×4＝260(い)
したがって，(い)－(あ)×2より，○＝260－104×2＝260－208＝52(個)，△＝104－52＝52(人前)，
□＝(260－52×3)÷2＝52(人前)

★ワンポイントアドバイス★

差がつきやすい問題は[2](7)「食塩水」，(8)「試合数」，[3](4)「水面の高さ」，[4]「食材の数量とできる料理の数量」であるが，これらも，特に，難しいという問題のレベルではない。まず，[1]，[2]で着実に得点しよう。

＜国語解答＞ 《学校からの正答の発表はありません。》

[一]　①　そんげん　②　ねいろ　③　ていちょう　④　ほっそく　⑤　いと(しい)
⑥　記録　⑦　著(しい)　⑧　局地的　⑨　操作　⑩　復興

[二]　①　未　②　非　③　不　④　無　⑤　非

[三]　(例)　人間が自然を征服するという考え方をやめ，人間以外のたくさんの命と共生しなくてはいけない(43字)

[四]　(例)　右側に描いてある立派な五重塔である忠霊塔は，新倉山浅間公園いっぱいに咲いている満開の桜を見下ろすように，そびえ立っています。公園に広がる桜のはるか向こうには，山頂にまだ雪が残る富士山が見えます。

[五]　問一　蒸留水は不純物～たのであった。　問二　A　エ　B　イ　C　ア
問三　(例)　温泉そっくりだが，水に溶けないカスが沈殿したもの。(25字)
問四　(例)　湯の華には，本物の温泉と同じ湯治の効果があること。(25字)
問五　見掛けだけの奇麗な絵　問六　ウ　問七　ウ　問八　イ

[六]　問一　A　右　B　左　問二　(例)　鉄塔に座っている子供に，何度も呼びかけている様子。(24字)　問三　エ　問四　口を尖らせた　問五　航空法で決まっているから
問六　・急に彼女と触れ合ったので，思わずドキリとしてしまった。　・いつかちゃんと帆月の手を握ってみたいな　問七　(例)　建造物…　ジャングルジム　思い出(エピソード)…　小さい頃あんなに高かったジャングルジムのてっぺんに久しぶりに上ってみると，それほど高くなく，景色も変わらないことに驚いた。(60字)

○推定配点○

[一]　各2点×10　[二]　各1点×5　[三]・[四]　各5点×2　[五]　問二　各2点×3　他　各4点×7

六	問一　2点(完答)	問七　5点(建造物・思い出で完答)	他　各4点×6	計100点

＜国語解説＞

基本 一 (漢字の読み書き)

①は，とうとくおごそかなこと。②は，音の出し方などによって生じる，音の特性。③は，心がこもっていて手厚いこと。④は，活動を始めること。⑤の音読みは「アイ」。熟語は「愛着(あいちゃく)」など。⑥の「録」は「金(かねへん)」であることに注意。⑦の訓読みは他に「あらわ(す)」。⑧は，一定の区域に限られているさま。⑨は，あやつって動かすこと。⑩は，いったんおとろえたものが再び盛んな状態にもどること。

重要 二 (熟語)

「非」は本来あるべき姿に対して「そうではない」「よくない」と否定する場合，「不」は下につく言葉を単に打ち消す場合，「未」は「いまだ～ない」という意味で，今後変わる可能性がある場合，「無」は存在しない，その状態がない場合，に用いる。①は，今はまだ発見されていないという意味。②は，法律に違反していること。③は，都合が悪いこと。④は，関心が無いこと。⑤は，公式ではない，表向きではないこと。

やや難 三 (要旨の読み取り，記述力)

内容をまとめた一文の空欄には，環境破壊を防ぐために近代の理念を変えなければならない，と考える筆者の理念が入る。本文では，近代の理念を変えるには「人間が自然を征服するという考え方をやめないといけない」ということ，「ほかの命は，人間の利益のために滅ぼしても構わない」という考え方を，「人間以外のたくさんの命と共生しなくてはいけない」という考え方に変えなくてはいけない，ということを述べている。これらの要旨を，指定字数以内で空欄にあてはまる形にまとめる。

重要 四 (記述力)

隼人君が描いた絵は，新倉山浅間公園にある忠霊塔を訪れた時のものなので，まずは忠霊塔がどのように立っているかを説明していこう。絵には，忠霊塔，桜，富士山が描かれているので，これら三つがどのような位置関係であるかを説明すると，電話の向こうの相手もイメージしやすい。電話の相手が「祖父母」であることもふまえて，言葉づかいなどにも注意して，わかりやすく説明しよう。

五 (論説文－要旨・大意，論理展開，細部の読み取り，指示語，接続語，空欄補充，記述力)

問一　傍線部①は，筆者が書いた「インテリア湯の華論」という雑文のことで，「次のようなことであった。」とあるので，直後の段落「蒸留水は不純物」から始まる。「私の上述の雑文は」の「上述」は，これより前に述べたこと，という意味なので，直前の「たのであった。」までが①の内容になる。

基本 問二　Aは，直前の内容から「温泉」の話題に変わっているので，エが適切。Bは，直前の内容とは相反する内容が続いているので，イが適切。Cは，直前の内容につけ加えた内容が続いているので，アが適切。

問三　傍線部②のある段落で，「湯の華」は本物の温泉そっくりであること，また次段落で，温泉のお湯に溶け込んでいる健康に有効な成分の中で，水に溶けないカスの沈殿したものが「湯の華」であることを述べているので，これらの内容を指定字数以内にまとめる。

重要 問四　傍線部③は，直前の段落で述べているように，本物の温泉そっくりな湯の華に湯治の効果があることを指しているので，この内容をふまえて指定字数以内にまとめる。

問五　傍線部④の「設計図と称するもの」は，直後で述べているように，いかにも美しくて快適そうな空間に見えるが，人間の健康に役立つ住空間だろうか，と疑問を持つことがある，というものである。さらにこの説明の続きとして④直後の段落で，設計図が「見掛けだけの奇麗な絵」でしかないとすれば，実質効果が三割の湯の華と同じではないか，と述べている。

重要　問六　問五でも考察したように，傍線部⑤ではない「設計図と称するもの」は，「音，光，熱，空気のチェックがあまりされていない」こと，「人間工学的な配慮や安全性などのチェックも欠けている」ように思われること，を述べているので，ア，イは「本当の設計図」には当てはまる。エも⑤の説明として述べているので，当てはまる。設計図が「見掛けだけの奇麗な絵」でしかないことに対する疑問として，人間の健康に役立つ実質効果が三割の湯の華と同じではないか，と述べているが，ウとは述べていないので，当てはまらない。

問七　ア～エのある段落内容を整理する。戦後になって家具の分野に学問的らしい理屈を持ち込んだのが人間工学で，インテリア計画という称呼が定着した→30年経って，人間工学は常識になり，次の理論武装が要求されていた→ウ→目に見えない要素が計画に加わった，という流れになる。

やや難　問八　□の説明として，直後で，「感覚を科学的な立場から裏付けする研究が，近い将来注目されるようになっていくであろう」と述べているので，イが適切。

六　**(小説ー心情・情景・細部の読み取り，空欄補充，ことばの意味，四字熟語，記述力)**

基本　問一　「右往左往(うおうさおう)」は，あっちへ行ったり，こっちへ来たりすること。

問二　傍線部②前で描かれているように，帆月は，変化がなく反応もしない鉄塔の天辺に座っている子供に，腹立たしくてどうしようもない気持ちもあって，近所迷惑も顧みないほど何度も呼びかけている。反応しない子供に対するいら立ちから興奮して，帆月の体温も上がり，②のようになっているので，「公園内の気温が一，二度は上」がったような，帆月の行動を説明する。

問三　傍線部③は，「僕」の言葉に呆れている帆月に対するもので，「僕」は「わざとらしく言って」おり，③に対して「嫌な子になったね」と帆月が感じていることから，エが適切。③前後の「僕」と帆月の心情を説明していない他の選択肢は不適切。

問四　傍線部④の「頬を膨らます」は，不平や不満を顔に表すという意味で，④前の「口を尖らせた」も同じ意味。

問五　傍線部⑤後で，「僕」は鉄塔の色や形について話しており，背の高い建造物は紅白に塗ることが「航空法で決まっているから」ということも話している。

重要　問六　最後の場面で，「僕」は帆月に対して，「急に彼女と触れ合ったので，思わずドキリとしてしまった」「いつかちゃんと帆月の手を握ってみたいな」ということが描かれており，帆月を意識して好意を持っていることが読み取れる。

やや難　問七　「建造物」とは，本文の「鉄塔」のほかに，家屋や倉庫，橋など，人が住んだり，さまざまに利用したりするためにつくったもののことである。解答例では「ジャングルジム」があげられているが，自分の「思い出(エピソード)」にまつわる「建造物」を思い返してみよう。40字以上で解答欄に収まるように「思い出」を紹介するので，簡潔にまとめていくことが重要だ。

★ワンポイントアドバイス★

小説では，心情が直接描かれていない場合が多いので，登場人物の言葉や態度，表情などから，心情を読み取っていこう。

2/1午後

2020年度

解　答　と　解　説

《2020年度の配点は解答欄に掲載してあります。》

＜適性Ⅰ解答＞ 《学校からの正答の発表はありません。》

問1　みゆき，ゆうじ，よしお

問2　私服にかけられるお金は，家庭の経済状況に関係するから。

問3　1　気持ちが引きしまる。　2　仲間意識が強くなる。　3　安全が守られる。
　4　日々の生活を正す。

問4　私はけいた君の意見に賛成だ。理由は三点あるが，まず，体育の授業のために休み時間に制服から体操服に着替える手間を省くためだ。自由服なら体育の授業がある日に動きやすい服を着て学校に行けて楽だ。次に将来自分で時と場合に合った服を選ばなければならなくなった時の準備のためだ。中学校，高校は制服のある学校が多いが大学生や大人になれば毎日自分で着る服を選ぶ必要がある。この時に困らないために制服をなくし，早くから練習をすれば良い。最後に自由服は自分の良さを周りに伝える手段になる。自分の好きな服を着ることで個性が引き出される。さらに好きな服を身につければ自分の事も好きになって周りの人と明るく接せられるはずだ。

○推定配点○

問1～問3　各10点×6　　問4　40点　　　計100点

＜適性Ⅰ解説＞

重要　問1　会話の中で，私立中学に行くことを公言している生徒が何人かいることをはあくする。みゆきは最初の発言で，「私立の女子校に進学する」と発言している。ゆうじも「制服のない私立学校に行く」と発言している。さらによしおは「第一志望の私立男子校に合格できた」「先輩たちと同じ制服を着ることを夢見ていた」との発言から，合格した私立学校に進学するであろうことがわかる。逆にはるこ，けいたは地元の中学に進学すると，けいたの発言からわかる。あきらは，けいたがもし中学で制服改革を行おうとしたら反対票を投じるとの発言からはることけいたと同じ地元の中学に進学することが予想される。アリサは「みんなと同じ地元の中学校の制服を早く着たくなってきたわ。」の発言から地元の中学に進学するとわかる。

問2　アリサの発言に注目する。「元々の意味からずいぶん変わってきてしまっている」との発言と，その一つ前のアリサの発言から「元々の意味」が「家庭状況の差が出ないように」という意味だと理解する。またアリサは「日本の制服はすごく高価」と発言しているので，制服というものは経済的に余ゆうのない家庭が助かるために，安価であるべきだと考えていることがわかる。よって，種類が幅広く高価なものも選べてしまう私服に比べ，制服は全員が同じものを購入することで家庭の経済状況の差が出るのを防いでくれるものであるとわかる。

問3　あきら君の最初の発言で「制服を着ると気持ちが引きしまる感じがする」，2回目の発言で「制服を着ると仲間意識も強くなるような気がする」，3回目の発言で「制服を着ていることで安全が守られると思う」，「日々の生活を正すという面でも効果的」と言っているので，この4点をそれぞれ簡潔にまとめる。

問4　最初に賛成か反対かの立場を明らかにする。次に順序立てて3つの理由を述べていくが，これは問題文の会話中にないものの方が良い。今回は「着替えなくて良いので楽だから」「将来困らないため」「自分の良さを引き出すため」の3つとした。自分の体験や考えに基づくもの，かつ最初に明らかにした自分の立場を強めるものが良い。

★ワンポイントアドバイス★

本文の会話を参考にしつつ，自分が経験したことを含めて，文章を書き進めていくとよい。

＜適性Ⅱ解答＞《学校からの正答の発表はありません。》

問1　A　2　　B　イ　　問2　ア　　問3　第二次世界大戦が始まったため。　　問4　ウ

問5　ア　　問6　イ　　問7　E　意気　　F　一転　　問8　10(ヘクタール)

問9　a　イ　　b　ウ　　c　ク　　d　コ　　e　オ　　f　キ　　g　ア

問10　2160(CFP)　　問11　H　5(通り)　　I　7(枚)　　問12　右図

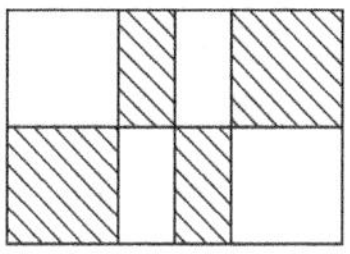

問13　14.25(平方cm)　　問14　J　い　　K　10　　L　6

○推定配点○

問1　A　4点　　B　3点　　問2・問4～問6・問9　各3点×11　　問3・問12　各6点×2

問7　各4点×2　　問8・問10・問11・問13・問14　各5点×8　　計100点

＜適性Ⅱ解説＞

問1　A　問題文のヒントを参考に答えていく問題である。到着した時の日本の時間を考え，現地時間との差を求める。出発した時の日本時間は昼の12時15分，飛行時間は8時間45分であることから，到着した時の日本時間は夜の21時である。到着した時の現地時間は夜の23時であることから，日本との時差は2時間と求められる。

B　問題文から日本とニューカレドニアのきょりは約7000km，飛行時間は8時間45分である。平均時速は次のように求められる。　7000(km)÷8.75(時)＝800(km/時)

問2　フランス国旗の青は自由，白は平等，赤は博愛を表している。

問3　第二次世界大戦が始まると各国で敵国の移民を強制収容したり，はく害したりした。それを逃れるため移住者は減少した。

問4　南半球と北半球では人間が立っている向きが逆であるので，星座は上下左右逆さまになって見える。よって右下のペテルギウスは左上になり，中間部の3連の星は右上がりのままとなる。

問5　北極星は，地球の地軸の北の延長線上にある星で，北半球では北の方角に見える。南半球は地球の南側にあるため，地球の北側にある星はいかなる季節であっても見ることができない。

問6　ニューカレドニアは亜熱帯気候に属し，年間平均気温24℃前後である。

問7　意気消沈とは，元気をなくし沈みこむこと。文中では外国人のマナーの悪さに気分を落としていた。心機一転とはある動機から心持ちを変えること。今回はニューカレドニアの素晴らしいマナーに触れて心持ちを変え，勝手な思いこみはやめようとしている。

問8　四角い図形は，上底400メートル，下底600メートル，高さが200メートルの台形である。よって，その面積は次のように求められる。　(400＋600)×200÷2＝100000平方メートル　　1ヘクタール＝10000平方メートルであることから，100000平方メートル＝10ヘクタールである。

基本 問9　魚には人間や犬，猫のような肺はなく，えらで呼吸している。呼吸では，酸素を取り入れ，二酸化炭素を放出している。魚はえらで水に溶けている酸素を取り入れ，血液によって運び養分からエネルギーを取り出すのに利用する。子と親で生活や呼吸の仕方がちがうのは両生類である。子は水中でえら呼吸をし，親になると陸上で肺呼吸をして生活する。親は肺呼吸がじゅうぶん発達していないとき，皮膚呼吸もしている。

問10　2種類のケーキはどちらも1つ240CFPであり，チョコケーキは2割引ホワイトケーキは3割引である。これよりそれぞれのケーキについて1つの値段は次の通りである。

チョコケーキ　240×0.8＝192　　ホワイトケーキ　240×0.7＝168　　これをそれぞれ6つずつ買ったので合計金額は次のように求められる。　192×6+168×6＝2160(CFP)

問11　H　陽子さんの財布の中にあるコインを使って100CFPちょうどを支払う方法は次の通り書き出すことができる。

(50CFP…2枚)
(50CFP…1枚,10CFP…5枚)
(50CFP…1枚,10CFP…4枚,　5CFP…2枚)
(50CFP…1枚,10CFP…4枚,　2CFP…5枚)
(50CFP…1枚,10CFP…3枚,　5CFP…2枚,　2CFP…5枚)

I　上で挙げたうち，1番多くのコインを使って支払うのは一番下に挙げた組み合わせである。この時支払ったコインの枚数は1＋3＋2＋5＝11(枚)であり，もともと陽子さんの財布の中にあったコインの枚数は3＋6＋3＋6＝18(枚)である。この時支払った後の財布の中にあるコインの数は18−11＝7(枚)となる。

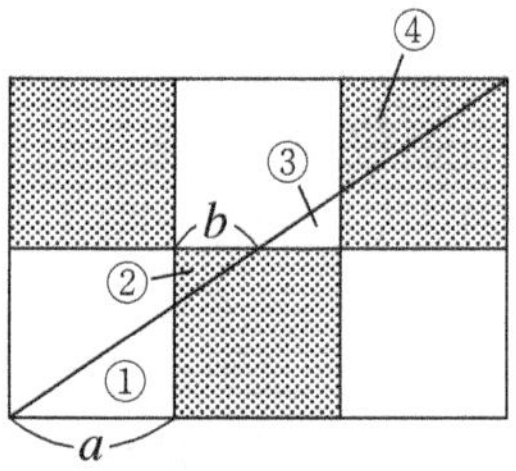

問12　右図のように点Aと点Bを結ぶ直線の近くには4つの直角三角形①～④ができている。①と④は合同で，②と③も合同な三角形である。aの長さは3cm，bの長さは1.5cmであるので，①は②の2倍の大きさであることがわかる。よって①の直角三角形の斜めの部分の長さは，②の直角三角形の斜めの長さの2倍である。これより断面図は解答のようになる。

問13　1つの正方形のケーキの1辺は3cmである。右上のチョコケーキは，底辺3cm高さ2cmの三角形が欠けている。また，中央のチョコケーキは底辺1.5cm高さ1cmの三角形が欠けている。よって，チョコケーキの面積は次の通りである。

{3×3−(3×2÷2)}＋{3×3−(1.5×1÷2)}＝14.25(平方cm)

問14　あに置いた時，斜め方向に白色の石をはさんでいるので2枚黒色になる。しかし陽子さんにいに置かれてしまい，いの左の石が白になってしまう。この時，黒6枚白10枚で隼人さんは負けてしまう。一方はじめにいに置いた場合，いの下の白色の石といの左斜め下の白色の石が黒色になる。このあと，陽子さんははさめる石がないためパスとなり，隼人さんがあの位置に黒色の石を置いてあの左斜め下の2枚の白色の石が黒色になるため，黒10枚白6枚で隼人さんは勝つことができる。

★ワンポイントアドバイス★

基本的な知識で解けるものも多く，また，計算力が確かめられるものもある。時間は十分にあるので，落ち着いて取り組むようにしよう。

解答用紙集

○月×日　△曜日　天気（合格日和）

◆ご利用のみなさまへ
＊解答用紙の公表を行っていない学校につきましては、弊社の責任において、解答用紙を制作いたしました。
＊編集上の理由により一部縮小掲載した解答用紙がございます。
＊編集上の理由により一部実物と異なる形式の解答用紙がございます。

人間の最も偉大な力とは、その一番の弱点を克服したところから生まれてくるものである。──カール・ヒルティ──

東京学参株式会社

横浜隼人中学校（第１回）　2024年度

◇算数◇

※ 154％に拡大していただくと，解答欄は実物大になります。

1

(1)		(2)		(3)	
(4)		(5)		(6)	
(7)		(8)	：	(9)	
(10)					

2

(1)		(2)	km
(3)	%	(4)	cm^2
(5)	さん		

3

(1)			
(2)	たて　cm	横	cm
(3)	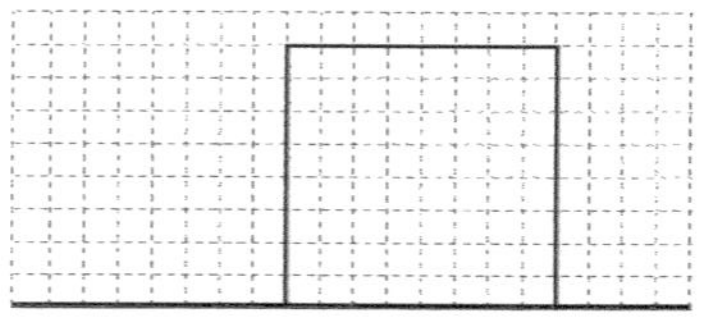		
(4)	秒後		秒後

4

(1)	ア		イ	
(2)				

5

◇国語◇

横浜隼人中学校(第１回)　２０２４年度

※１５４%に拡大していただくと，解答欄は実物大になります。

受験番号

氏名

一

① じて
②
③
④
⑤
⑥
⑦
⑧
⑨
⑩ む

二

問一 20 25

問二 (1) (2)

問三

問四 ある ない

三

問一 〜 から。

問二 A B C D E F G H

問三

問四

問五 1 2 3

問六 〜 こと。

問七

四

問一

問二 A B

問三 〜

問四

問五

問六

問七

問八

問九

※解答欄は実物大になります。

問題1

①

20　30

②

15

問題2

問題3

名前

説明

問題4

前払い　・　即時払い　・　後払い

理由

問題5

問題6

問題7

200

※解答欄は実物大になります。

1

問題１

問題２

問題３

問題４

A		B	

問題５

問題６

A		B		C	

2

問題1

①		②	

問題2

さん

問題3

さん

問題4

3

問題1

立体2	cm^3	立体3	cm^2

問題2

問題3

問題4

記号		面積	cm^2

横浜隼人中学校(2／1午前)　　2023年度

◇算数◇

※ 125％に拡大していただくと，解答欄は実物大になります。

1

(1)		(2)		(3)	
(4)		(5)		(6)	
(7)		(8)		(9)	
(10)		(11)	：	(12)	mL
(13)		(14)		(15)	

2

(1)		(2)	最小公倍数： 最大公約数：
(3)	点	(4)	個
(5)	円	(6)	時速　km
(7)	%	(8)	°
(9)	cm^2	(10)	cm^3

3

(1)			
(2)			
(3)	午前　時　分	(4)	毎分　m

4

(1)	
(2)	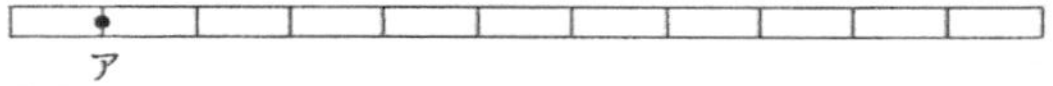
(3)	②　③　④　⑤　⑥
(4)	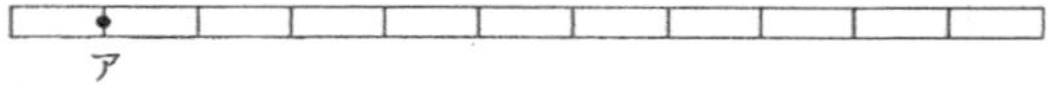
(5)	
(6)	

横浜隼人中学校（２／１午前）　２０２３年度

※１２５％に拡大していただくと，解答欄は実物大になります。

◇国語◇

一

①（み）　②　③　④　⑤

⑥　⑦　⑧　⑨　⑩

二

問一　問二　問三

三

四

五

問一　A　B

問二

問三　問四　Ⅰ　Ⅱ

問五

問六　問七　問八

六

問一

問二

問三　(1)　(2)

問四

問五

問六

問七

横浜隼人中学校（2／1午後）　2023年度

◇適性Ⅰ◇

※解答欄は実物大になります。

問題1

問題2

問題3

45

50　55

問題4

45

50　55

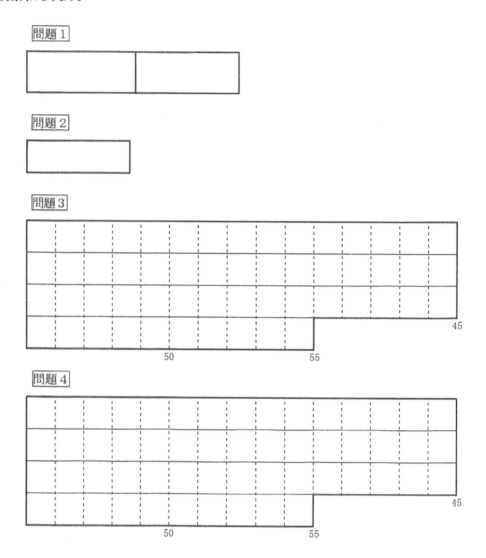

問題5

45

50 55

問題6

195

200

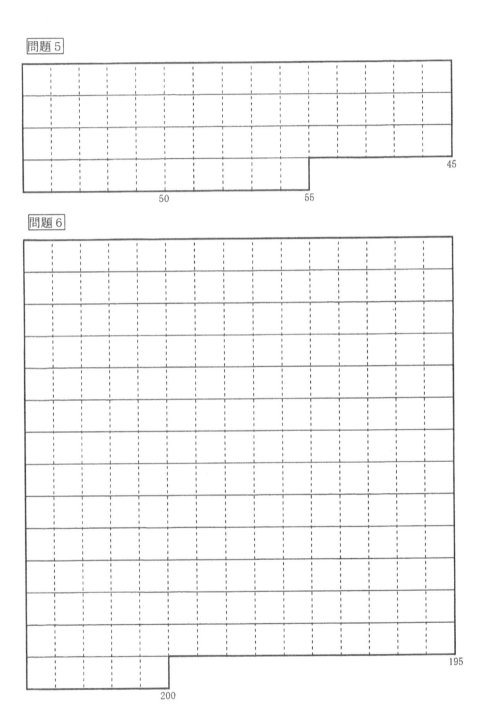

横浜隼人中学校(2／1午後)　2023年度

◇適性Ⅱ◇

※解答欄は実物大になります。

問題１

問題２

問１		問２	
問３	・		
	・		
問４		問５	

問題３

問１			
問２		問３	

問題4

問1	本	問2	m　　cm

問題5

問1	のちがい。
問2	

問題6

問1	本	問2	m
問3	m		

問題7

A		B		C		D		E	

横浜隼人中学校(2／1午前)　2022年度

◇算数◇

※ 154%に拡大していただくと，解答欄は実物大になります。

1

(1)		(2)		(3)	
(4)		(5)		(6)	
(7)		(8)		(9)	
(10)		(11)		(12)	g
(13)		(14)		(15)	

2

(1)		(2)	点
(3)	最大公約数 : 最小公倍数 :	(4)	円
(5)	時間　分	(6)	人
(7)	%	(8)	cm^2
(9)	°	(10)	cm

3

(1)	m	(2)			
(3)	分後	(4)	分速　m	(5)	分後

4

(1)	① cm^2 ② cm^2	(2)	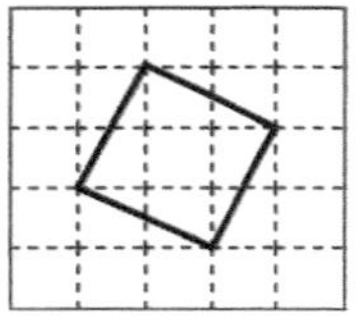
(3)	ア　イ		
(4)	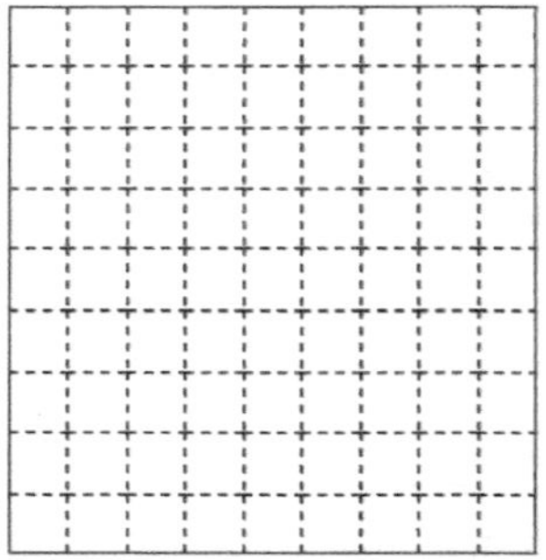	(5)	(たて　，横　) と (たて　，横　)

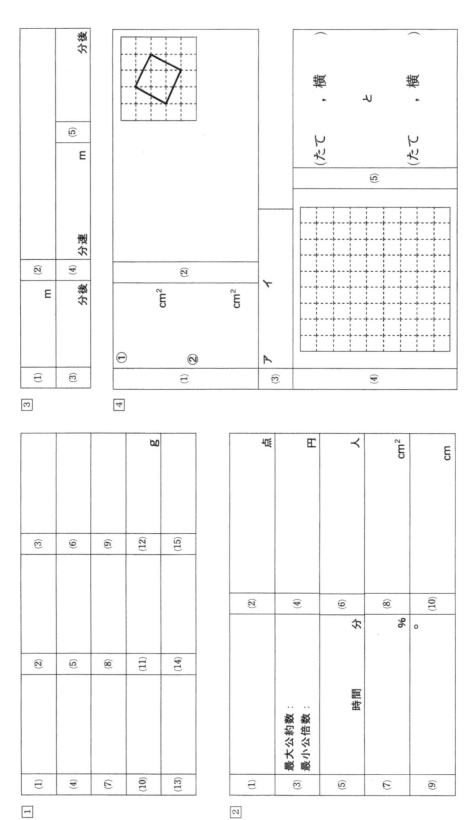

◇国語◇

横浜隼人中学校（2／1午前）　2022年度

※154％に拡大していただくと、解答欄は実物大になります。

一　①　②　③　④　⑤　⑥　⑦　⑧　⑨　⑩

二　①　②　③　④　⑤

三

四　・

五
問一　Ⅰ　Ⅱ　Ⅲ
問二
問三
問四
問五
問六　④　⑤
問七

六
問一　問二
問三　〜　問四
問五
問六　問七
問八

横浜隼人中学校（2／1午後）　2022年度　　◇適性Ⅰ◇

※ 103％に拡大していただくと，解答欄は実物大になります。

問１

読み方	
日本語	

問２

正式名称	
設立の理由	

30　35

問３

50　55

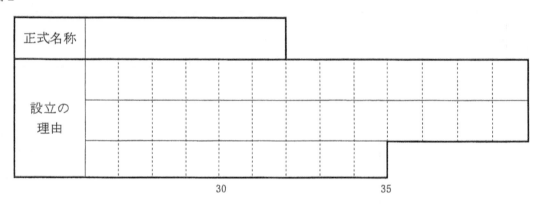

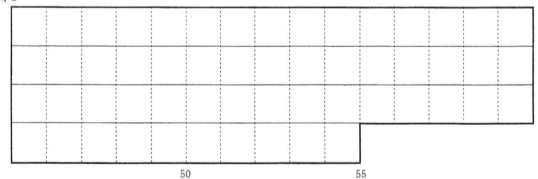

問4

横浜隼人中学校（2／1午後）　2022年度　◇適性Ⅱ◇

※ 106％に拡大していただくと，解答欄は実物大になります。

問1	(1)	(2)		(3)	
問2	万人	問3		問4	
問5		問6			
問7		問8		問9	
問10		問11			
問12		問13			
問14					
				問15	人

問16

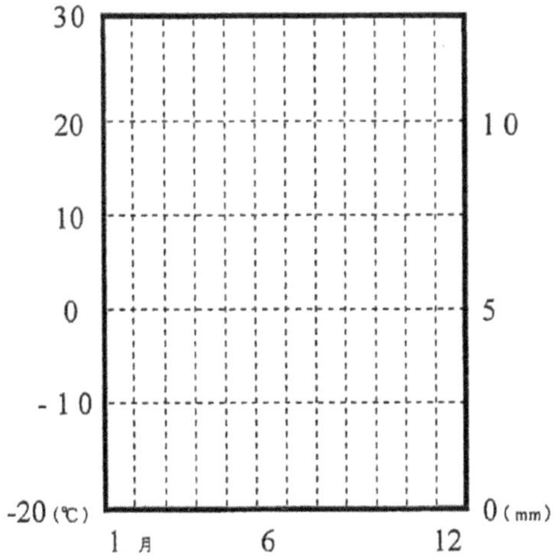

問17

共通点は

異なる点は

横浜隼人中学校（2／1午前）　2021年度

◇算数◇

※ 153%に拡大していただくと，解答欄は実物大になります。

1

(1)		(2)		(3)	
(4)		(5)		(6)	
(7)		(8)		(9)	
(10)		(11)		(12)	
(13)		(14)		(15)	

2

(1)		(2)	点
(3)	cm	(4)	円
(5)	km	(6)	個
(7)	%	(8)	cm^2
(9)	°	(10)	cm^2

3

(1)			
(2)			
(3)	時間後	(4)	時間　分後
(5)	時速　km		

4

(1)	本	(2)	本	(3)	cm^2
(4)	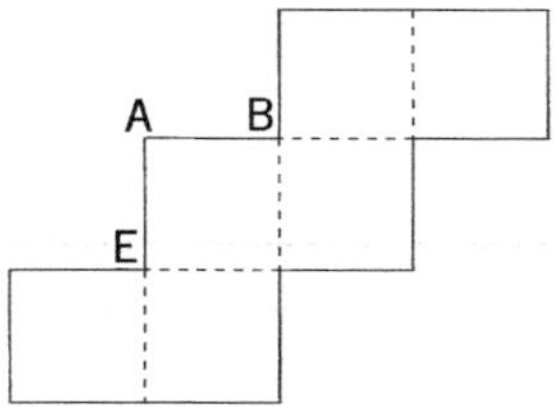				

2021年度

横浜隼人中学校(2/1午前)

◇国語◇

※150%に拡大していただくと、解答欄は実物大になります。

一 ① ② ③ ④ ⑤ ⑥ ⑦ ⑧ ⑨ ⑩

二 ① ② ③ ④ ⑤

三

四

五
問一 A B
問二 〜 から。
問三
問四 Ⅰ Ⅱ
問五
問六
問七 → →
問八

六
問一 A B
問二 ① ③
問三
問四
問五
問六
問七 「物」・・・
思い出(エピソード)・・・

横浜隼人中学校（2／1午後）　2021年度

◇適性Ⅰ◇

※解答欄は実物大になります。

問１

問２

良い影響

悪い影響

問３

問４

問5

選んだテーマの番号を書きなさい。

横浜隼人中学校(2／1午後)　2021年度

◇適性Ⅱ◇

※ 121％に拡大していただくと，解答欄は実物大になります。

問1	①		②				
問2	①		②				
	③			④			
問3	cm²		問4				
問5	0 10 20 30 40 50 60 70 80 90 100%						
問6							
問7	時速　km	問8		問9	円	問10	
問11		問12	①	②		問13	
問14	6年生　人，5年生　人	問16					
問15	武将名						
	特徴						

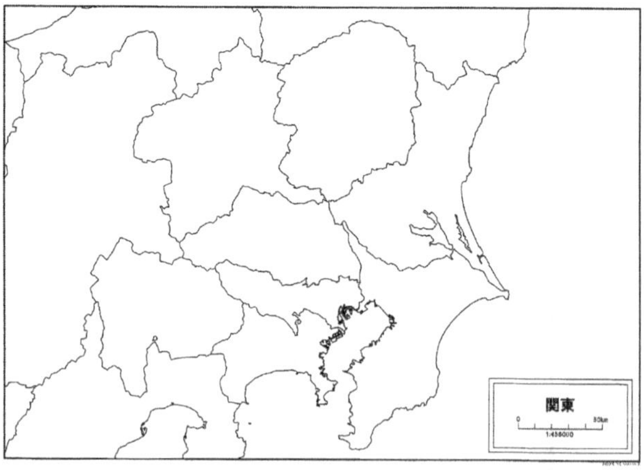

横浜隼人中学校（2/1午前）　2020年度

◇算数◇

※ 152％に拡大していただくと，解答欄は実物大になります。

1

(1)		(2)		(3)	
(4)		(5)		(6)	
(7)		(8)		(9)	
(10)		(11)		(12)	
(13)		(14)		(15)	

2

(1)		(2)	点
(3)	cm	(4)	円
(5)	km	(6)	人
(7)	g	(8)	試合
(9)	°	(10)	cm^2

3

(1)	点 A の状態 点 B の状態		
(2)	cm	(3)	cm^3
(4)	cm	(5)	分後

4

(1)	人前
(2)	じゃがいも　　個，にんじん　　本，たまねぎ　　個
(3)	カレー　　人前，コロッケ　　個，ビーフシチュー　　人前
(4)	カレー　　人前，コロッケ　　個，ビーフシチュー　　人前

2020年度

横浜隼人中学校（２／１午前）

※150%に拡大していただくと、解答欄は実物大になります。

◇国語◇

一	①		②		③		④		⑤	しい
	⑥		⑦	しい	⑧		⑨		⑩	
二	①		②		③		④		⑤	
三										
四										

五	問一	～				
	問二	A	B	C		
	問三					
	問四					
	問五					
	問六		問七		問八	
六	問一	A	B			
	問二					
	問三		問四			
	問五					
	問六	・				
		・				
	問七	建造物・・・				
		思い出（エピソード）・・・				

◇適性Ⅰ◇

※解答欄は実物大になります。

問１

問２

問３

１点目	
２点目	
３点目	
４点目	

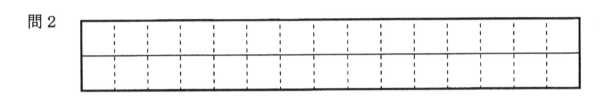

問4

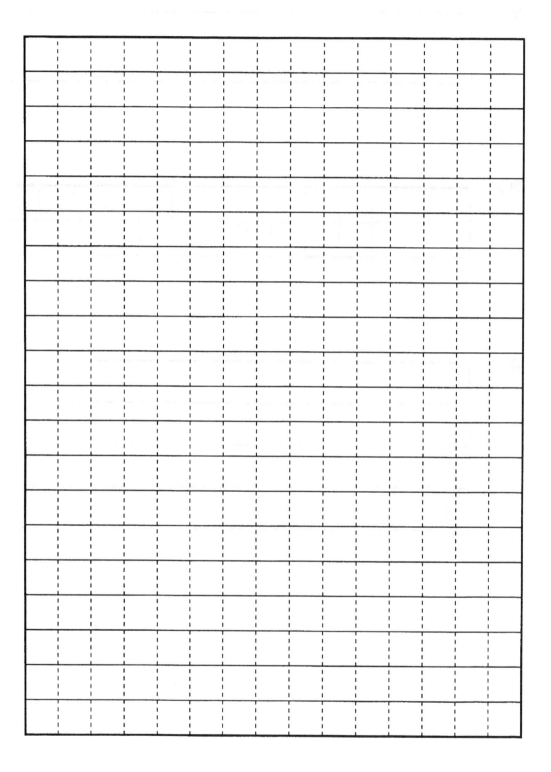

横浜隼人中学校（2/1午後）　2020年度

◇適性Ⅱ◇

※ 111％に拡大していただくと，解答欄は実物大になります。

問１	A	B	問２			
問３						
問４		問５		問６		
問７	E	F	問８	ヘクタール		
問９	a	b	c	d		
	e	f	g			
問10	CFP	問11	H　通り	I　枚		
問12		問13	平方cm			
		問14	J			
			K			
			L			

東京学参の

中学校別入試過去問題シリーズ

＊出版校は一部変更することがあります。一覧にない学校はお問い合わせください。

東京ラインナップ

あ　青山学院中等部(L04)
　　麻布中学(K01)
　　桜蔭中学(K02)
　　お茶の水女子大附属中学(K07)
か　海城中学(K09)
　　開成中学(M01)
　　学習院中等科(M03)
　　慶應義塾中等部(K04)
　　啓明学園中学(N29)
　　晃華学園中学(N13)
　　攻玉社中学(L11)
　　国学院大久我山中学
　　　(一般・CC)(N22)
　　　(ST)(N23)
　　駒場東邦中学(L01)
さ　芝中学(K16)
　　芝浦工業大附属中学(M06)
　　城北中学(M05)
　　女子学院中学(K03)
　　巣鴨中学(M02)
　　成蹊中学(N06)
　　成城中学(K28)
　　成城学園中学(L05)
　　青稜中学(K23)
　　創価中学(N14)★
た　玉川学園中学部(N17)
　　中央大附属中学(N08)
　　筑波大附属中学(K06)
　　筑波大附属駒場中学(L02)
　　帝京大中学(N16)
　　東海大菅生高中等部(N27)
　　東京学芸大附属竹早中学(K08)
　　東京都市大付属中学(L13)
　　桐朋中学(N03)
　　東洋英和女学院中学部(K15)
　　豊島岡女子学園中学(M12)
な　日本大第一中学(M14)
　　日本大第三中学(N19)
　　日本大第二中学(N10)
は　雙葉中学(K05)
　　法政大学中学(N11)
　　本郷中学(M08)
ま　武蔵中学(N01)
　　明治大付属中野中学(N05)
　　明治大付属八王子中学(N07)
　　明治大付属明治中学(K13)
ら　立教池袋中学(M04)
わ　和光中学(N21)
　　早稲田中学(K10)
　　早稲田実業学校中等部(K11)
　　早稲田大高等学院中学部(N12)

神奈川ラインナップ

あ　浅野中学(O04)
　　栄光学園中学(O06)
か　神奈川大附属中学(O08)
　　鎌倉女学院中学(O27)
　　関東学院六浦中学(O31)
　　慶應義塾湘南藤沢中等部(O07)
　　慶應義塾普通部(O01)
さ　相模女子大中学部(O32)
　　サレジオ学院中学(O17)
　　逗子開成中学(O22)
　　聖光学院中学(O11)
　　清泉女学院中学(O20)
　　洗足学園中学(O18)
　　捜真女学校中学部(O29)
た　桐蔭学園中等教育学校(O02)
　　東海大付属相模高中等部(O24)
　　桐光学園中学(O16)
な　日本大中学(O09)
は　フェリス女学院中学(O03)
　　法政大第二中学(O19)
や　山手学院中学(O15)
　　横浜隼人中学(O26)

千・埼・茨・他ラインナップ

あ　市川中学(P01)
　　浦和明の星女子中学(Q06)
か　海陽中等教育学校
　　　(入試Ⅰ・Ⅱ)(T01)
　　　(特別給費生選抜)(T02)
　　久留米大附設中学(Y04)
さ　栄東中学(東大・難関大)(Q09)
　　栄東中学(東大特待)(Q10)
　　狭山ヶ丘高校付属中学(Q01)
　　芝浦工業大柏中学(P14)
　　渋谷教育学園幕張中学(P09)
　　城北埼玉中学(Q07)
　　昭和学院秀英中学(P05)
　　清真学園中学(S01)
　　西南学院中学(Y02)
　　西武学園文理中学(Q03)
　　西武台新座中学(Q02)
　　専修大松戸中学(P13)
た　筑紫女学園中学(Y03)
　　千葉日本大第一中学(P07)
　　千葉明徳中学(P12)
　　東海大付属浦安高中等部(P06)
　　東邦大付属東邦中学(P08)
　　東洋大附属牛久中学(S02)
　　獨協埼玉中学(Q08)
な　長崎日本大中学(Y01)
　　成田高校付属中学(P15)
は　函館ラ・サール中学(X01)
　　日出学園中学(P03)
　　福岡大附属大濠中学(Y05)
　　北嶺中学(X03)
　　細田学園中学(Q04)
や　八千代松陰中学(P10)
ら　ラ・サール中学(Y07)
　　立命館慶祥中学(X02)
　　立教新座中学(Q05)
わ　早稲田佐賀中学(Y06)

公立中高一貫校ラインナップ

北海道　市立札幌開成中等教育学校(J22)
宮　城　宮城県仙台二華・古川黎明中学校(J17)
　　　　市立仙台青陵中等教育学校(J33)
山　形　県立東桜学館・致道館中学校(J27)
茨　城　茨城県立中学・中等教育学校(J09)
栃　木　県立宇都宮東・佐野・矢板東高校附属中学校(J11)
群　馬　県立中央・市立四ツ葉学園中等教育学校・
　　　　市立太田中学校(J10)
埼　玉　市立浦和中学校(J06)
　　　　県立伊奈学園中学校(J31)
　　　　さいたま市立大宮国際中等教育学校(J32)
　　　　川口市立高等学校附属中学校(J35)
千　葉　県立千葉・東葛飾中学校(J07)
　　　　市立稲毛国際中等教育学校(J25)
東　京　区立九段中等教育学校(J21)
　　　　都立大泉高等学校附属中学校(J28)
　　　　都立両国高等学校附属中学校(J01)
　　　　都立白鷗高等学校附属中学校(J02)
　　　　都立富士高等学校附属中学校(J03)
　　　　都立三鷹中等教育学校(J29)
　　　　都立南多摩中等教育学校(J30)
　　　　都立武蔵高等学校附属中学校(J04)
　　　　都立立川国際中等教育学校(J05)
　　　　都立小石川中等教育学校(J23)
　　　　都立桜修館中等教育学校(J24)
神奈川　川崎市立川崎高等学校附属中学校(J26)
　　　　県立平塚・相模原中等教育学校(J08)
　　　　横浜市立南高等学校附属中学校(J20)
　　　　横浜サイエンスフロンティア高校附属中学校(J34)
広　島　県立広島中学校(J16)
　　　　県立三次中学校(J37)
徳　島　県立城ノ内中等教育学校・富岡東・川島中学校(J18)
愛　媛　県立今治東・松山西中等教育学校(J19)
福　岡　福岡県立中学校・中等教育学校(J12)
佐　賀　県立香楠・致遠館・唐津東・武雄青陵中学校(J13)
宮　崎　県立五ヶ瀬中等教育学校・宮崎西・都城泉ヶ丘高校附属中学校(J15)
長　崎　県立長崎東・佐世保北・諫早高校附属中学校(J14)

公立中高一貫校「適性検査対策」問題集シリーズ

総合編　作文問題編　資料問題編　数と図形編　生活と科学編　実力確認テスト編

私立中・高スクールガイド

THE《ザ》 私立

私立中学＆高校の学校生活がわかる！

東京学参の

高校別入試過去問題シリーズ

＊出版校は一部変更することがあります。一覧にない学校はお問い合わせください。

東京ラインナップ

- あ 愛国高校（A59）
- 青山学院高等部（A16）★
- 桜美林高校（A37）
- お茶の水女子大附属高校（A04）
- か 開成高校（A05）★
- 共立女子第二高校（A40）★
- 慶應義塾女子高校（A13）
- 啓明学園高校（A68）★
- 国学院高校（A30）
- 国学院大久我山高校（A31）
- 国際基督教大高校（A06）
- 小平錦城高校（A61）★
- 駒澤大高校（A32）
- さ 芝浦工業大附属高校（A35）
- 修徳高校（A52）
- 城北高校（A21）
- 専修大附属高校（A28）
- 創価高校（A66）★
- た 拓殖大第一高校（A53）
- 立川女子高校（A41）
- 玉川学園高等部（A56）
- 中央大高校（A19）
- 中央大杉並高校（A18）★
- 中央大附属高校（A17）
- 筑波大附属高校（A01）
- 筑波大附属駒場高校（A02）
- 帝京大高校（A60）
- 東海大菅生高校（A42）
- 東京学芸大附属高校（A03）
- 東京農業大第一高校（A39）
- 桐朋高校（A15）
- 都立青山高校（A73）★
- 都立国立高校（A76）★
- 都立国際高校（A80）★
- 都立国分寺高校（A78）★
- 都立新宿高校（A77）★
- 都立墨田川高校（A81）★
- 都立立川高校（A75）★
- 都立戸山高校（A72）★
- 都立西高校（A71）★
- 都立八王子東高校（A74）★
- 都立日比谷高校（A70）★
- な 日本大櫻丘高校（A25）
- 日本大第一高校（A50）
- 日本大第三高校（A48）
- 日本大第二高校（A27）
- 日本大鶴ヶ丘高校（A26）
- 日本大豊山高校（A23）
- は 八王子学園八王子高校（A64）
- 法政大高校（A29）
- ま 明治学院高校（A38）
- 明治学院東村山高校（A49）
- 明治大付属中野高校（A33）
- 明治大付属八王子高校（A67）
- 明治大付属明治高校（A34）★
- 明法高校（A63）
- わ 早稲田実業学校高等部（A09）
- 早稲田大高等学院（A07）

神奈川ラインナップ

- あ 麻布大附属高校（B04）
- アレセイア湘南高校（B24）
- か 慶應義塾高校（A11）
- 神奈川県公立高校特色検査（B00）
- さ 相洋高校（B18）
- た 立花学園高校（B23）
- 桐蔭学園高校（B01）
- 東海大付属相模高校（B03）★
- 桐光学園高校（B11）
- な 日本大高校（B06）
- 日本大藤沢高校（B07）
- は 平塚学園高校（B22）
- 藤沢翔陵高校（B08）
- 法政大国際高校（B17）
- 法政大第二高校（B02）★
- や 山手学院高校（B09）
- 横須賀学院高校（B20）
- 横浜商科大高校（B05）
- 横浜市立横浜サイエンスフロンティア高校（B70）
- 横浜翠陵高校（B14）
- 横浜清風高校（B10）
- 横浜創英高校（B21）
- 横浜隼人高校（B16）
- 横浜富士見丘学園高校（B25）

千葉ラインナップ

- あ 愛国学園大附属四街道高校（C26）
- 我孫子二階堂高校（C17）
- 市川高校（C01）★
- か 敬愛学園高校（C15）
- さ 芝浦工業大柏高校（C09）
- 渋谷教育学園幕張高校（C16）★
- 翔凜高校（C34）
- 昭和学院秀英高校（C23）
- 専修大松戸高校（C02）
- た 千葉英和高校（C18）
- 千葉敬愛高校（C05）
- 千葉経済大附属高校（C27）
- 千葉日本大第一高校（C06）★
- 千葉明徳高校（C20）
- 千葉黎明高校（C24）
- 東海大付属浦安高校（C03）
- 東京学館高校（C14）
- 東京学館浦安高校（C31）
- な 日本体育大柏高校（C30）
- 日本大習志野高校（C07）
- は 日出学園高校（C08）
- や 八千代松陰高校（C12）
- ら 流通経済大付属柏高校（C19）★

埼玉ラインナップ

- あ 浦和学院高校（D21）
- 大妻嵐山高校（D04）★
- か 開智高校（D08）
- 開智未来高校（D13）★
- 春日部共栄高校（D07）
- 川越東高校（D12）
- 慶應義塾志木高校（A12）
- さ 埼玉栄高校（D09）
- 栄東高校（D14）
- 狭山ヶ丘高校（D24）
- 昌平高校（D23）
- 西武学園文理高校（D10）
- 西武台高校（D06）
- た 東京農業大第三高校（D18）
- は 武南高校（D05）
- 本庄東高校（D20）
- や 山村国際高校（D19）
- ら 立教新座高校（A14）
- わ 早稲田大本庄高等学院（A10）

北関東・甲信越ラインナップ

- あ 愛国学園大附属龍ヶ崎高校（E07）
- 宇都宮短大附属高校（E24）
- か 鹿島学園高校（E08）
- 霞ヶ浦高校（E03）
- 共愛学園高校（E31）
- 甲陵高校（E43）
- 国立高等専門学校（A00）
- さ 作新学院高校
  - （トップ英進・英進部）（E21）
  - （情報科学・総合進学部）（E22）
- 常総学院高校（E04）
- た 中越高校（R03）＊
- 土浦日本大高校（E01）
- 東洋大附属牛久高校（E02）
- な 新潟青陵高校（R02）
- 新潟明訓高校（R04）
- 日本文理高校（R01）
- は 白鷗大足利高校（E25）
- ま 前橋育英高校（E32）
- や 山梨学院高校（E41）

中京圏ラインナップ

- あ 愛知高校（F02）
- 愛知啓成高校（F09）
- 愛知工業大名電高校（F06）
- 愛知みずほ大瑞穂高校（F25）
- 暁高校（３年制）（F50）
- 鶯谷高校（F60）
- 栄徳高校（F29）
- 桜花学園高校（F14）
- 岡崎城西高校（F34）
- か 岐阜聖徳学園高校（F62）
- 岐阜東高校（F61）
- 享栄高校（F18）
- さ 桜丘高校（F36）
- 至学館高校（F19）
- 椙山女学園高校（F10）
- 鈴鹿高校（F53）
- 星城高校（F27）★
- 誠信高校（F33）
- 清林館高校（F16）★
- た 大成高校（F28）
- 大同大大同高校（F30）
- 高田高校（F51）
- 滝高校（F03）★
- 中京高校（F63）
- 中京大附属中京高校（F11）★
- 中部大春日丘高校（F26）★
- 中部大第一高校（F32）
- 津田学園高校（F54）
- 東海高校（F04）★
- 東海学園高校（F20）
- 東邦高校（F12）
- 同朋高校（F22）
- 豊田大谷高校（F35）
- な 名古屋高校（F13）
- 名古屋大谷高校（F23）
- 名古屋経済大市邨高校（F08）
- 名古屋経済大高蔵高校（F05）
- 名古屋女子大高校（F24）
- 名古屋たちばな高校（F21）
- 日本福祉大付属高校（F17）
- 人間環境大附属岡崎高校（F37）
- は 光ヶ丘女子高校（F38）
- 誉高校（F31）
- ま 三重高校（F52）
- 名城大附属高校（F15）

宮城ラインナップ

- さ 尚絅学院高校（G02）
- 聖ウルスラ学院英智高校（G01）★
- 聖和学園高校（G05）
- 仙台育英学園高校（G04）
- 仙台城南高校（G06）
- 仙台白百合学園高校（G12）
- た 東北学院高校（G03）★
- 東北学院榴ヶ岡高校（G08）
- 東北高校（G11）
- 東北生活文化大高校（G10）
- 常盤木学園高校（G07）
- は 古川学園高校（G13）
- ま 宮城学院高校（G09）★

北海道ラインナップ

- さ 札幌光星高校（H06）
- 札幌静修高校（H09）
- 札幌第一高校（H01）
- 札幌北斗高校（H04）
- 札幌龍谷学園高校（H08）
- は 北海高校（H03）
- 北海学園札幌高校（H07）
- 北海道科学大高校（H05）
- ら 立命館慶祥高校（H02）

★はリスニング音声データのダウンロード付き。

都道府県別 公立高校入試過去問 シリーズ

- ●全国47都道府県別に出版
- ●最近数年間の検査問題収録
- ●リスニングテスト音声対応

公立高校入試対策 問題集シリーズ

- ●目標得点別・公立入試の数学（基礎編）
- ●実戦問題演習・公立入試の数学（実力錬成編）
- ●実戦問題演習・公立入試の英語（基礎編・実力錬成編）
- ●形式別演習・公立入試の国語
- ●実戦問題演習・公立入試の理科
- ●実戦問題演習・公立入試の社会

高校入試特訓問題集 シリーズ

- ●英語長文難関攻略33選（改訂版）
- ●英語長文テーマ別難関攻略30選
- ●英文法難関攻略20選
- ●英語難関徹底攻略33選
- ●古文完全攻略63選（改訂版）
- ●国語融合問題完全攻略30選
- ●国語長文難関徹底攻略30選
- ●国語知識問題完全攻略13選
- ●数学の図形と関数・グラフの融合問題完全攻略272選
- ●数学難関徹底攻略700選
- ●数学の難問80選
- ●数学 思考力―規則性とデータの分析と活用―

〈ダウンロードコンテンツについて〉

本問題集のダウンロードコンテンツ、弊社ホームページで配信しております。現在ご利用いただけるのは「2025年度受験用」に対応したもので、**2025年3月末日**までダウンロード可能です。弊社ホームページにアクセスの上、ご利用ください。

※配信期間が終了いたしますと、ご利用いただけませんのでご了承ください。

中学別入試過去問題シリーズ

横浜隼人中学校　2025年度

ISBN978-4-8141-3206-5

[発行所] 東京学参株式会社
〒153-0043　東京都目黒区東山2-6-4

書籍の内容についてのお問い合わせは右のQRコードから　⇒

※書籍の内容についてのお電話でのお問い合わせ、本書の内容を超えたご質問には対応できませんのでご了承ください。

2024年7月18日　初版